두려움을 넘어서는 지혜

두려움을 넘어서는 지혜

2011년 1월 25일 초판 1쇄 펴냄
2023년 6월 20일 2판 1쇄 펴냄

펴낸곳 (주)도서출판 **삼인**

지은이 돈 미겔 루이스 · 매리 캐롤 넬슨
옮긴이 김상국
펴낸이 신길순

등록 1996.9.16. 제 25100-2012-000046호
주소 03716 서울시 서대문구 성산로 312, 북산빌딩 1층
전화 (02) 322-1845
팩스 (02) 322-1846
전자우편 saminbooks@naver.com

표지디자인 (주)끄레어소시에이츠
제판 문형사
인쇄 수이북스
제책 은정제책

ISBN 978-89-6436-240-2 03290

값 17,000원

톨텍 인디언이 전하는
자유와 기쁨의 삶

두려움을
넘어서는
지혜

돈 미겔 루이스 · 매리 캐롤 넬슨 지음
김상국 옮김

삼인

■ **일러두기**

본문에서 돈 미겔 루이스의 말은 이 표시된 부분이다.

기도

이제 내가 기도할 터인데, 여러분도 같이 해주기를 바랍니다. 먼저 아래에 적은 기도문을 읽은 다음, 잠시 눈을 감고 앉아, 당신 자신을 바라보는 간단한 수련을 해 보십시오. 외롭거나 사랑받지 못한다는 느낌이 들 때마다 이 기도를 되풀이하면, 다시 온전해짐을 느끼게 될 것입니다.

의식을 당신의 폐에 모으십시오. 숨이 들고 나는 것을 느껴 보십시오. 당신은 폐와 공기 사이의 긴밀한 통교(通交)가 주는 기쁨을 언제든지 느낄 수 있습니다. 그 통교가 바로 사랑입니다. 대천사가 인간들을 창조할 때, 인간들을 위해서 공기 중에 사랑이라는 선물을 넣어 두었습니다. 당신을 창조한 당신 몸의 모든 세포들과, 당신 마음의 모든 감정들과, 모든 빛줄기들을 인식하면서 숨을 쉴 때, 이러한 사랑의 선물이 당신의 존재를 가득 채웁니다.

나와 함께 기도합시다.

아버지(어머니) 하느님, 오늘 우리에게 오시어 우리와 늘 함께 계시옵소서. 우리 자신을 당신께 드리오니, 우리의 눈과 목소리와 손을 사용해 당신의 사랑을 당신 자신과 함께 나누어 주십시오. 이는 우리가 한 몸인 까닭입니다.

전자(電子) 하나에서 밤하늘의 별까지, 물질에서 영까지, 감정에서 빛의 에너지까지 하느님, 우리도 당신처럼 모든 것을 조건 없이 사랑할 수 있도록 도와주시옵소서. 우리 자신을 심판하지 말고, 있는 그대로 사랑하도록 도와주시옵소서. 우리가 자신을 심판하면 갈 데 없는 죄인이 되어 벌을 받아야 하고, 그러면 괴로움을 겪어야 하기 때문입니다. 당신처럼 우리도 모든 것을 있는 그대로 받아들이고, 조건 없이 모든 것을 사랑할 수 있도록 도와주시옵소서.

　사랑은 지금도 세상을 바꾸고 있습니다. 사랑이 당신의 참 이름이요, 우리는 당신의 자녀들이니 우리 또한 사랑입니다. 오, 아버지(어머니) 하느님, 당신처럼만 되도록 우리를 도와주시옵소서. 아멘.

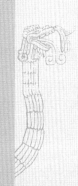

생명으로 돌아오라

나는 깨어난다.
모두가 새롭다.
오랫동안
스스로 보는 줄 알았던,
내 가려진 눈을
처음으로 떠서
여태껏 진실로 알고 있던 것들이
한낱
거짓 꿈에 지나지 아니함을 본다.

그때,
죽음의 천사
곧 생명의 천사는
빛나는 별이 되어,
내 꿈을
공포의 드라마에서

즐거운 코미디로 바꿔 놓는다.

너무나도 놀라워, 나는 천사에게 묻는다.
"내가 죽었나요?"
천사가 대답하기를,
"그렇다. 오랜 세월
비록 네 심장은 고동치고 있었지만,
네 마음은 너의 신성을 모른 채
환각의 무덤 안에 잠들어 있었다.

"이제, 고동치는 심장
숨 쉬는 몸과 함께
네 마음은 지옥에서 깨어났다.
다시 뜬 눈으로, 너를 기다리고 있는
아름다움에 탄복한다.

"너의 신성한 깨침이
네 안에 있는 모든 사랑을 일깨운다.
미움과 두려움은 버려지고
죄악과 죄책은 사라졌다.
네 영혼은 용서를 하고
네 신성은 살아난다."

나는 매료된 눈으로

천사를 바라본다.

내 안에서 깨어나는 진실을 느끼며,

조건 없이

기꺼이 나를 내려놓는다.

죽음과 삶을

겸허히 받아들이고,

모든 요구들은

지옥으로 보내버리고,

새로운 눈으로,

내 영원한 사랑을 바라본다

……

떠나면서.

—돈 미겔 앙겔 루이스

저자의 말

수년 동안 돈 미겔 앙겔 루이스(Don Miguel Angel Ruiz)와 그의 사랑하는 아내 가야(Gaya)를 알고 지낸 것은 내게 특별한 영광이었다. 미겔과 나는 뉴멕시코의 산타페와 알부쿼케(Albuquerque), 그리고 멕시코의 테오티우아칸(Teotihuacán) 등지에서 만나 여러 번 이야기를 나누었다.

우리가 대화를 나눌 때마다 나는 변형의 가능성들이 무한한 또 다른 차원에 우리가 존재했다는 사실을 깨달았다. 가야도 있었던 그 다른 장소에는, 확신에 차고 긍정적인 관점과 성스러움에 대한 옹글고 심오한 느낌이 충만했다. 돈 미겔의 지혜를 모으고 기록해 틀을 갖추는 작업이 내 몫이 되었다.

나는 비록 그의 도제(徒弟)도 아니고 샤먼도 아니지만, 이 책을 쓰는 몇 년 동안, 나구알리즘(nagualism)과 지상천국에 대한 영원한 약속이 끊임없이 내 상상력을 자극했다. 그리고 나는 이에 대해 늘 감사드린다.

1997년 5월
뉴멕시코, 알부쿼케에서
매리 캐롤 넬슨

꿈속에서 떠난 어떤 여행

이 책은 당신을 꿈속의 한 여행으로 인도해 상상의 나래를 펴게 할 것이다. 당신이 떠난 여행의 종착지는 지상천국이며, 당신을 안내할 자는 돈 미겔 앙겔 루이스다.

미겔은 '나구알(nagual)'이다.

나구알은 고대로부터 전해 내려오는 아스텍의 말 나우아틀(Nahuatl)에서 비롯되었다. 나구알이란 단어는 이제 영어권에도 쓰이는 말이 되었다. 특별히 샤머니즘을 논의할 때는 말이다. 그렇다면 나구알의 뜻은 무엇일까?

톨텍족(고대 중앙아메리카의 문명사 중 고전기와 후고전기를 이끈 부족. 톨텍 문명 이후 아스텍, 마야 문명으로 이어짐. 기원후 1~750년─옮긴이)의 전승에 따르면, 세상에 있는 모든 것들은 한 생명체에서 기원한다고 한다. 이는 만물을 창조함으로써 자신을 드러내는데, 이때 우리가 인식할 수 있는 것들과 인식할 수 없는 것들로 나누어 만물을 창조했다. 이 생명체만이 참으로 이 세상에 유일하게 존재한다. 우리를 포함한 그 밖의 모든 것들은 이 위대하고 경이로운 생명체가 분출되어 나온 것들이다.

이 생명체는 태양에너지로 우리 지구를 조절한다. 태양 또한 이 존재가 분출되어 나온 것이다. 반면에 태양을 공전하는 모든 행성들은 태양에서 분출되어 나왔다. 지구 행성에 존재하는 모든 생명체는 어머니인 지구와 태양의 상호 관계 속에서 분출되어 나온 것이다.

한 생명 존재의 분출을 이해하려고 톨텍족은 모든 것들을 나구알과 토날(tonal)로 나누었다.

나구알은 존재하고 있으나 우리가 인식할 수 없는 모든 것들을 말한다. 우리는 이것을 알 수 없는 것, 또는 알려지지 않은 것이라고 부를 수 있다. 토날은 우리의 일반적인 상식으로 인식할 수 있는 모든 것을 말한다.

토날과 나구알은 내적의도(intent) 때문에 존재할 수 있다. 내적의도는 나구알과 토날 사이에 에너지의 교환을 가능하게 하는 연결 장치이자 힘이라 할 수 있다. 이러한 내적의도가 없다면 나구알과 토날은 존재할 수가 없다. 문자로 표현하면 존재 자체의 무(無)라고 할 수 있다. 내적의도는 생명이다. 내적의도는 영원한 변형이며, 영원한 상호 행위이다. 이러한 내적의도를 우리는 '하느님'이라 부른다. 내적의도는 스스로 생명력을 가지기에 하느님이며 영이다.

현대 과학 용어로 세상에 존재하는 모든 것은 에너지라 일컬을 수 있다. 빛은 에너지며, 모든 만물의 근본은 빛이다. 에너지는 수많은 형태로 드러나며, 서로 다른 수많은 진동 주파수를 가지고 있다. 나구알은 별들

속에 존재하며, 또 우리가 알지 못하는 별들 사이에 존재하는 모든 에너지를 말한다. 이것을 '엘 나구알(el nagual, 스페인어에서 엘[el]은 남성관사이다.—옮긴이)'이라 한다. 우리가 인식할 수 있는 종류의 에너지, 그리고 그것의 존재를 증명할 수 있는 에너지를 '엘 토날(el tonal)'이라고 한다.

태양계는 스스로 신진대사를 하며, 자신의 나구알과 토날을 가진 생명체이다. 태양을 비롯해 행성·달·혜성·운석·위성 등 우리 눈이나, 우리의 눈을 발전시킨 망원경이나 현미경 같은 도구들로 관측할 수 있는 모든 것들은 토날이다. 나구알은 이러한 행성이나 달에서 오는 에너지를 말하고, 또한 지구로부터 방출되는 에너지를 말한다.

지구 행성 또한 자신의 나구알과 토날을 가진 생명체이다. 지구 역시 신진대사를 하고 있다. 많은 내부 기관들이 완벽한 평형 상태를 유지하고자 상호작용하는 인간의 몸처럼 지구 또한 내부 기관들을 가지고 있다. 이러한 지구의 내부 기관들 속에 '인류'라는 기관은 총합된 모든 인간으로 구성되어 있다. 하나의 기관인 인류 또한 자신의 나구알과 토날을 가지고 있다. 감정은 우리가 인지할 수 없는 에너지이지만, 우리의 감각으로 느낄 수 있기 때문에, 우리는 이것을 토날이라 부른다. 인간 안에 있는 토날은 우리가 알고 있는 에너지이며 또한 알려질 수 있는 에너지이다. 이와 달리 나구알은 우리의 이성으로는 알 수 없는 에너지이다. 톨텍의 전승에서는 하느님을 '독수리'라고 부르는데 이것은 영(spirit)을 뜻한다. 모든 인간들은 독수리이다. 모든 인간들은 살았든지 죽었든지 나구알이자 토날이며, 또한 내적의도이다. 누군가를 '나구알'이라 지칭한다면, 이는 그 사람이 나구알과 토날을 직접 연결할 수 있는 특정한 에너지를 지넘음을 뜻한다. 나구알은 감정과 행동을 분리시킬 수 있다. 나구알은 강한 의지를 가지고 태어나며, 두려움으로 무력해지지 않는다. 나구알로 태어나지 않은 사람들은 두려움이 닥칠 때면 종종 무력해진다. 하지만 이론적으로는 모두가 내적의도에 의해 나구알이 될 수 있다. 몇몇 통찰가들은 인간의 몸을 둘러싸고 있는 에너지 장(場) 속에서 그 사람만 가진 마음의 에너지를 바라볼 수 있다. 만약 이 사람이 나구알이라고 한다면, 그 사람을 둘러싼 나구알 에너지 장은 쌍계란 꼴을 하고 있는데, 약간 뾰족한 계란 모양의 만도를라(mandorla, 아몬드의 이탈리아 말로, 두 개의 원이 중첩된 모양으로 예수의 후광 등을 나타낸다. 성화나 만다라 등에서 사용된다.—옮긴이) 꼴이다.

나구알은 사람마다 하느님과 연결된 강력한 힘이 있다는 확신을 사람들에게 주는 자이고, 사람들을 영으로 인도하며, 가르치는 능력이 있는 사람이다. 이것은 순수한 내적의도의 힘이다. 대개 나구알은 사람들을 인도해 자신이 진정 누구인지 찾게 하고, 자신의 영과 자유, 기쁨, 행복, 사랑을 찾도록 도와주는 사람이다.

미겔 앙겔 루이스는 나구알로 태어났다. 태어날 때부터 그는 영을 인식하는 능력을 가지고 있었다. 그는 처음부터 내적의도의 전문 마스터였다. 어렸을 때에는 이런 능력을 가족들로부터 훈련을 받았고, 또한 환상(vision)을 보면서 배웠다.

미겔은 자신의 영적인 지혜를 가능한 널리 퍼뜨리고자 헌신했다. 미겔은 십여 년 동안 환상을 통해 배운, 오랜 세월 동안 숨겨왔던 수많은 지혜들을 자신의 학생들에게 말해주었다. 학생들은 그의 강의와 워크숍, 탐구

여행에서 많은 것을 배웠다.

한 번도 미겔을 만나보지 못한 사람이라도, 이 책으로 두려움을 기쁨으로 바꾸는 능력을 배울 수 있을 것이다.

우리 모두는 반복적으로 두려움을 학습해왔다. 미겔이 말하길, 두려움이란 단지 우리가 어릴 때부터 길들여졌기에 생겨난 당연한 결과라고 했다. 우리가 주변에서 언제나 인식하고 있는 현실의 밑바탕에는 두려움이 존재한다. 두려움은 질병과 전쟁의 원인이자, 우리에게 주어진 천부적 권리인 기쁨을 소외시키는 원인이다.

모든 두려움을 압도하는 최고의 두려움은 사멸이나 죽음에 대한 두려움이다. 미겔은 죽음에 대한 우리 두려움의 중심부를 향해 곧바로 걸어 들어간다. 그의 지혜는 테오티우아칸은 톨텍족의 영적 중심지이자, 고대 스승들이 우리의 두려움을 없애기 위한 비법을 찾아냈던 곳인 테오티우아칸에서 본 환상에서 비롯되었다. 미겔은 자신이 가르치는 학생들과 해마다 한 달씩 테오티우아칸을 탐방했다. 이곳에서 그는 학생들에게 '사자(死者)의 거리'를 따라 걷게 했다. 그들에게 이 길의 각 단계에서 펼쳐지는 의례들을 보여주면서 두려움에 맞서고, 그것을 떨쳐버리는 방법들을 가르쳤다. 이러한 과정을 통해, 학생들은 세상이 정의와 행복의 실재라는 새로운 현실관을 깨우쳤다.

당신은 미겔의 지혜를 얻으려고 테오티우아칸을 방문할 필요는 없을 것이다. 당신 자신의 영 속으로 내적인 여행을 떠나는 상상을 하는 것만으로도 충분할 것이기 때문이다.

1장

테오티우아칸, 인간이 신이 될 수 있는 곳

'인간이 신이 될 수 있는 곳'인 테오티우아칸은 멕시코시티에서 북동쪽으로 42킬로미터 떨어진 톨텍족의 성소이다. 톨텍족은 수천 년 동안 치유와 영적인 변형에 대한 거룩한 비밀을 구전으로 원형 그대로 보존해왔다.

미겔 앙겔 루이스는 톨텍 전승을 지켜 온 가계(家系)의 직계 후손이다. 그의 가계를 살펴보면, 그는 선천적으로 테오티우아칸과 영적으로 연계되어 있다. 미겔은 한때 외과 의사였지만 외가로부터 나구알, 곧 내적 의도의 마스터가 되기 위한 영적 훈련을 받았다.

톨텍족은 누구인가? 미겔은 이들이 마야족과 다르지 않다고 말한다. 전통적으로 '톨텍'은 수준 높은 영적인 깨달음에 도달한 사람들의 무리를 다른 부족들과 구별하는 데 썼던 말이다. 이러한 사람들은 톨텍으로 알려졌다. 높은 의식의 상태에 든 사람들에게만 거룩한 성소인 테오티우아칸에서 살 수 있는 자격이 주어졌다.

미겔은 테오티우아칸의 역사를 다시 쓰고 있다. 그는 환상 속에서 과거로 돌아가 다양한 문화들을 경험하면서, 테오티우아칸의 역사가 지닌 기본적인 요소들을 알게 되었다. 이야기는 지금부터 2만 년 전도 더 된 제3태양시기(고대 마야나 아스텍의 달력에 따르면 우주의 주기는 시초부터 서기

2012년까지 다섯 번의 태양기를 맞이하게 된다. 제3태양시기는 4081년 지속되다가 불로 멸망했다고 한다.—옮긴이) 때부터 시작된다. 그 당시에는 몸과 마음과 영혼이 완벽히 균형을 이룬 사람들 무리가 살고 있었다. 그들의 면역 체계는 아주 강해서 병이라곤 없었다. 이들의 과학과 기술은 오늘날 우리의 문명 수준보다 훨씬 뛰어났다.

그 당시 모든 인류 사이에는—아마 오늘날과 인구수가 비슷할 것이다.—상호 소통 체계가 개방적으로 존재했었다. 각 인간의 마음속에 어떠한 제약도 없이 소통이 이루어지고 있었다. 인간들은 죄책감이나 판단 같은 개념에 방해받지 않았다. 제3태양시기 인류는 마음속에 품은 꿈, 곧 이 땅에 천국을 이루는 것이 차츰 현실화되고 있다는 꿈을 가지고 있었다. 그것이 현재 낙원이라는 개념으로 우리들의 기억 속에 남아 있다.

인간만이 강력한 마음을 갖고 있는 것은 아니다. 인간 심성에 달라붙어 있는, 눈에 보이지 않는 존재들이 있다. 이들 또한 인간처럼 지구의 내부 기관이기도 하며, 지구의 신진대사를 공유한다. 이 존재들은 인간에게 유익한 것부터 해로운 것까지 다양한 스펙트럼으로 존재한다. 이들은 때때로 인간의 몸을 입고 나타나기도 한다. 많은 전통들에서 이들의 존재를 엿볼 수 있다. 이들은 태초부터 지금까지 인류와 더불어 존재했으며, 사람들로부터 '(귀)신'이라 불린다. 이 존재들과 인류의 운명은 아주 밀접히 연관되어 있다. 톨텍족은 이것을 '알리(Ally)'라고 부른다.

알리들에게는 뇌가 없습니다. 이것은 이들에게 감정을 만들어내는 곳이 없다는 것을 뜻합니다. 이들이 자신들의 생명을 이어가려면 감정이라는 에테르(ethereal) 에너지를 필요로 합니다. 이들에게 인간이라는 존재는, 사람에게 우유를 제공하는 젖소와도 같습니다. 우리 인간도 이미 동물과 식물과 같은 다른 생명체를 통해 제공된 음식물로 태양에 너지를 흡수합니다. 우리의 뇌는 이러한 물질 에너지를 우리의 감정이라는 에테르 에너지로 전환합니다. 감정 에너지는 우리의 마음과 알리 또는 신에게 제공되는 음식이 됩니다. 우리는 신을 위한 그저 하나의 음식물에 지나지 않습니다.

알리들은 자신들의 음식인 두려움을 생산하기 위해 인간들을 공포로 몰아갑니다. 우리는 태어날 때부터 불리함, 곧 이러한 신들이 우리의 꿈을 통해 어느 정도 우리를 통제하는 불리함을 가지고 있습니다. 우리 마음의 기능은 꿈을 꾸는 데 있습니다. 우리의 삶 전체는 물질이란 틀 속에 사는 한바탕의 꿈이라 할 수 있습니다. 꿈을 꾸는 것은 우리에게 현실감을 부여해줍니다. 우리는 전쟁과 폭력이라는 꿈을 꾸기 위해 태어납니다. 이것이 우리가 도전해야 할 것입니다.

우리 모두가 깨어 있다면 어떠할까요? 우리가 악몽에서 깨어나 천국을 맛본다면 알리들에게는 어떤 일이 일어날까요? 이들 또한 진화를 해서 두려움을 먹지 않고 사랑을 먹게 될 것입니다. 우리의 영혼은 이미 사랑만 따르며 두려움에 저항하고 있습니다. 어떤 생각이 '하느님에게 속해' 있는지 아닌지를 알기 위해, 우리는 그 생각이 두려움을 일으키는지 아닌지 점검해볼 수 있습니다. 두려운 생각은 하느님으로부터 나오는 것이 아닙니다. 이것은 알리로부터 나옵니다. 참된 사랑의 하느님은 두려움과는 아무런 상관이 없습니다.

알리의 요구들에 맞서려면, 당신은 이들의 정체를 알아야 합니다. 심지어 오늘날까지 이들은 우리의 감정을 먹이로 삼아 자라기에, 우리가 지금 어떠한 종류의 감정을 보내는지 주의 깊게 지켜봐야만 합니다. 우리의 감정은 좋아하는 것에 더욱 집중적으로 이끌립니다. 우리가 행복을 느낀다면, 우리는 더욱 행복에 이끌리죠. 우리가 낙담한다면, 더욱 낙담에 이끌립니다.

저마다 민족은 자신들이 섬기는 신이 있습니다. 인류의 운명이란 어쩌면 이 신들의 이야기라 할 수 있습니다. 야훼는 한 민족의 신입니다. 알라는 또 다른 민족의 신이구요. 이 신들의 정체성은 이스라엘이나 아랍 민족의 정체성과 같습니다. 전쟁이 일어나면, 민족 간의 전쟁만 일어나는 게 아니라, 그 신들 간에 전쟁이 일어난 것이라고 해야 합니다.

테오티우아칸이 세워지기 오래전, 신들은 인간이 천국에 이를 수도 있다는 것에 두려움을 느꼈습니다. 제3태양시기 동안 알리들은 인간들이 더욱 격앙된 감정을 만들어내도록 충동질했고, 이것들은 고스란히 그들의 음식으로 사용될 수 있었습니다. 또 그들 자신의 목적을 이루고자 이들은 인간을 더욱더 분열시키기 시작했습니다. 또한 이들은 인간 사이에 완벽한 소통이 이루어지지 못하도록 방해했습니다. 그 결과로 민족들 간에 싸움이 일어났습니다. 성서에 기록된 바벨탑 이야기에서 알 수 있듯이, 우리는 이들이 세계 평화를 파괴하는 것을 봅니다.

이 당시 지구에는 주요 인구 밀집 지역이 세 곳 있었는데, 그곳은 오늘날 인도와 중국 지역에 있었던 무(Mu) 나라(미겔은 무 또는 레무리아[Lemuria]라는 나라가 태평양에 가라앉았다는 가설에 동의하지는 않는다.)와 북아메리카 지역에 있던 원숭이들의 나라, 그리고 유럽과 아메리카 사이에 있던 섬 대륙 아틀란티스이다. 수세기 동안, 이 나라들은 평화롭게 살고 있었다.

하지만 파괴적인 '신들'의 영향으로 무 나라와 원숭이들의 나라는 군사동맹을 맺고, 아틀란티스를 대량 핵무기로 공격해 멸망시켰다.(미겔의 이러한 주장은 아틀란티스가 그들의 무분별한 유전자 조작과 혜성의 충돌로 멸망되었다는 주장과 다르다는 것을 보여준다.) 이러한 세계적 규모의 핵전쟁에 대한 언급은 라마(Rama)의 전설이 기록된 라마야나(Rāmāyana)의 인도 《베다 경전》에서 볼 수 있다. 미겔은 북인도 산악 지역에 제3태양시기 인류로 추정되는 거대하고 힘이 센 인간들의 유물들이 묻혀 있다고 주장했다.

아틀란티스의 북반부에 살던 이들이 바로 피라미드를 만든 사람들이다. 우리는 이 민족을 갈색 피부를 가진 타이탄 또는 아틀란티스인이라고 알고 있다. 발달된 통신 체계 수단을 통해 이들은 이집트 기제(Gizeh)에 대 피라미드를 건설하는 일을 맡고 있었다. 미겔은 대 피라미드가 제3태양시기 인류의 기념 유물이라고 말한다.

아틀란티스가 파괴되면서 부패의 시대가 시작되었고, 인간 삶의 수준이 동물 수준으로 전락했다. 현대적 관점에서 우리는 오직 하나의 진화만 인식할 뿐이다. 우리가 인류의 원시 조상들보다 훨씬 발달했다고 우리는 생각하고 있다. 미겔은 우리가 알고 있는 원시 조상들은 이들보다 앞서 존재했고 훌륭했던 인류의 열등한 후손들로서, 이들을 제4태양시기(제4 태양시기는 5026년 동안 계속되었고 사람들은 피와 불의 홍수 속에서 기아로 죽어갔다.—옮긴이) 인류로 보고 있다.

제4태양시기 인류는 수명이 짧았으며, 낮은 지능을 소유한 병약한 존재들이었다. 이들의 수명은 대체로 25~30년 정도였으며, 지옥 같은 삶을 살았고, 어떠한 역사 기록도 남기지 못했다. 대신 이들에게는 후손들을 대량으로 번창시킬 수 있는 능력이 있었다. 제4태양시기 인류는 핵전쟁 이후 지구 전체에 다시 가득 차게 되었다.

이곳저곳 고립된 섬들에 살던 제3태양시기 인류의 남은 자들은 8세대 동안이나 자신들을 지켜왔다. 이들은 핵전쟁 전에 보유하고 있던 과학, 기술, 영적 진보에 대한 지식을 여전히 가지고 있었다. 이들은 자신들이 방사능에 노출된 결과로 죽을 때가 얼마 남지 않았음을 알고 있었다. 그들은 후손을 계속 이어갈 수 없었기에, 이들은 제4태양시기 인류를 가르치는 데 그들의 남은 힘을 다 쏟았다. 이들이 고대의 인구 집단 지역을 방문할 때에는, 질병에 쉽게 노출될 수 있기 때문에 사람들과 직접 접촉하는 것은 피했다. 제3태양시기 인류는 농업과 보건 위생에 대한 기초적인 지식을 가르치는 데 집중했다. 제4태양시기의 인류는 키가 크고, 훨씬 지능이 발달한 이러한 지성적 존재들을 '신'으로 생각했다. 이들에 대한 기억들이 경전들에서 발견된다. 예를 들자면 구약성서의 엘로힘(Elohim, 성서에 하느님으로 번역되어 있다.—옮긴이) 같은 것이다.

제3태양시기 인류의 생존자들은 인류를 진보시키고자 유전자 실험도 시도했다. 이들은 또한 사람들이 조화롭게 살고, 완벽한 균형을 유지하는 것이 어떤 의미인지 알던 이전 시대의 지식을 얻는 방법도 찾았다. 그때도 테오티우아칸 지역은 성소로 알려져 있었다. 몇몇 고대 지혜서들이 후손들에게 발견될 수 있도록 이곳에 보관되었다.

톨텍족들은 태양계에서는 태양이 지혜의 원천이라고 믿고 있었다. 제3태양시기 인류의 남은 자들은 완벽한 조화를 이루는 지식이 안전하게 보존될 수 있도록 태양을 향해 도움을 구하는 기도를 올렸다. 태양은 이에 화답했다. 새로운 특성을 띤 에너지가 사자(使者, messenger)의 형태로 태양에서 왔다. 빛은 태양에서 온 사자이다. 이런 경우 새로운 특성을 띤 빛은 천사 같은 형태로 자신을 드러냈고, 이들은 인간과 결합해 새로운 지성의 진화에 잠재력을 지닌 인간을 탄생시켰다. 에녹(성서에서 하느님과 평생 동행하다 죽지 않고 하느님께로 간 사람—옮긴이)은 이렇게 돌연변이 된 존재 중 하나이다.

오늘날 인류가 우주 바깥에서 우주선을 타고 지구로 온 존재들로부터 생겨났다고 믿는 스승들과 현자들이 많이 있다. 이들은 외계 존재가 자신의 유전자와 원시 인간들의 유전자를 혼합해 새 생명체의 탄생을 위한 실험을 했다고 주장한다. 미겔은 새로운 인간의 씨가 다른 행성의 존재에서 왔다고 믿지는 않는다. 그의 환상은 꽤 신화적이고, 동정녀의 잉태 또는 인간이 아닌 태양으로부터 보내진 천사 같은 존재에 의해 잉태되었을지 모른다는 가능성을 증명하는 것처럼 보인다. 어느 한쪽의 상상력이 옳다 해도, 인간성을 변화시키고 우리의 현 인류에까지 이어진 유전자 변이를 가져온 '마술적'인 요소가 있었음에 틀림없다.

지구 위의 생명을 통제하는 그 당시 태양빛의 변화는 제5태양시기(제5

태양기는 마야의 태양력에 따르면 2012년까지로 인류의 멸망을 예언하고 있다.—옮긴이)가 시작되는 것을 알려 주었다. 제5태양시기의 인류—변종이라 할 수 있는—가 바로 오늘날 우리다. 우리는 부분적으로 천상의 존재이자 부분적으로 땅의 존재다. 이러한 변이를 완성하기 위해, 태양은 좀 더 선량한 마음을 소유하고, 진화된 인류를 만들 수 있도록 DNA를 수정하였다. 오늘날 우리가 추구할 진화의 방향은 한때 지구상에 알려져 있었지만 이제는 잃어버린 완벽한 내적 소통체계를 회복하고, 이 소통체계가 이뤄내는 평화와 조화를 회복하는 일이다. 다시 한 번 우리는 우리 인간이 한 형제임을 깨달아가고 있다.

우리는 평화, 사랑, 정의의 개념을 재발견하고 있다. 우리는 법을 만들어 왔고, 인류의 기본적인 삶의 수준을 높이기 위해 노력하고 있다. 그럼에도 여전히 우리는 내적 조화가 깨져 고통을 당하고 있고, 이에 따라 우리의 영적 진보를 계속할 수 있는 새로운 에너지가 유입되기를 필요로 하고 있다.

1992년 1월부터 태양은 다시 한 번 변화를 보이기 시작했다. 진동 주파수가 달라졌으며, 더 많은 자외선을 보내고 있다. 우리는 제6태양시기(미겔은 마야의 태양력과 다르게 제6태양시기를 일찍 잡고 있다.—옮긴이)가 시작되는 순간을 맞이하고 있다. 우리는 제6태양시기 인류의 탄생을 목도하고 있는 것이다. 이러한 새 인류의 선구자들은 이미 우리 가운데 살고 있다. 그들은 지상천국에 대한 근본적인 꿈을 다시 한 번 알게 될 것이다. 세계 전 지역에서 제3태양시기 때부터 보존되어 온 지식들이 나타나고 있다. 많은 원주민의 전승들도 자신들의 지혜를 보여주고 있으며, 이와 동시에 과학자들이나 철학자들 사이의 선각자들은 자신들을 점차 통전적(統全的)인 운동으로 이끌어 가는 개념들을 발견하고 있다. 초기 화신(化身)들, 예를 들어 그리스도, 부처, 크리슈나 같은 이들이 좋은 모델이다. 언제나 당대의 대가(master)들이 있었지만, 우리는 그들의 단순하면서 유일한 진리, 곧 우리는 모두 빛이며 모두 하느님이라는 진리를 두려워하며 받아들이길 주저했다. 우리가 이러한 진리를 받아들이게 된다면 우리는 두려움, 자기 증오, 죄악, 질시, 고통 등을 놓아버릴 수 있을 것이다.

테오티우아칸은 이러한 고대의 지혜가 보존되어 있는 성소 가운데 하나이다. 미겔 앙겔 루이스가 이곳을 방문할 때면, 명상 상태에서 이러한 지식을 되찾아내곤 했다. 그가 정보를 얻는 근원은 많은 사원을 세울 때 사용된 바위였다. 이 바위들은 자료들의 보고(寶庫)처럼 기능했고, 그의 전문 능력을 통해 고대 스승들이 남긴 정보들에 다가갈 수 있었다. 그는 환상 속에서 테오티우아칸을 최초로 세웠던 사람들, 곧 이 사원이 세워지기 전에 이곳에 지상낙원의 꿈을 회복시키려 했던 자들을 '보았다'.

제5태양시기(5000년쯤 지속되었다.) 시대인 지금으로부터 4000년 전쯤, 영적으로 진보한 한 무리가 북으로부터 와서 테오티우아칸 태양의 피라미드 신전 아래에 있는 동굴로 들어갔다. 이들은 거대한 뱀의 꿈을 서로 나누었다. 이 무리 가운데 한 사람이었던 '흐린 거울(Smoky Mirror)'은 다른 사람들에게 이 꿈의 의미에 대해 가르쳤는데, 이로써 자신들이 꿈속에 있음을 깨닫게 했다.

흐린 거울은 자기를 둘러싸고 있는 고통을 멈출 수 있게 하는 방법을 발견했습니다. 그리고 사람들에게 자신의 본래 모습인 사랑의 존재가 되는 법을 가르쳤습니다. 그는 인간성이 최고 수준에 이르렀던 때인 제3태양기에 파괴된 내적 소통체계를 알고 있었습니다. 그는 신들에 의해 심판관과 피해자가 우리의 의식 속에 들어오게 되었다는 것을 깨달았습니다. 이후부터 인간의 자기 의심은 자신의 내적 소통체계를 파괴해버렸습니다. 흐린 거울은 신들이 인간과 싸우는 것을 보았습니다. 신들은 우리가 지옥에 남아 있길 원했습니다. 아이가 자라면서 길들여질 때 신들이 인간의 마음에 들어옵니다. 신들이 인간 마음에 심어놓은 나쁜 신념 중 하나는 "나는 그저 인간일 뿐이야."라는 말입니다. 하지만 인간이 된다는 것이 한계를 지닌 존재가 됨을 의미하지는 않습니다. 인간의 영혼은 신들보다 더 위대하고, 인간의 마음은 신들보다 더욱 영원합니다.

신들은 우리에게 부당함(injustice)이라는 생각을 침투시킵니다. 이것은 마음에 상처를 주는 칼이라 할 수 있습니다. 부당함은 감정의 독물을 만듭니다. 이것은 슬픔으로, 질투로, 두려움으로 표현됩니다. 상처 입은 마음의 통증은 쓰라립니다. 한 번 마음이 상처를 입으면, 더 많은 독이 나오게 됩니다. 다른 사람들이 '우리의 상처를 건드릴 때마다' 우리는 고통을 느낍니다. 그래서 우리는 상처를 숨기고, 아무도 그 상처를 건드리지 못하게 합니다. 하지만 이러한 숨김은 속임수입니다. 이것은 마치 우리의 무기와도 같습니다. 부정과 방어의 무기 말입니다. 우리는 부당함이 공정하지 않다는 것을 알면서도, 나와 같이 되도록 남의 상처도 마찬가지로 건드리려고 합니다. 🐘

톨텍족은 흐린 거울의 계승자들이다. 이들은 갈등을 조장해 번성하는 신들과 자신들이 전투를 벌이고 있음을 아는 영적 전사들이다. 전사의 목표는 자신들이 신이 되어 모든 두려움을 물리치고, 스스로 자신의 마음을 다시 지배하는 것이다. 이렇게 하려면 그들은 두려움의 자리에 사랑을 창조해야 한다. 이러한 지식이라면 그들이 세상을 낙원으로 변화시킬 수 있을 것이다. 오늘의 영적 전사들 또한 자신들을 소유한 신들과 전투 중에 있다는 것을 인식하고 있다. 꿈을 꿀 수 있는 권리가 오직 내 자신에게만 있다고 선포하자마자 신들의 소유권은 파기된다. 자유의지만이 당신을 과거의 개인적 고통에서 벗어나 개인적인 자유를 얻게 해줄 수 있다.

흐린 거울은 제3태양시기 인류가 남겨놓은 최고의 지혜, 곧 우리는 태양의 자녀라는 지혜를 발견했다. 그는 모든 것이 빛에서 만들어졌음을 알게 되었다. 우리는 빛을 '먹고', 빛은 우리에게 태양계의 생명을 통제하는 태양의 메시지를 알려준다.

꿈속에서 받은 지시를 따라, 흐린 거울은 테오티우아칸의 첫 번째 성전을 설계하고 감독했다. 그의 지혜는 성전의 바위에 새겨져 있다. 몇 년이 지난 뒤에 이러한 성전 구조물들은 확장되었고 다른 건물들이 세워졌다. 이 마법사들 혹은 현자들은 인간이 신이 되는 이곳에 지혜 학교 또는 신비 학교를 세웠다.

수천 년 동안 테오티우아칸의 마스터들은 영적으로 진보한 구도자들에게 어떻게 두려움을 제압하며, 대부분의 사람들이 둘러싸여 있는 지옥 같은 삶을 버리고 어떻게 해야 천국 같은 삶을 살 수 있는지 가르쳤다. 콜럼버스(Christopher Columbus)가 미 대륙을 발견하기 전에, 이 영적 장소는 20여만 명이라는 많은 인구가 살았던 곳이었다. 이곳은 또한 중앙아메리카 멕시코의 중심 시장이자 생산물 집결지이기도 했다. 아무나 톨텍 전문 마스터에게서 수련을 받을 수 있는 것은 아니었다. 지원자는 선택을 받아야만 했다. 마스터들은 사람들 속에 몰래 들어가 누가 그들에게서 도제 수련을 받을 준비가 되어 있는지 감각적으로 찾아냈다. 만약 찾아내기 어려워지면, 지원자들에게 그들이 이제껏 지켜온 삶의 방식의 가치를 정할 수 있는 여러 시험들을 보게 했다.

마스터들은 그들이 테오티우아칸에 남아 있을 수 있는 힘의 주기가 막바지에 이른 것을 깨닫고, 성서에서 예수가 했던 것과 같이 자신들을 공중으로 떠오르게 했다. 그들은 위로 올라갔다. 그들은 자신의 육체적인 몸을 떠나 빛과 하나가 되었으며, 태양까지 올라갔다. 뒤에 남겨진 것은 다양한 단계의 배움을 익히고 있지만 아직 전문 마스터 단계에 이르지 못한 영적 수련생 무리들과, 그들을 이끌 지도력의 부재뿐이었다.

북쪽에서 내려온 야만인들의 침입으로 테오티우아칸이 점령당했을 때, 수련을 받던 톨텍족의 남은 자들은 이들에 맞설 수 없었다. 그래서 많은 사람들이 죽임을 당했다.

야만족들은 테오티우아칸 사람들과 혼인했고, 톨텍족의 영적 수련방식을 그들의 원시 종교, 곧 인간 희생물을 요구하는 질투의 신을 믿는 종교와 혼합시켰다. 테오티우아칸의 태양 신전 피라미드 아래서 발굴된 유골들은 아마도 침략자들에게 굴복하지 않아 제단에 제물로 바쳐진 톨텍의 영적 구도자들일 것이다.

타락이 테오티우아칸 전체를 뒤덮었다. 기원후 700년 무렵 테오티우아칸은 더 이상 영적인 중심지가 될 수 없었다. 이곳 사원들은 의도적으로 땅속에 묻혔다. 20세기 고고학자들이 이곳을 발굴하고 나서야 이곳에 다시 접근할 수 있었다. 이때는 신비하게도 제6태양시기 인류의 출현과 일치하는 시점이었다.

당시 테오티우아칸에서 수련받은 톨텍인들이 대규모로 탈출하는 일이 있었다. 이들 중 몇몇은 남쪽으로 향했고, 완전히 타락한 상태에 있던 마야인들과 합류했다. 톨텍족과 마야인들의 합병으로 새로운 마야제국이 만들어졌다.

또 다른 무리들은 톨텍 마스터들의 지혜가 최초로 보존되어 있던 툴라(Tula)에서 새로운 공동체를 형성했다. 그런데 여러 마을들의 어떤 조직들도 종교처럼 이 지혜를 수호하려 하지 않았다. 오히려 마을들은 주도권을 두고 서로 다퉜다. 결국 대제사장은 툴라에서 제일 힘이 센 마을에서 선출되었다.

대제사장은 쌍둥이 형제 중 하나인 깃털 달린 뱀, 케찰코아틀(Quetzal-coatl)의 화신(化神)으로 여겨졌다. 또 다른 쌍둥이 형제의 이름은 흐린 거울이었다. 톨텍 종교에서 이 쌍둥이는 나구알과 토날을 대표했다. 이들은 교대로 두 개의 에너지를 이끌었다. 흐린 거울은 나구알 에너지를 이끌고, 케찰코아틀은 토날 에너지를 이끌었다. 그리고 때에 따라 우세한 정도가 바뀌었다.

톨텍의 지식은 마침내 당대 권력에 복종한 툴라 지도자들에 의해 오염되었다. 이들은 테오티우아칸의 침묵의 지식을 죽음을 회피하기 위한 수단으로 잘못 사용했다. 미겔은 세상에서 가장 사악한 흑마술사들이 이곳에 있었다고 말한다. 마치 후대에 권력을 쥔 기독교도들이 예수의 이름을 악마로 변질시킨 것처럼, 이들은 케찰코아틀을 악마로 변질시켰다.

아스텍은 멕시코에서 작지만 가장 강력했던 나라였다. 이들은 오늘날 멕시코시티에 메홀(Mejor) 신전을 세웠다. 이들은 툴라로부터 지혜를 받아들였고, 아스텍은 새로운 톨텍이 되었다.

아스텍족 가운데 영적 전사 두 무리는 스페인의 정복이 있은 후에도 500년 동안 톨텍의 지혜를 보존하였다. 이들은 전사들로 훈련을 받은 재규어 기사단과 완벽한 나구알이 되도록 훈련을 받은 독수리 기사단이다.

재규어 기사단은 물과 불을 통과하는 죽음의 의례를 통해 입문을 했는데, 그 과정을 통해 두려움과 분노, 질투를 놓아버렸다. 이들이 입문 의식과 수련 과정을 마치면 세상을 정의의 세상으로 새롭게 바라보게 되었다. 그런 뒤 이들은 독수리 기사단으로 편입되었다.

독수리 기사단 가운데 최고 우두머리는 이 땅에서 하느님의 대리자 역할을 하는 틀로토아니(Tlotoani)였다. 독수리 기사단의 누구나 틀로토아니가 될 수 있었다. 미겔의 집안은 독수리 기사단 출신이었다.

독수리는 신성(神性)을 대표한다. 모든 독수리 기사단은 오늘날까지도 매일 하느님을 만난다. 이들은 언제나 행복한 상태에 있다. 그리고 이들은 지복(至福)을 깨닫고자 수련을 하는데, 고대 인도나 이집트, 그리스를 비롯해 아직까지도 원주민들 사이에 생생하게 전승되어 내려오는 수련 방식을 그대로 따르고 있다. 예전에 테오티우아칸은 세계 여러 곳의 다른 성소들과 서로 연락하고 있었다. 이들 성소들 모두는 동일하며 근본적인 침묵의 지식을 공유하고 있었다.

톨텍족의 삶의 방식은 몸과 마음과 영혼의 완벽한 균형 상태를 증진시키는 것이었다. 많은 전승들이 몸의 어떤 기능들을 별로 좋지 않은 것으로 판단하는 것과 달리, 톨텍의 방식을 따르는 수준 높은 영적 전사들은 독신으로 사는 것을 요구받지 않았다. 이들 믿음의 기본적인 입장은 인간의 몸을 본래부터 완벽한 성전으로 존중하는 것이었다. 톨텍족이 하는 노력은 심판하지 않고, 피해 의식을 갖지 않고, 두려움 없이 사랑의 상태 속에 있는 것이다.

미겔은 종종 다른 종교의 전승들을 언급하곤 한다. 그는 성서와 그리스도의 삶에 남다른 애정을 가지고 있으며, 부처에 대한 기록들을 공경했다. 그는 강의를 통해 톨텍의 도(道)를 이러한 화신들의 삶과 연결시킨다. 그는 모든 진리의 길은 근본적으로 동일하지만, 주요 종교들 대부분이 죄악, 심판, 두려움에 물들어 있다고 말했다.

미겔 앙헬 루이스의 계보

미겔은 유명한 치료사였던 어머니 사리타(Sarita)의 열세 번째 아들이다. 어린 시절 그의 어머니는 지역에 잘 알려진 쿠란데라(curandera), 곧 여성 주술치료사였다. 미겔이 열한 살이었을 때, 사리타는 심한 담석증에 걸렸었다. 의사는 수술을 권했지만, 심장병이 있어 마취를 할 수 없었다. 사리타의 어머니는 잘 아는 심리 수술 치료센터로 딸을 데려갔다. 이곳에서 사리타는 의사 한 명과 간호사 세 명이 자신의 담낭에서 돌을 끄집어내는 수술 광경을 환상을 통해 보았다. 그녀는 이들에게 언제 눈을 뜰 수 있느냐고 물어보았지만, 실제 그곳에 있던 사람은 오직 심리치료사 한 명뿐이었다. 이 수술은 사리타의 담석뿐 아니라 그녀의 심장병도 낫게 했다. 이후로 그녀는 자신에게 전수된 지혜로 사람들을 치료하는 데 평생을 헌신했다.

미겔은 가시적인 것 너머에 존재하는 또 다른 차원의 세계가 물질적인 실재에 영향을 끼친다는 인식을 배우며 자라났다. 그의 형과 누나들은 때때로 미겔에게, 그가 태어나기 오래전 모닥불 가에 빙 둘러앉아 외조부모들로부터 들었던, 집 근처에 살고 있는 키 작은 사람들에 대해 이야기해 주곤 했다. 미겔의 자매들은 이 난쟁이들이 집 근처 나무에서 놀고 있는 것을 보았다. 미겔의 어머니 사리타의 고향인 후안아카틀란(Juanacatlan)은 특별한 곳으로 미겔이 '마법의 마을'이라고 불렀다. 이 마을의 한 거주자인 돈 나치토(Don nachito)는 약국을 경영했는데 거의 동네 의사 노릇도 하고 있었다. 그는 아이들에게 선물, 특히 용돈 주는 것을 좋아했다. "우리 형들은 그분에게서 돈을 받곤 했지요. 그분은 돈을 잘 버는 것 같았어요. 그분이 제 형들에게 말했죠. '내가 이 상자에 동전을 넣겠다. 이 상자를 가져가 베개 밑에 놔두렴. 그럼 날마다 새 동전이 그 안에 생길 게다.'" 미겔의 형은 호기심에 그 상자를 열고 싶어 참을 수가 없었다. 형이 상자를 열자 상자 안에는 동전이 가득 차 있었다. 미겔은 자라면서 이러한 놀라운 이야기들을 많이 들었기 때문에, 눈에 보이는 일상의 세계 너머에 마법 같은 삶의 수준이 존재한다는 것을 쉽게 받아들일 수 있었다.

의과대학 3학년 시절 미겔은 심한 자동차 사고를 당했다. 그때 유체이탈을 경험하면서, 처음으로 다른 차원의 세계에 들어가는 충격적인 경험을 했다. 그 이후로 그의 내적 환상에 대한 경험은 가속도를 더하기 시작했다.

미겔은 멕시코대학 의학부를 졸업했다. 그리고 일 년 동안 소노라 (Sonora) 사막에 있는 알타 소노라(Alta Sonora)라는 마을에서 의사로 봉사활동을 했다.

일 년 동안 알타 소노라에서 봉사활동을 한 것은 나에게 멋진 경험이었습니다. 나는 그곳에서 돈 에스테반(Don Esteban)이라고 하는 스승님을 자주 만났습니다. 나이는 40대 중반에, 키는 작고 비쩍 마르신 분이었죠. 그 분은 저를 제자로 받아주셨습니다. 그는 저에게 놀라운 것들을 보여주시고, 깊은 꿈속에 들어가 꿈을 탐색하는 방법을 가르쳐주셨습니다.

스승님은 나를 한 동굴로 데려가 주문으로 우리 몸의 기본 요소들을 통제하는 기술을 나에게 가르쳐주셨습니다. 이것은 생명과 죽음 사이의 에너지를 통제할 수 있는 강력한 기술이자 지구의 여러 다른 기관들, 예를 들어 바람이나 물, 숲과 같은 것들과 의사소통할 수 있는 기술이었습니다. 그리고 그는 내가 가지고 있던 많은 두려움들을 직면하게 했습니다. 그는 언제나 나의 이성과, 지성, 주로 내가 개인적으로 중요하게 여겼던 것들에 도전하게 했습니다. 그는 나에게 겸허해지는 법과, 모든 것들을 그냥 있는 그대로 보고 존중할 줄 아는 법을 가르쳐주었습니다. 있는 모습 그대로 자연을 존중하고 인간을 존중해야 할 것도 가르쳤습니다.

돈 에스테반은 경탄할 만한 분이었습니다. 그는 능력 있고, 사랑이 많으셨고, 친절했지만, 언제나 나의 두려움들에 대한 도전을 그분에게서 받아야만 했습니다. 나는 언제나 그분 앞에서 방어용 가면을 쓰고 있었거든요.

내가 그 마을을 떠난 지 일 년 뒤에, 나는 스승님을 뵈러 마을을 다시 방문했습니다. 하지만 마을 사람 누구도 스승님을 알지 못한다는 사실에 큰 충격을 받았습니다. 아무도 그에 대해 들어본 적이 없다는 거예요. 그가 마치 존재하지도 않았던 것처럼 말입니다. 그곳은 작은 마을이라 서로 잘 알거든요. 그래서 나는 내 마음속에 그가 정말 살과 피를 가진 인간이었는지, 아니면 내가 편한 대로 내 의식이 만들어낸 분이었는지 하는 의심이 생겼습니다. 지금에 와서 돌이켜보면, 나의 할아버지인 돈 레오나르도 마시아스(Don Leonardo Macias)와 돈 에스테반 사이에 무엇인가 밀접한 관계가 있었을 것이라고 생각합니다.

시골 마을의 의사로 일 년 동안 봉사를 한 뒤 미겔은 의학박사이자 외과 의사였던 두 형과 함께 1978년 티후아나(Tijuana)에 병원을 세웠다.

1980년 사리타는 미겔에게 자기로부터 도제 수련을 받으라고 제안했다. 3년 동안 매주 일요일마다 8시간 또는 12시간을 명상에 몰입하는 집중적인 수련을 했다. 변경된 의식 상태에서 그는 고대 이집트, 인도, 중국, 페르시아를 여행하며 그들의 믿음 체계들을 배웠다. 이러한 경험은 실제 생활에서 여행하면서 배우는 것과 같은, 생생하면서도 진정성이 깃든 배움이었다. 미겔의 에테르적(영적)인 여행은 현대의 힌두교, 불교, 조로아스터교, 기독교 등과 이러한 역사적인 전승들을 서로 비교해볼 수 있는, 적용 가능하고 신빙성이 있는 정보들을 가져다주었다. 그는 모든 믿음 체계들은 동일한 핵심 원리를 가졌다고 결론을 짓게 되었다.

이집트로 떠난 명상 여행

미겔이 도제 수련을 받던 2년 차 어느 일요일, 사리타의 제자 21명(이 중 3명은 미겔의 형)이 사리타와 미겔에게로 모여들었다. 이들은 막 명상 속 여행에 들어서는 참이었다. 이런 수련은 미겔에게 이미 익숙한 것이었다. 그가 학교를 졸업한 신참 의사로 1년 동안 공중의(公衆醫) 봉사를 했던 사막의 한 스승에게서 이미 훈련을 받았기 때문이었다. 그는 쉽게 꿈속의 상태로 몰입했고, 자신이 아주 긴 땅속 통로에 서 있는 것을 볼 수 있었다. 비록 자신이 꿈속에 있음을 인식하고 있다 하더라도, 마치 현실처럼 생생한 경험을 하고 있었다. 이 꿈의 상태가 실제 시간으로는 8시간밖에 안 됐지만, 꿈속에서는 거의 1년 정도가 흐른다.

나는 입구에 있었어요. 내 뒤에서 문이 닫히는 소리가 들리자, 나는 횃불이 타오르는 어떤 홀 안에 있게 되었습니다. 나는 경험상 깨어 있을 때처럼 내 꿈을 통제할 수 있기에 어떠한 꿈도 나를 두렵게 하지 못합니다. 하지만 이번 꿈은 달랐습니다. 나는 또 다른 현실에 있었고, 그것을 통제할 수가 없었어요. 이번 꿈은 지구 행성의 기억 속에 존재하고 있던 꿈이었어요. 이곳에 들어갈 수 있도록 훈련을 받은 사람만 꿀 수 있는 꿈이었습니다.

키가 크고 깡마르고 대머리인 어떤 남자가 나타났습니다. 그는 주름 지고 하얀 이집트식 무명옷 차림을 하고 있었어요. 쉰이나 예순 살쯤 되어 보이더군요. 눈 주위에는 진하고 어두운 눈 그림자가 있었습니다. 그는 상당히 높은 위치의 귀족처럼 행동을 하고 있었는데 아마 내가 어떤 시험을 통과해야만 할 것 같았습니다.

꿈을 통제할 수 없었기에 나는 스토커(Stalker, 스토커는 본래 짐승의 발자국을 따라 끝까지 쫓아가는 사냥꾼을 뜻한다. 스토킹은 나구알이 되기 위해 미겔이 제안하는 수련 방법이다.─옮긴이)가 되기로 결심했습니다. (이것은 내가 꿈속이든 아니든 나에게 일어나는 모든 일들에 대해 내가 세밀하고 분명한 인식을 가져야만 한다는 것을 뜻합니다.) 내 귀를 쫑긋 세우고, 내가 할 수 있는 한 그 사람으로부터 많이 배우리라 결심했습니다. 말뿐 아니라 그의 태도에서도 말입니다. 그는 아주 학식이 많은 사람이었습니다. 그는 나를 감동시켰지요. 나는 이 사람과 도저히 상대가 되질 않았습니다. 그럼에도 그는 겸허했고 진지했습니다.

곧 그가 나를 엄격하게 시험하기 시작했습니다. 그가 물었습니다. "네가 여기 있는 이유가 뭔지 너는 아느냐?"

나는 대답했습니다. "나는 배우려고 여기에 있습니다."

나는 내가 지금 어디에 있는지 알 수가 없었습니다. 내가 유일하게 아는 것은 이곳이 성소, 곧 우리 내부의 내적의도가 고귀한 지혜를 찾게 되는 거룩한 장소라는 것뿐이었습니다.

"너는 네가 어디에 있는지 아느냐?" 그가 물었습니다.

"나는 지식이 감추어져 있는 성소에 있습니다." 내가 대답했습니다.

"네가 배우려고 이곳에 있다면, 네가 배움을 마치기 전까진 이곳을 절대 떠날 수가 없다." 그가 말했습니다.

'뭘 배우려고?'라는 말이 속에서 튀어나오는 것을 느꼈습니다. 비록 내가 큰소리로 이 말을 입 밖에 내지는 않았지만 말입니다. 노인은 벽에 걸려 있던 횃불을 꺼내 회랑 양편에 그려져 있는 그림들을 나에게 보여주기 시작했습니다. 회랑 한쪽의 그림들은 많이 손상되었지만 특정 진동 주파수 수준에 이르면 원래의 모습이 드러나게 되었습니다. 그것은 내가 꿈속에서 이르렀던 진동 주파수의 수준과 같습니다. 이와 동일한 주파수가 그리스나 테오티우아칸, 페루 등지의 성소에서도 발견됩니다. 이 주파수는 예수 그리스도의 진동 주파수와 동일한 것이라고 말할 수 있습니다. 비록 이것이 내가 우리의 주파수를 이해하는 방법이긴 하지만 말입니다.진동이란 빛의 기억 속에 있는 빛의 주파수를 말합니다. 모든 것들은 빛입니다. 빛은 강력한 기억력을 갖고 있습니다. 과거에 존재했던 어느 것과 동일한 주파수로 진동하게 되면 상호 공명을 일으켜 그것에 다가설 수 있게 됩니다.

노인이 내게 보여준 그 그림들을 이해할 수가 없었습니다만, 그 무늬를 볼 때 내가 이집트에 있다는 것은 알았습니다. 또한 그 사람 모습 자체도 내가 고대 이집트에 대해 알고 있던 것들을 보여주고 있었습니다. 내 마음속에 다음과 같은 말이 들려왔습니다. "저 사람은 하이에로판트 (Hierophant, 고대 그리스나 이집트의 신비주의 사제—옮긴이)다."

하이에로판트가 말했습니다. "벽에 있는 이 그림들의 의미를 말해야 만 너는 여기서 나갈 수 있다. 먹고 마시는 것은 걱정하지 마라. 단지 그 림만을 이해하라." 그러고는 나 홀로 남겨두고 가버렸습니다.

나는 그 그림을 이해하려고 했지만, 그 그림이 뭘 뜻하는지 도무지 알 수 없었습니다. 여러 날이 흘렀습니다. 결국 알아내지 못하고 이곳을 영 영 나갈 수 없게 될 거라는 두려움이 한순간 내 마음 속에 몰려왔습니다. 내가 명상하는 꿈속에 있을지라도 다른 사람의 꿈속에 들어갔기 때문에 나를 구해낼 수 없었습니다. 나는 공황에 사로잡혀버렸습니다.

그때, 무언가 갑자기 바뀌면서 나는 포기를 경험하게 되었습니다. 내 가 조급하게 이곳을 떠날 필요가 없다는 생각을 했습니다. 내가 영원히 이곳에 남아 있어도 괜찮다고 느꼈습니다.

내가 포기를 하기까지 얼마나 오랜 갈등이 있었는지는 모르겠습니다 만, 갑자기 나는 벽에 그려진 그림들이 뿜어내는 에너지와 대화하기 시 작했습니다. 기적이 일어난 것입니다.

포기란 어떠한 상황 아래에서는 행복해질 수 있는 방법입니다. 나는 이곳을 나의 새로운 세계로 받아들였습니다. 모든 것들이 나에게 인식 되기 시작했습니다. 시간은 이제 더 이상 고민거리가 되지 않았습니다. 나는 그 그림들이 마치 살아 있기나 한 것처럼 에너지를 보내는 것을 받 아들였습니다. 그림과 대화를 나눈 것은 동일한 주파수로 진동을 한 상 태에 이르렀을 때였습니다. 나는 이성을 전혀 사용하지 않았습니다.

하이에로판트가 돌아왔습니다. 나는 그림들의 의미를 알았고, 그것 을 그에게 말해주고 싶었습니다. 나는 평온함을 느꼈습니다. 하지만 그는 단지 미소를 지으면서 "가도 좋다."라고 말했습니다. 이것은 또 다른 시험이었습니다. 내가 배운 것을 한 마디도 말하면 안 되었습니다.

내가 꿈에서 깨어났을 때, 다른 모든 사람들은 이미 깨어 있었습니다. 그들은 내가 깨기까지 오랫동안 기다렸습니다. 나는 그들과 내가 본 환상들에 대해 이야기를 나누었습니다. 사람들도 저마다 자신이 꾼 꿈들에 대해 이야기를 나누었고, 이 내용은 사리타의 《생명의 책(The Book of Life)》에 씌어 있습니다. 나중에 사리타는 이 책을 불태워버렸습니다.

이 하나의 꿈으로 미겔은 기본적인 그 밖의 다른 시험들을 완전히 통과할 수 있는 자격을 얻었다. 그는 이집트 회랑 벽에 있던 그림들이 《토트의 책(The Book of Thoth)》에 그려진 삽화였음을 알게 되었다. 옛 지혜의 모음집인 이 책은 《이집트 사자의 서(The Egytian Book of the Dead)》나 《헤르메스의 책(The Book of Hermes)》으로 알려져 있다. 최소한 3만 5000년이나 된 오래된 책으로 추정되고 있다.

미겔은 그가 보았던 이미지들이 오늘날 우리가 알고 있는 타로(Tarot) 카드 그림의 원형임을 깨달았다. 한동안 미겔은 이 이미지들로부터 에너지를 흡수하기 위해 타로 카드의 메이저 아르카나(78장의 타로 카드는 메이저 아르카나 22장과 마이너 아르카나 56장으로 구성됨—옮긴이)를 연구했었다. 그는 이 연구를 통해 대부분의 타로 카드들이 엄밀하지 않다는 것을 발견했지만, 웨이트(Arthur Edward Waite)의 지도로 파멜라 콜만-스미스(Pamela Coleman-Smith)가 만든 타로 카드는 사랑을 밑바탕에 두고 디자인했음을 알게 되었다. 크로울리(Aleister Crowley)가 디자인한 카드는 두려움에 근거한 것이었다. 이것을 알아보려면 두 벌의 카드에서 광대 카드의 모습을 비교해보라. 웨이트의 카드에는 행복한 어릿광대가, 크로울리의 카드에서는 괴물이 그려져 있다.

타로 카드의 원형을 이해했기에, 미겔은 타로 카드 중에서 심판 카드는 부활 카드로 불려야 한다고 말했다. 타로 카드에서 세계는 실제 우주이고, 힘은 더욱 엄밀히 말하자면 용기라고 할 수 있다.

타로 카드는 성서의 창세기를 묘사하고 있다. 이 카드를 특정한 순서로 배열하면, 톨텍 지혜의 근원인 테오티우아칸에 있는 사자의 거리의 순서와 그 구조가 비슷하다는 것을 알 수 있다. 이러한 순서로 카드를 다음과 같이 배열해보라.

첫째 줄	세계(우주) 카드
둘째 줄	마법사 카드
셋째 줄	대제사장 카드
	하이에로판트/교황(아담과 이브) 카드
넷째 줄	황제 카드
	연인들(낙원) 카드
	은자(隱者) 카드
다섯째 줄	황후 카드
	전차 카드
	절제 카드

	죽음 카드
여섯째 줄	힘(용기) 카드
	심판(부활, 정의) 카드
일곱째 줄	별, 달 카드
여덟째 줄	태양 카드
아홉째 줄	광대 카드

타로 카드가 보여주는 미래의 해석에 대해 미겔이 글로 쓰겠지만, 여기서 말하고자 하는 것은, 타로 카드에 나오는 광대는 자신이 어디로 가는지 알지 못하는 나그네라는 점이다. 이는 배낭에 자신의 집착을 잔뜩 넣고 짊어지고 가는, 헛된 꿈에 사로잡힌 모든 사람들을 가리킨다. 하지만 카드 속 광대는 손에 신성한 의식을 드러내는 연꽃도 들고 있다는 것을 잊지 말아야 한다.

사자의 거리 바깥쪽은 지옥을 나타내는 네 개의 카드로 표시된다. 이 카드는 악마, 탑, 운명의 수레바퀴, 목매단 사람이다. 사자의 거리 안쪽은 완벽함의 표본인 태양을 라(Ra), 호루스, 헤르메스, 그리스도, 크리슈나로 나타낸다. 네 개의 카드 패턴 안쪽에는 대천사가 그려져 있다. 아리엘 천사는 연인들인데 이는 불을 나타낸다. 라파엘 천사는 절제로 이는 땅을 나타낸다. 미가엘 천사는 전차로서 전사와 물을, 가브리엘 천사는 고지자(告知者, messenger)로 공기(바람)를 나타낸다. 이 패턴이 상형문자에 적용된다면, 이것은 태양신인 라의 눈이 될 것이고, 영원에 이르는 문이자 하느님에게 이르는 입구가 된다. 바깥 줄은 테오티우아칸의 두 뱀을 나타낸다.

수행의 기초 입문 과정에 해당하는 명상 꿈을 통해 얻는 것은 상징의 깊은 의미를 안다는 점이다. 미겔은 상징체계 사이에 어떤 관계들이 있는지 파악할 줄 아는 심오한 재능을 가지고 있다. 그는 모든 신비스러운 지혜의 뿌리는 하나라고 느낀다. 이 지혜는 지금 인간의 의식 속으로 퍼져 나가는 중이다.

미겔의 도제 수련을 지켜보며 어머니 사리타는 그가 모든 수련을 다 마친 나구알이 되었다는 데 만족했다. 그리고 그가 의지와 영과 무조건적인 사랑을 완벽하게 통제할 수 있는 내적의도의 전문 마스터가 되었음을 선포하였다.

미겔은 나구알 치료 기술을 대증(對症) 요법이나 외과 시술 방법과 비교하면서, 자신의 나구알 에너지가 더욱 효과적인 치료를 발휘하게 만들었다고 결론지었다. 미겔은 비록 몇몇 질병이나 의료 문제들은 직접적인 의료 시술로 가장 잘 치료된다고 믿지만, 관행적인 의학이 이 지구 행성에 만연된 영적인 병을 치료하기에는 충분치 않다는 것을 깨닫게 되었다. 오랜 고심 끝에 미겔은 자신의 의료 행위들을 포기하고, 그에게 전수되어 온 전통적인 방식에 헌신하기로 결심했다. 이러한 결심은 그가 오랫동안 성공해왔던 일들에 대한 정체성을 포기하는 것을 뜻하기에 쉬운 일은 아니었다. 그 뒤로 4년 동안 그는 캘리포니아 샌디에이고(San Diego)에 있는 사리타의 치료 사원에서 가르치고 병 고치는 일을 했다.

미겔은 강의와 워크숍을 진행하고, 명상 수련 등을 인도했다. 그는 또한 성소 탐방을 이끌었으며, 산타페(Santa Fe), 샌디에이고, 로스앤젤레스(Los Angeles), 새크라멘토(Sacramento), 그 밖의 미국과 멕시코의 여러 곳에서 개인적으로 상담과 치료들을 해왔다. 그의 사역은 꾸준히 확장되었다. 지금은 운영되고 있지 않지만, 초기 치료 사원의 결실이라 할 수 있는 제6태양시기의 재단(財團)인 새 생명(Nueva Vida) 재단을 세웠다.

"나는 의사로서 여전히 활동을 하고 있습니다만 단지 몸만 치료하는 것이 아닙니다. 저의 목표는 사람들의 영혼을 어루만지면서 자신들에게 선택권이 있음을 알게 해주는 것입니다."라고 미겔은 말한다.

미겔이 최초로 접했던 톨텍의 전승은 그의 외조부인 돈 레오나르도 마시아스가 말해준 것이었다. 돈 레오나르도 또한 나구알이었지만 자신의 지식을 제한된 사람들에게만 전해주었다. 하지만 그의 딸 사리타는 도움을 구하는 사람이라면 누구에게나 자신의 지혜를 알려주었다. 미겔은 6살 때부터 가족들이 그에게 거는 기대, 곧 가계로부터 전승된 지혜를 가능한 널리 사람들에게 알려주는 이가 되어야 한다는 것을 늘 잊지 않고 있었다.

미겔이 내적의도 전문 마스터로 활동하기 몇 달 전, 가야 젠킨스(Gaya Jenkins)는 건강 문제로 사리타에게 상담하러 왔었다. 사리타는 그녀에게 미겔이 가르치고 있는 수업에 참여할 것을 제안했다. 가야가 교실에 들어서자마자, 미겔은 가야가 젊었을 때부터 꿈속에서 자주 보았던 여자라는 것을 알았다. 그녀는 꿈에서 본 것과 똑같이 아름다운 얼굴과 똑같은 목소리, 똑같은 태도를 보여주었다. 그때부터 미겔과 가야는 동역자가 되었고, 결혼도 했다.

오래전 외조부 돈 레오나르도는 미겔에게 고대 성소들의 에너지가 여전히 큰 힘을 발휘하고 있기에, 준비가 되기 전까지는 그곳들을 방문하지 말라고 경고했었다. 1988년 3월 미겔이 가야와 함께 신혼여행으로 이곳에 오기 전까지, 그는 결코 선조들의 성소인 테오티우아칸을 방문한 적이 없다. 미겔과 가야가 이 성소의 첫 문을 들어섰을 때는, 여느 관광객들과 비슷한 느낌을 받았다. 하지만 곧 둘은 테오티우아칸으로부터 굉장한 힘을 느끼기 시작했고, 이제껏 자신들이 분리되고 개별화된 꿈들에 갇혀 있었음을 느꼈다. 그날 뒤로 미겔의 환상들은 꿈과 명상 중에 만났던 다른 문화적 전승들로부터 배운 거룩한 지식들과 톨텍의 지혜들을 급속히 통합시켜 주었다.

다음 장에서 당신은 미겔이 받은 지혜들을 공유하게 될 것이다. 이 지혜들은 원주민들 사이에서 수세기 동안 전수되고, 모든 지식들이 드러나기 시작하는 이러한 역사의 특별한 순간을 기다리며 비밀스럽게 보존되어왔다.

당신이 일상과 삶에서 알고 있는 차원과 병행해 존재하는 다른 차원으로 들어갈 수 있도록 준비한다면, 기적은 일상적인 일이 될 것이다. 당신은 밤이나 낮에 꾸는 꿈을 통해 이미 이러한 차원에 가보았지만, 의식적으로 가보지는 않았을 것이다. 두려움에서 벗어나 자유를 향한 톨텍 지혜의 길을 따라가기 위해, 나구알들이 실천하는 방식을 따라가야 한다. 이제 당신은 자신의 마음속을 여행함으로써 이러한 두 개의 평행한 우주를 출입하게 될 것이다.

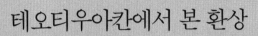

2장

테오티우아칸에서 본 환상

미겔이 아내 가야와 함께 테오티우아칸의 태양 신전 피라미드 꼭대기에 앉아 있었을 때, 그의 눈 속에 환상이 펼쳐졌다. 그가 왼쪽으로 약 600미터 떨어진 곳으로 시선을 돌리자, 깃털 달린 뱀 케찰코아틀의 피라미드와 사원, 그리고 사원의 앞뜰이 보였다. 그때, 지금 바라보고 있는 사원 광장이 뱀의 머리 부분이라는 통찰이 섬광처럼 번쩍였다. 그리고 사원의 계단 위까지는 뱀의 벌린 입이 되었다.

머리를 오른쪽으로 천천히 돌리자, 미겔의 시선은 사원 광장을 지나 뱀의 '몸'을 따라 북쪽 사자의 거리로 연결되었다. 그가 앉은 자리에서 약 30미터 아래쪽에 있는 이 거리를 내려다본 다음, 다시 오른쪽으로 시선을 돌려 길을 따라가자, 거기에서 북쪽으로 약 1킬로미터 떨어진 곳에 달의 신전 피라미드가 있었다. 그곳 광장은 다시 뱀의 다른 쪽 머리가 되었고, 뱀의 입이 달의 신전 피라미드 정문에 놓여 있는 사원의 계단이 된다는 것을 보았다.

환상 속으로 깊이 들어가자, 미겔은 그가 어린 시절부터 반복적으로 꾸었던 꿈 하나가 갑자기 생각났다. 그 꿈은 항상 자신이 머리가 두 개인 거대한 뱀의 입 속으로 빨려 들어가는 것이었다. 뱀이 그를 통째로 삼켜 무시무시한 뱀의 머리를 지나면 뱀의 몸통은 굴처럼 뚫려 있었고 그 안에는 마귀들이 우글거리고 있었다. 그는 이 굴이 죽음의 경험을 나타낸다고 생각했다. 미겔은 자신의 몸이 사라지고 더 이상 없음을 감지했다. 그에게는 단지 의식만 있을 뿐이었다. 굴속으로 더욱 깊숙이 들어갈수록, 그의 두려움은 점점 사라졌다. 오히려 두려움은 평화로움으로 바뀌었다.

미겔은 이러한 꿈을 여러 번 꾸었다. 이 꿈을 꿀 때마다 점점 더 굴속 깊이 들어갔다. 마침내 그는 뱀의 몸통 전체를 지나 다른 쪽 머리로 나올 수 있게 되었다. 이때 미겔은 자신이 모든 사람과 모든 존재들의 일부분이라는 것, 곧 전 우주와 완전히 연결되어 있다는 것을 깊이 깨닫는 변형 상태에 이르렀다. 그 순간 뱀의 입에서 떨어졌다. 미겔에게는 이 꿈이 도저히 알 수 없는 신비로움이었는데, 이 꿈이 바로 테오티우아칸을 나타내는 것임을 비로소 안 것이었다.

또 다른 기억이 그의 마음속으로 밀려왔다. 그것은 외할아버지 돈 레오나르도가 언젠가 그에게 한 말이었다. "멕시코에는 오랜 세월 잠을 자고 있는 커다란 뱀 한 마리가 있단다. 머지않아 지혜로운 이가 나타나 이 뱀을 깨우면, 우리 지구에는 변화가 오게 된단다. 그러면 인간들은 지구의 꿈을 바꾸게 될 거란다." 이 이야기 또한 테오티우아칸과 연결이 되고, 그의 꿈과도 연관된 듯 보였다.

미겔이 이에 대해 설명했다. "내가 꾼 꿈은 옛날 어떤 꿈의 메아리입니다. 누군가가 꾸었을 이러한 꿈의 주파수에 내가 동조한 거죠. 그 꿈은 이곳 건물들에 영감을 불어넣었습니다. 이 영감을 불어넣은 이가 흐린 거울입니다. 흐린 거울과 나는 하나입니다. 내가 그의 진동 주파수에 연결되었기 때문입니다."

우리 모두는 과거 이 땅에 살았던 누군가의 진동 주파수 패턴에 동조할 수 있는 잠재적인 능력을 가지고 있다. 이러한 생명의 패턴을 '과거의 기록(Akashic records)'이라고 부르는데, 에테르 수준에 존재한다. 미겔의 생각에 따르면, 우리가 이전 생명의 패턴을 만나면 한 영혼이 저절로 환생할 수 있다. 우리의 영혼이 이전에 다른 사람으로 살지 않았다 하더라도, 우리가 또 다른 차원의 상태에 들어가면 다른 사람의 생명 진동 주파수에 들어갈 수 있다는 말이다. 그곳에 들어가서 우리 기억의 변하지 않는 부분을 다시 일깨울 수 있는 것이다. 미겔은 흐린 거울을 다시 깨웠던 것이고, 흐린 거울의 꿈을 꾸었던 것이다.

테오티우아칸이 이처럼 깊은 과거 기억(déjàvu)의 감각을 일깨우자 미겔은 또 다른 생명의 패턴에 동조해 공명할 수 있게 된 것이다. 그는 멀리서부터 기적을 기대하고 케찰코아틀 사원 광장을 찾아온 수많은 신앙 깊은 참배자들 사이에 자신이 서 있는 것을 보았다. 그해가 1929년이었다. 그가 상상하고 있는 자기는 오렌지색 옷을 입고 있는 힌두교 수도승이었다. 이 수도승이 자신에게 다음과 같이 말하는 것을 들었다. "나는 테오티우아칸의 지혜를 가르치는 집안에 다시 태어나러 멕시코에 간다." 1952년, 이 수도승이 죽은 뒤 몇 달 만에 미겔 앙겔 루이스가 태어났다. 따라서 그의 영혼은 수도승이 죽기에 앞서 사리타의 몸에 들어간 것이다. 이러한 에피소드는 환생에 대한 고대 동양의 믿음 체계와 합치된다. 인도 같은 곳에서 이는 그다지 놀라운 일이 아니다.

현재 그의 삶과 생활을 볼 때, 미겔은 인도인처럼 보인다. 그의 머리는 짙고 곱실거리며 키도 작다. 크고 지혜로워 보이는 검은색 눈동자와, 빛나는 얼굴을 가지고 있다. 그가 다른 힌두인들처럼 집에서 인도식 복장을 하고 있다고 상상할 수도 있을 것이다. 자신이 인도에 너무 이끌렸기에, 차라리 인도와 인연을 끊고 자유롭게 이곳 멕시코의 삶에 충실히 살고 싶어 미겔은 인도로 가서 죽음의 의례를 행하기도 했다.

나는 이제 더 이상 인도 출신이 아닙니다. 나는 이제 이곳 출신입니다. 동일한 고대 침묵의 지식이 인도에서 쓸모 있게 쓰인 것처럼 멕시코에서도 유용합니다. 하지만 수련 방법은 다릅니다. 인도에서는 시간이 매우 느리게 흐릅니다. 그곳에서는 몇 시간 동안 명상을 하고, 합리적인 생각을 멈추고, 초월에 들어가는 것이 적절하지만, 우리가 인도에 가 초월 수행을 한다는 것은 쉽지 않습니다. 서구의 우리는 모든 것을 이해하고자 하는 일이 인도와는 다르게 급박합니다. 따라서 우리의 수행 방식은 인도보다 훨씬 더 빨라야 합니다. 톨텍의 지혜(혹은 서구 고유의 다른 지식 체계도 좋습니다.)를 따르고, 이곳에서 존재의 변형을 배우는 것이 인도보다 훨씬 쉬울 수 있습니다.

과거 인도의 한 힌두인으로 테오티우아칸을 방문했던 느낌이 미겔에게 여전히 남아 있었지만, 흐린 거울과의 일체감도 여전히 그에게 남아 있었다. 두 개의 환상은 테오티우아칸이 영적 장소이며, 그의 꿈이 실현된 장소임을 확신시켜 주었다.

태양의 신전 피라미드에서 내려오기 전에 미겔은 가야를 돌아보며 말했다. "나는 많은 사람들을 이곳에 데려올 거요." 그 순간 미겔은 돈 레오나르도가 수년 전 그에게 제안했던 것을 이제는 실행해야 할 때가 되었음을 느꼈다. 그때 돈 레오나르도는 미겔이 이 지혜를 사람들에게 널리 알려야 한다고 말했었다.

확신에 차서 일을 하게 되자 미겔은 가야와 함께 이곳을 방문한 지 두 달 만인 1988년 5월에 최초의 테오티우아칸 영성 수련여행 모임을 구성했다. 그 뒤에도 그는 테오티우아칸으로 떠나는 수련여행 모임을 60번이나 이끌었다. 이러한 여행은 그가 환상 속에서 본 테오티우아칸이 세워진 본래의 위대한 목적에 부합하는 의례의 과정을 자연스럽게 재창조하는 데 큰 힘이 되었다.

테오티우아칸 성소는 거대하며 신비스러운 장소이다. 이곳은 여러 해 동안 집중 탐구의 대상이 되었다. 이곳은 멕시코 중앙고원 지역에 있으며, 멕시코시티에서 49킬로미터 떨어진 북동쪽에 위치해 있다. 피라미드와 사원들은 사자의 거리라고 불린 넓은 도보를 따라 완전히 직선상에 놓여 있다.

고고학자들은 테오티우아칸이 멀리 잡아도 약 기원전 1500년경에서 기원후 750년경—이때 이 지역은 어떤 원인 때문인지는 모르나 황폐화되었다.—까지 계속 이용되었다는 데 동의하고 있다. 기원후 200년에서 600년 동안은 차쿠알리(Tzacualli), 틀라미미롤파(Tlamimilolpa), 솔랄판(Xolalpan), 메테펙(Metepec)으로 알려진 멕시코 예술사의 고전기였다. 테오티우아칸은 모든 멕시코 도시에서 가장 큰 영향력을 행사하고 있었다. 남성이든 여성이든 제사장들과 영적 전사들만 이 도시에 거주할 수 있었다. 그 밖의 많은 인구는 사원 단지를 형성하고 있는 성소의 경계선 바깥 지역에 살고 있었다. 오늘날 성소 주변의 작은 마을 일곱 곳에 살고 있는 사람들만이 한때 번성했던 중심도시를 생각나게 할 뿐이다. 오늘날 이곳은 피라미드들, 사원들, 벽화들, 점토상들, 그리고 종교적으로 중요성을 띤 약간의 석조물들로 알려져 있을 뿐이다.

이그나시오 베르날(Ignacio Bernal)은 《고대 멕시코의 위대한 조각품(Great Sculpture in Ancient Mexico)》이라는 책에서 "고대 멕시코만큼 종교가 예술 작품에 철저하게 깊은 영향을 주었던 문명들은 거의 없다. 비록 종교가 미적 영감을 불어넣는 데 언제나 중요한 원재료가 되고 있지만, 고대 멕시코의 경우에 종교는 보기 드물게 집단적인 상상력을 불어넣는 데 지대한 영향을 주었다. 종교는 일상생활에 늘 쓰이는 가장 평범한 물품 속에도 구현되어 있으면서 또한 예술로 해석될 수도 있는 수많은 비밀스런 의미들을 제공해주기도 하고, 현실 속에서 그 짝을 찾아볼 수 없는 상징적인 연결고리를 통해 현실 세상을 변형하기도 했다."*고 설명했다.

베르날은 1962년부터 1964년까지 테오티우아칸을 복원하는 일을 감독했다. 그는 거의 30여 년 동안 멕시코시티에 있는 국립민속박물관 관장을 역임하기도 했다. 그는 테오티우아칸에 대해 "아주 멋진 고전적 도시로, 고대 아메리카에서 가장 큰 도시였을 것"이라 했고, 또 "엄숙함이 감도는, 그 엄숙함으로 제국의 안전이 깊이 뿌리내릴 수 있는, 엄밀한 계획 속에 이끌려지는 도시"라고 말했다.**

* Ignacio Bernal, *Great Sculpture in Ancient Mexico*, Reynal & Company, 1979, p. 8.
** Ignacio Bernal, *Great Sculpture in Ancient Mexico*, Reynal & Company, 1979, p. 20.

고고학 연구는 주로 어떤 특정 층에서 출토된 생활 물품의 양식 변화를 관찰해 문명의 각 단계를 재건하는 데 주로 관심을 두고 있다. 고고학자들은 특정한 사람들이 한 지역에 언제, 왜 이주했는지에 대해서 또 그들이 어떻게 살았는지에 대해 설명해준다. 이들은 그 지역에서 출토된 재료들로부터 그 지역 사람들의 다양한 풍습과 신앙들을 추론한다.

테오티우아칸을 탐방하면 이 지역에서 출토된 유물들에 흥미를 느낄 수도 있겠지만, 이 지역이 지닌 의미에 대해 호기심을 가지는 것이 훨씬 더 좋을 것 같다. 논란에도 불구하고 끊임없이 흥미를 자아내는 작가인 제카리아 시친(Zecharia Sitchin)은 테오티우아칸 신전이 외계에서 지구를 방문한 '신들'에 의해 세워졌다고 주장한다. 그에 따르면 이 신들이 맨 처음 중동 지역에 착륙했고, 그 후에 멕시코 본토 원주민들과 다른 종족인 아프리카계 올멕족과 셈족 계통의 수염과 얼굴 모습을 한 중동의 또 다른 종족을 이곳에 데리고 와서 테오티우아칸을 건설하기 시작했다고 주장한다. 이들이 건설한 최초의 구조물들은 올멕족과 다른 의도를 가진 후대의 사람들에 의해 훨씬 더 커지고, 멋지게 되었다.

《지구 연대기(The Earth Chronicles)》라는 연재물에서 시친은 니부루(Niburu) 행성에서 온 탐험자들이 황금을 구하러 지구를 방문했다고 주장한다. 이들은 실험실에서 그들의 유전자와 원시 인류의 유전자를 합성해 최초의 현재 인류를 만들었다. 금광에서 부려먹을 노예로 만들어진 교배종 인간은 처음에는 자신을 만든 '신들'을 경배했지만, 시간이 흐르면서 창조자에게 도전할 수 있을 정도로 지능이 발달했다. 이들의 강한 생식력으로 훨씬 진보된 형태의 인간이 지구 행성에 번성하게 되었다. 현재 우리의 진화 역사의 주기는 이들과 함께 시작되었다.

시친의 이야기를 보면, 본래 테오티우아칸은 길이가 1.4킬로미터나 되는 금 제련소로 사용할 목적으로 신들이 건설했다고 한다. 금을 뽑아낼 목적으로 물과 금 원광석이 복잡한 수로 시스템을 통해 약 27미터 경사지를 따라 남쪽으로 흘러가게 만들었다. 테오티우아칸 건설에는 금이 사용되지 않았다. 대신에 제련된 금들은 태양 사이의 물자 조달 시스템을 통해 다시 니부루 행성으로 공수되었다.

이처럼 매혹적인 외부 기인설도 있지만, 또 다른 테오티우아칸에 대한 해석이 있다. 이것은 미겔 앙겔 루이스가, 톨텍 조상들로부터 내려온 이야기들과 자신이 여러 번 테오티우아칸을 탐방하고 명상할 때 환상에서 보았던 것들을 종합해서 세운 것이다.

지옥 같은 지구

미겔의 근본 가르침은 이 땅에서 삶이 지옥이라는 것이다. 지옥은 모든 인류가 공유하는 하나의 꿈이다. 개인의 꿈이든 집단의 꿈이든 모두가 실제로 보면 악몽이다. 모든 개인들은 현실이란 꿈을 갖고 있다. 마찬가지로 각 가족도, 지역도, 도시도, 정부도, 민족도, 인류 전체도 꿈을 가지고 있다. 우리 모두는 두려움이라는 특징을 지닌 이 꿈을 꾸는 데 기여하고 있다.

궁극적인 치유는 꿈에서 깨어나는 것을 뜻하고, 이것은 지옥에서 벗어남을 말한다. 테오티우아칸은 이러한 목적으로, 곧 인간을 두려움에서 해방시키고자 설계된 것이다. 이러한 자유는 인간에게 신적인 품성이 있다는 인식을 다시금 회복시킨다. 인간은 신이다. 이것은 신전 이름의 근거, 곧 테오티우아칸이라는 말이 뜻하는 대로 '인간이 신이 되는 곳'임을 보여주고 있다.

환상을 통해 미겔은 테오티우아칸 계곡에 최초로 자리를 잡고 살기 시작한 사람들이 미국 북부나 캐나다의 어딘가에 존재했던 아스틀란(Aztlan)이나 또는 백조의 마을(Place of Swans)에서 온 사람들로 이해한다. 이들은 본래 아메리카에 살던 원주민이었지, 아시아 유목 민족이나 아프리카 피난민들이 아니었다.

아스틀란인이 이 계곡에 들어섰을 때, 이들은 여러 동굴들을 발견했고, 동굴 사이에 서로 통신할 수 있는 장치를 발달시켰다. 동굴들 가운데 '우주의 심장'이라고 알려진 한 동굴은 어머니 지구에게 바쳐진 신전이 되었다. 클로버 잎처럼 네 부분으로 구성된 이 동굴은 최근까지 태양 신전 피라미드 아래에 놓여 있었다. 이 피라미드는 의도적으로 이 동굴 위에 세워진 것이다. 존 B. 칼슨(John B. Carlson)은 한 고고학지*에 이 동굴은 용암이 굳으면서 방 네 개가 형성됐다고 주장했다. 옛날 이 동굴에 강물이 들어와 만들어진 호수가 있었음을 미겔은 느꼈다.

이 동굴에 흐린 거울로 불리는 한 사람이 두 머리를 가진 뱀에게 먹히는 꿈을 꾸고 있었다. 흐린 거울은 그가 뱀의 몸속에서 완전히 소화되어

* John B. Carlson, *Archaeology*, November–December 1993, pp. 58~69.

그의 모든 것들이 뱀의 정기, 곧 한줄기 빛과 사랑으로 변하는 꿈을 꾸었다. 이러한 원초적인 꿈을 통해, 그는 이 뱀의 구현인 테오티우아칸의 전체 설계 구조들을 이해할 수 있었다.

흐린 거울의 설계 주파수에 동조할 수 있었기에, 미겔은 이 성소로 자신의 신성에 이르는, 준비가 잘된 순례를 할 수 있었다. 이로써 미겔은 영원히 두려움에서 벗어나게 되었다. 테오티우아칸의 본래의 목적은 이곳의 의례 과정을 통해 자유에 들어가게 된 사람들의 꿈을 변화시키는 데 있었다.

미겔이 흐린 거울의 꿈을 통해 진보된 의식 속으로 들어가자 그는 테오티우아칸을 해석할 능력과, 한때 이곳의 제사장에 의해 치러졌던 영적 통과의례를 재현할 수 있는 능력을 얻었다. 미겔의 의도는 흐린 거울의 의도, 곧 영적 전사가 사자의 거리를 걸으면서 지옥에서 자유로 이르는 지식을 공유하는 것과 같았다.

흐린 거울이 있었던 시대는 테오티우아칸이 점차 타락으로 빠지던 시대보다 훨씬 이전이었다. 후대에 와서는 인간을 제사의 희생물로 바치고, 높은 의식 상태에 도달하고자 환각제를 사용하기도 했다. 하지만 미겔이 환상 속에 방문한 정결한 초기 시대에는 이처럼 타락한 의례들이 행해진 적이 없었다.

테오티우아칸을 처음 방문했을 때부터 계속 그에게 중첩된 환상이 떠오르고 있었다. 그는 흐린 거울의 영이 나타났던 달의 신전 피라미드로 향했다. 달의 광장에서 그는 흐린 거울의 에너지를 느꼈으며, 영혼이 마침내 변형된 상태로 뱀의 두 번째 머리에서 나왔던 장소와 자신을 동일시하게 되었다.

　1988년 미겔이 본 환상들은 나구알 치료사와 스승으로서 그의 첫 번째 사역 주기가 끝났음을 보여주었다. 이 환상들은 그가 샤먼으로서 지혜를 모아 새로운 수준의 통합으로 올라설 수 있게 했다. 그는 돈 레오나르도에게서 나구알 전승의 요소들을 받아들이고, 사리타로부터는 조건 없는 사랑에 대해 배웠지만, 초월 명상 상태에 들어가면서부터 심오한 고대 믿음 체계들에 대한 지식을 얻게 되었다. 그 뒤로 그는 흐린 거울의 꿈과 완전히 같은 꿈을 꾸었다. 하지만 미겔 자신이 본 환상은 그동안 배운 것이나 마음속에 그려 왔던 것들과는 달랐다. 그는 자신이 습득했던 모든 것들을 변형시켰다. 미겔이 가르치는 세계관은 마법 물리학(magical physics)의 형태라 하겠다.

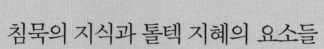

3장

침묵의 지식과 톨텍 지혜의 요소들

오늘날 눈부시게 발달한 과학 지식을 파악하려면 다방면의 연구가 요구된다. 이는 지식을 갖춘 스승들이 자신들의 과학 지식을 선발된 학생들에게 전수했던 역사 이전의 시대에도 마찬가지였다. 천문학, 물리학, 생물학에 능통한 미겔은 그의 직관과 그가 배운 학문을 하나로 통합해 가르침을 펼쳤다. 그의 지혜는 대부분의 과학자들이 실험실에서 행하는 연구와는 다른 차원의 실재, 곧 샤머니즘 수준에서 적용되는 지혜이다. 그는 형이상학적 개념이 물질적인 것과 서로 만나는 장소인 자연 세계를 아주 효과적으로 설명한다.

미겔의 가르침을 배우려고 결심한 학생들은 나선형 길에 들어서는 것과 같다. 그는 가장 근본적인 개념을 반복적으로 되풀이하면서, 새로운 것들을 조금씩 천천히 덧붙여나갔기 때문이다. 미겔은 반복할 때마다 약간씩 변경된 말들을 덧붙여 자신의 생각이 그들의 마음속에 울리게끔 했다. 마치 그가 그들의 세계관에 새로운 구조물을 짜 넣듯이 말이다.

이 책은 이러한 나선형 길을 따라가는 것이다. 이 길을 통해 가다보면 차츰 미겔의 가르침이 핵심적인 생각과 그것을 둘러싸고 있는 주변의 관계 개념들로 확장되어 가는 것을 알 수 있다. 아주 옛날부터 세계 곳곳의 원주민들에게 알려진 지혜 속에 숨겨진 핵심 개념, 곧 '우주는 살아 있는 고도의 지능체'라는 개념이 이 나선형 길의 출발점이다. 미겔은 태양 역시 살아 있는 존재라고 가르친다.

모든 행성들은 태양계의 한 부속 기관들입니다. 태양과 모든 행성들은 한 몸인 존재죠. 전자에서 은하까지 각각의 단위들은 더욱 큰 존재에 합쳐지는 단일한 존재들입니다. 우리의 우주는 작은 존재들이 모여 총체적 시스템을 이루고 있습니다. 많은 우주들이 존재하며, 이들이 합쳐져 거대한 존재를 형성하고 있는 것입니다.

몸속의 원자들을 들여다보면 전자는 마치 행성과 같습니다. 사람들이 지구에서 별을 바라보는 것처럼 전자 위에 있는 생명체도 자신의 입장에서 내다본다면 인간의 몸 또한 별처럼 보일 것입니다. 위로 보나 아래로 보나 마찬가지입니다. 미시적인 원자 세계는 거시적인 우주 세계를 반영합니다. 동일한 화학과 물리 법칙이 인간의 몸이나 행성 모두에 적용되고 있습니다.

태양계의 거주자로서, 우리는 우리의 중심인 태양이 지닌 중요성을 인식하고 있습니다. 태양이 은하 속의 작은 별에 지나지 않지만 우리에게는 중심이 되는 별이지요. 태양의 빛 에너지는 우리 지구의 생명을 유지시키고 있습니다.

생명의 사슬고리를 따라 살아 있는 유기체는 빛을 흡수합니다. 생물들은 음식물과 산소를 통해 에너지를 흡수합니다. 인간이 흡수한 빛은 그 이전에 식물과 동물에 의해 음식으로 변형된 것입니다. 인간의 뇌는 물질에서 나온 이 에너지를 에테르 에너지로 전환합니다.

어떻게 이런 일이 일어날 수 있습니까? 인식 작용에는 언제나 감정의 요소가 있습니다. 두뇌는 감정을 만들어내는데 감정은 에너지 상태로 존재합니다. 감정은 물질이 아닙니다. 이것은 에너지의 형태로 존재합니다.

물질 에너지는 과학적인 방법으로 예측할 수 있고, 측정이 가능합니다. 에테르 에너지는 현재의 과학 수준으로는 입증할 수 없습니다. 우리는 사랑과 증오가 있다는 것을 계측기로 입증할 수 없지만, 이들의 영향을 경험할 수는 있습니다. 감정 에너지는 에테르 에너지입니다.

수백 년 동안 유럽의 과학자들은 우주 속 물질의 토대는 에테르라고 알려진 에너지라고 알고 있었다. 미겔은 에테르가 실제로 존재하며, 오늘날 과학의 흐름에 반대하는 과학자들의 의식 속에 에테르에 대한 이론이 차츰 자리를 잡아가고 있다고 말한다.

무한 에너지인 에테르를 이용해 모터를 돌리려는, 이른바 우주발전소를 세우기 위한 노력들을 많은 나라에서 지원하고 있다.[*]

샤먼들은 별, 행성, 위성, 소혹성, 은하와 우주 사이의 공간에(그리고 우리 몸의 원자들 사이에) 에테르가 가득 차 있다는 사실을 결코 의심해본 적이 없다. 에테르라는 매질을 통해 정보가 전달된다.

---

* Toby Grotz, "Around the Free Energy World in Thirty Days," *New Science News*, Vol.Ⅲ, No2, p 2 참조.

세계의 신화를 살펴보면 언제나 다음과 같은 기본적인 요소들이 나옵니다.

곧 아버지 태양이 빛과 열기를 어머니 지구에게 보내준다.

어머니 지구는 생명과 인간의 몸과 마음을 창조한다.

정자가 인간을 만들기 위해 필요한 모든 정보를 자궁 속으로 갖고 들어가는 것처럼, 태양빛은 지구가 생명을 잉태하기 위해 필요한 에너지와 정보를 가지고 지구로 온다.

어디에 살든지 원주민들은 이러한 신화들을 존중했습니다. 이것이 바로 태양이 종종 하느님으로 여겨진 까닭입니다. 그 예가 아폴로 신, 라(Ra) 신이고, 어머니인 지구는 자궁으로 여겨졌습니다.

태양은 은하의 중심부로부터 정보를 받아들인다. 빛은 태양뿐만 아니라 다른 별에서도 온다. 우주는 빛을 통해 서로 정보를 주고받는다. 응축된 빛은 우주에서 볼 수 있는 우주 신경이라고 할 수 있다. 우주에는 끊임없이 정보가 흐른다. 데이터들이 광선 줄기 형태로 태양에서 별들로 움직인다. 광선 줄기는 그러므로 사자(messengers)이며, 이 사자와 동의어로 쓰이는 것이 '천사'다. 빛줄기 하나가 천사인 것이다. 천사는 우리의 은하 중심부에서 나와 별과 별 사이, 태양과 행성 사이에 정보를 실어 나르는 빛의 존재다.

단단한 고체로 보이는 우리의 몸은 사실 응축된 빛으로 만들어진 것이고, 천사처럼 빛을 담는 그릇이라 할 수 있다. 우리의 진정한 정체성은 천사 같은 존재요, 또는 빛으로 충만한 존재인 것이다. 우리는 빛을 타고 지구에 도달한 정보로 가득 찬 존재라 할 수 있다.

모든 정보의 최초 근원지는 우주 중심부에 있다. 우주 속 우리가 받는 정보의 근원지는 우리 은하인 은하수 중심부에 있다. 가장 가깝게는 태양이 우리의 정보 근원지이다. (우리가 속해 있는 우주 외에도 또 다른 많은 우주가 있다.)

빛에 의해 운반되는 정보는 '침묵의 지식'으로 알려져 있다. 이러한 지혜의 비밀은 끊임없이 삶을 갱신하게 해주는 방법인데 이는 암호화되어 있다. 그리고 태양빛에 저장되어 있으며 이러한 삶을 유지시켜 주는 데이터는 지구 행성에 의해 그 암호가 풀린다.

태양계라는 몸의 한 기관인 지구는 완벽한 시스템 혹은 살아 있는 몸 그 자체입니다. 지구는 빛 에너지를 늘 새롭게 지구에 맞는 생명으로 변형합니다. 살아 있는 세포의 DNA 속에는 침묵의 지식이 저장되어 있으며, 후대로 전해집니다. 따라서 우리의 몸은 이러한 지혜의 저장고라 할 수 있습니다.

지구는 자체 신진대사를 하고 있으며, 자체 기관들을 가지고 있습니다. 태양에너지는 지구의 기관들로 소화·처리되고 있으며, 마치 우리가 숨을 들이마시고 내뱉는 것처럼 다시금 태양으로 돌아가게 됩니다. 지구의 '기관' 중에는 지구의 피부처럼 기능하는 대기, 바다, 숲, 동물 등이 있습니다. 모든 인간 존재들도 지구의 한 기관을 형성합니다. 인간이란 기관의 기능은 에너지를 물질에서 에테르로 바꾸거나, 역으로 에테르 에너지를 물질로 바꾸는 것입니다.

원주민들은 지금까지도 지구의 각 기관을 신으로 인식하고 있습니다. 바다의 신, 공기의 신, 모든 인간을 대표하는 신이 있습니다. 인격화된 신도 있고, 가족 신도 있으며, 민족 신도 있습니다. 오늘날에는 이들을 신으로 부르기보다는 '민족정신'이라고 부르지만, 여전히 신으로 존재합니다.

신들은 인간의 마음속에서 만들어집니다. 신은 무엇을 의미합니까? 신은 인간보다 우월한 존재를 뜻합니다. 공기의 신, 바다의 신이 있다는 것을 생각하고, 신과 같은 에너지를 받들어 모시는 것은 지구를 보호하게 합니다. 만약 대다수의 인간들이 인류를 포함하여 각 지구의 기관들을 찬양하게 된다면, 우리는 긍정적인 결과를 상상할 수 있을 것입니다. 지구의 기관들을 나타내는 신들과 더불어 사람들은 우주 저편에서 온 다른 신들도 경배해왔습니다.

우리는 지금 지구 생명의 역사에서 중요한 순간에 서 있습니다. 몇몇 천상의 프로그램들이 진행되고 있습니다. 잊혔던 모든 옛 전승들이 한순간에 자신을 드러내고 있습니다. 침묵의 지식이 드러나는 것도 우리 은하, 곧 은하수 중심부에 있는 지성체로부터 태양을 경유하여 오는 신호에 응답하는 것이라 할 수 있습니다.

미겔은 아스텍 달력(아스텍 달력에는 촐킨〔tzolkin〕이라는 260일 주기가 반복되는 역법과 20개월에 365일이 있는 하압〔haab〕이라는 역법을 가지고 있다. 이 두 달력의 조합으로 태양 시기를 계산했다.—옮긴이)의 예언에 따라 우리가 1992년 1월 11일부터 제6태양시기에 들어섰다고 주장한다. 그날 이후로 태양에서 오는 에너지가 급격히 바뀌었다. 미겔은 테오티우칸에서 그의 학생들과 함께 예기된 사건을 기다리고 있었다. 그는 빛의 색이 바뀌는 것을 보았다. 태양빛의 진동 주파수가 좀 더 빨라지고 부드러워졌다. 미겔은 새로운 빛의 주파수에 채널을 맞추고 제6태양시기의 탄생을 맞이하는 의례를 치렀다. 그는 그곳에서 일어난 일을 기적이라고 설명한다. 그의 동료들이 사원 한복판에 서서 특별한 임무를 띤 새로운 빛을 받아들이고 있을 때, 미겔과 자신들 내면에서 어떤 변화가 일어났음을 느끼게 되었다. 지구 행성의 모든 생명체와 지구 행성 자체도 DNA 속에 변화가 생기는 영향을 받게 되었다.

DNA(디옥시리보핵산의 약자로 물체의 기본 요소이다. 모양은 이중나선 형태이며, 모든 세포 속에 존재하고, 유전 정보를 전달하는 데 관계된 일을 한다.)는 태양으로부터 온 특정 빛의 주파수가 물질화된 것입니다. 지구 행성의 모든 종류의 생명체들은, 돌멩이에서 인간까지, 태양으로부터 온 특별한 빛의 주파수들을 가지고 있습니다. 식물, 동물, 바이러스, 박테리아 등은 저마다 고유한 자기만의 특별한 빛줄기들을 가지고 있습니다. 어머니인 지구는 이것을 응축하고, 빛에 실려 온 정보는 물질화됩니다. 이러한 재생산의 방법으로, 침묵의 지식이 서로 다른 생명의 세대와 세대를 거쳐 전해져 내려온 것입니다. DNA는 모든 생명체마다 각각 독특합니다. 오늘날 과학은 아직까지도 DNA 속에 있는 미묘한 차이들을 구분하지 못하고 있습니다.

우리는 새로운 하늘의 섭리를 맞이하고 있다. 이것은 우리가 이제껏 견지하고 있었던 잘못된 태도들을 내려놓는 것을 의미할 수도 있다. 하지만 예견되고 있는 자연 재앙을 바꿀 수 있는 충분한 시간이 우리에게 없다는 느낌도 분명히 있다. 지구 자전축의 변화와 기후변동, 지각변동이 일어날 수도 있다. 이는 지구가 자신의 병을 고치려고 새로운 에너지를 받아들이고 있기 때문이다.

지구로 오는 진동 주파수 에너지의 변화를 일부 과학자들은 벌써 눈치 채고 있다. 론 라도프(Ron Radhoff)는 "물병자리 시대가 시작되었다고 하는 1962년부터 우리는 플레이아데스성단을 감싸는 광양자대(光量子帶, photon-belt)의 영향권에 들어가게 되었다. 2011년쯤이면 지구는 이곳의 중심부를 지나게 될 것이다. (……) 과거 성 제르맹(St. Germain, 496~576, 프랑스의 성인─옮긴이)이 이 광양자대를 좀 더 높은 진동 주파수를 가진 또 다른 우주인 황금 성운이라고 언급한 적이 있다. 이것이 조금씩 우리의 우주를 흡수하고 있다. 우리가 이러한 높은 진동 주파수를 가진 우주에 합병되면, 이것은 대 격변의 촉매제가 될 것이다."*

제5태양시기 때 유입된 태양에너지는 지구상의 인류에게, 우리까지 포함해, 극심한 영향을 끼쳤다. 현재 진행되고 있는 에너지 변화의 목적은 인류가 자신과 지구에 계획하고 있는 꿈들을 변경하고자 하는 것이다. 우리는 지옥의 악몽에서 벗어나 지상 천국의 꿈으로 이동할 것이다. 천국은 더 이상 공포가 없는 곳이다.

* Ron Radhoff, *New Science News*, Vol.Ⅲ, No.2, p. 7.

톨텍 지혜의 요소들

톨텍 전승은 사슬고리처럼 이어져 내려왔다. 미겔은 그의 할아버지 레오나르도 마시아스로부터 배웠고, 마시아스는 그의 아버지로부터 배웠다. 아버지로부터 아들에게 전수되어왔다. 미겔은 그의 가계를 1700년대까지 추적할 수 있었지만, 그도 이 사슬고리가 어디서부터 시작되었는지는 알지 못한다. 그는 말한다. "나는 수천 년 전에 살았고, 현재도 살고 있는 톨텍인입니다. 톨텍은 '지혜의 사람'을 뜻하고, 이것은 곧 우리 모두를 말합니다."

톨텍의 전승은 지식의 길이자 생명의 길이다. 이 길의 종착점은 행복이다. 행복을 얻기 위해서는 남들이 당신에게 기대하는 모습이 아니라, 진정한 당신의 모습을 드러낼 필요가 있다. 자기 탐색의 과정을 거친 뒤라면, 현재 길들여진 모습 이전의 진정한 당신의 참모습을 발견할 수 있을 것이다. 그러면 당신 자신의 마음과 당신 자신의 몸, 당신 자신의 뇌를 사용해 꿈 바깥의 생명인 참자아를 드러낼 수 있는 자유를 회복할 수 있을 것이다. 이러한 자유에 도달하기 위해, 톨텍족은 세 가지의 마스터 전문 수련과정을 발전시켰다.

Ⅰ. 인식 수련의 마스터 전문과정

이 과정을 통해 밤이든 낮이든 인간은 언제나 꿈속에 사로잡혀 있다는 것을 우리는 인식한다. 인간은 지옥의 꿈을 꾸고 있다. 이러한 악몽에서 벗어나는 길은 자신이 지금 어디에 존재하며, 자신이 누구이며, 자신이 어떠한 종류의 자유를 찾고 있는지 아는 것이다.

Ⅱ. 변형 수련의 마스터 전문과정

이 과정은 스토킹 전문과정으로 알려져 있다. 이 과정을 통해 자신의 감정을 다스릴 수 있게 된다.

우리가 마음속에서 감정을 지배하는 심판관과 피해자의 노예라는 점을 인식한다면, 우리는 변형의 전문과정을 통해 우리의 전반적인 믿음 체계들에 대해 도전해볼 수 있을 겁니다. 우리의 목적은 우리가 진정 누구인지 알고, 우리 자신이 되고, 우리의 영이 꿈에서 벗어나 자신을 드러내도록 하는 것입니다. 우리가 행하는 모든 것들에 놓여 있는 우리의 의지적 행동과 반사적 행동을 면밀히 살펴보는 작업을 통해, 변형 수련의 전문과정을 마친 사람은 자유의 마스터, 자기를 내려놓을 수 있는 마스터, 사랑의 마스터가 될 것입니다.

Ⅲ. 내적의도 수련의 전문과정

이 과정은 영과 의지를 마음대로 다루는 과정이다. 내적의도의 마스터는 하느님과 하나가 된다. 하느님은 마스터의 입과 마음과 손을 통해 일하신다. 이 상태에 이르면, 마스터가 하는 모든 행위에는 하느님이 함께하신다.

톨텍의 목표는 창조자인 성령과 교감하는 것이다. 이들은 영원한 고향을 찾아 길을 떠난다. 그들의 가르침은 우리가 창조자에게서 왔으며, 다시 창조자에게 돌아간다는 것이다. 미겔은 창조자를 남성인 아버지로 부른다.

에크나스 에아스와란(Eknath Easwaran)의 《명상(Meditation)》에서 사용하는 '주님'이란 말에 대해 미겔은 동의한다. "내가 '주님' 또는 '하느님'이란 말을 사용할 때는 우리가 인식할 수 있는 가장 심원한, 아주 근원적인 존재를 가리킵니다. 이러한 최고의 실재는 우리 밖에 있는, 우리와 분리된 존재가 아닙니다. 우리의 안, 우리 존재의 핵심 부분(core)에 존재합니다. 곧 우리의 참된 본성이자, 우리 육체보다 우리에게 훨씬 더 가깝게 있으며, 우리가 사는 삶보다 훨씬 소중한 존재를 말합니다."[*]

톨텍 전승은 당신이 고향으로 돌아갈 수 있도록 안내하는 지도를 보여준다. 지도를 따라 가려면 당신은 지금 서 있는 곳에서부터 출발해야만 한다. 당신의 첫 번째 임무는 당신이 진정 어떤 존재인지를 깨닫는 것이다. 이것은 신비한 일이다.

당신이 누구인지 설명하기 위해, 단지 당신의 이름만 말할 수도 있습니다. 또는 '나는 태어나서 죽음을 향해 가고 있다.'고 말할 수도 있습니다. 당신은 인간이며, 남자 또는 여자일 것입니다. 당신은 의사, 변호사, 교사 등 당신이 하고 있는 일에 따라 무엇이라고 말할 수도 있습니다. 당신은 당신의 몸이기도 합니다. 당신의 느낌에 따라 당신의 존재

[*] Eknath Easwaran, *Meditation*, Arkana, 1996, p. 30.

를 생각할 수도 있습니다. 하지만 이것 모두가 진실일까요? 그것이 정말 당신이라 할 수 있겠습니까?

우리는 영원히 풀리지 않는 질문들을 던집니다. 하느님은 누구입니까? 우주란 무엇입니까? 죽음은 무엇입니까? 지구 행성은 무엇입니까? 물질이란 무엇입니까? 빛이란 무엇입니까? 과학은 물질에 관한 질문만 해명하려 합니다. 우리에게 필요한 놀라울 정도의 많은 지식들이 있습니다만 이 지식들 대부분은 알 수가 없습니다. 전자, 은하, 영혼의 이면에는 무엇이 존재합니까? 우리가 태어나기 이전에 우리가 존재했습니까? 우리가 죽으면 어떤 일이 일어납니까? 우리는 말합니다. '나는 무엇입니다.'라고. 하지만 이것이 진정 의미하는 바가 무엇일까요?

나는 의사로서 다음과 같이 말할 수 있습니다. "나는 인간의 몸을 가지고 있고, 수십억 개의 작은 컴퓨터인 뉴런으로 이루어진 놀라운 뇌를 가진, 생물학적으로는 완전한 기계입니다. 이 몸은 내부 기관과 근육들을 만드는 세포들인 작은 생명체로 이루어져 있습니다. 나는 이것들이 모여서 만들어진 인간입니다."

무엇이 이런 것들을 가능하게 합니까? 인간의 뇌란 무엇입니까? 어떻게 뇌가 작동합니까? 우리는 현미경과 전자공학으로 이것들을 설명하기 위해 노력해왔습니다. 그리고 실험들을 통해 놀라운 성과들을 이루어냈습니다. 그럼에도 우리는 아직까지 뇌가 무엇인지 모르고 있습니다.

당신은 죽어가고 있지만 또한 여전히 살아 있습니다. 생명이란 무엇입니까? 우리가 이해할 수 없는 것들을 이해하려고 논리를 펴는 것은 소용없는 짓입니다. 우리의 이성은 무엇이 진리고 무엇이 그렇지 않은

가를 말해줍니다. 이성은 '이것이 나이고, 이것은 내가 아니다.'라고 판단을 내립니다. 하지만 이런 판단은 한계를 가지고 있고, 가능한 것도 아닙니다.

내가 행복하다고 말한다면, 당신은 그런 나를 이해할 수 있습니다. 당신에게는 행복이라는 개념이 있기 때문입니다. 내가 신체적으로든 정서적으로든 고통을 느낀다면, 나는 이것을 단어나 개념을 사용해서 설명할 수 있습니다만 그 단어나 개념이 고통을 말해주는 것은 아닙니다. 분노와 질투는 개념일 뿐입니다. 진실은 우리에 대해 거의 모른다는 것입니다.

나는 변형 수련의 전문과정을 마쳤기 때문에, 내 자신을 포함해 모든 것들은 에너지의 움직임이라는 것을 인식하고 있습니다.

원자로 구성되어 있다고 우리가 과학적으로 증명할 수 있는 단단한 물체에 대해 미겔은 언급한다. 원자는 끊임없이 움직이고 있다. 비록 그 물체가 고체처럼 보일지라도, 실제적으로 이것은 움직이는 하나의 에너지일 뿐이다. 원자 사이의 공간은 원자 자체의 크기보다 훨씬 크다. 우리는 사물이 고정되어 있는 것처럼 인식하지만 모든 것은 끊임없이 움직이고 있다.

우리가 보는 것은 단지 그 물체에 반사된 빛을 보는 것에 지나지 않습니다. 반사된 빛이 그 물체의 형태를 인식할 수 있게 해줍니다. 우리는 실체에 대한 시각적인 인지를 참된 것으로 받아들여 왔습니다만,

이러한 진리란 우리가 서로 합의 또는 동의를 해서 이루어진 것입니다. 인지는 우리가 우리 바깥의 실재를 창조해낼 수 있는 능력이 있다는 것을 증명해주는 기적과 같은 것입니다. 우리는 자연 세계를 인지하지만, 실제로 이것은 우리의 마음과 뇌 속에서 만들어진 것입니다.

우리는 언어를 만들어냈고, 이를 사용해 모든 동물과 식물, 우주의 다른 구성원들에게 이름을 붙입니다. 사물에 이름을 부여하는 것은 착각의 세계에 진정성을 더하는 것입니다. 우리가 만들어낸 실재는 우리에게 거짓된 안전 감각을 줍니다.

우리는 우리가 땅에 서 있다고 느낍니다. 우리는 하늘을 바라봅니다. 우리는 바람이 불고, 비가 옴을 느낍니다. 이 모든 것이 우리에게는 친숙한 것입니다. 하지만 이것은 우리 마음이 만들어낸 꿈에 지나지 않습니다. 우리는 우리 자신의 마술이라는 방식으로 이 꿈을 만들어내기 때문에 이것은 재료와 구조를 가진 하나의 꿈입니다. 우리 모두는 마술사들입니다.

우리는 이러한 실재를 창조할 수 있는 능력이 있기 때문에, 이러한 실재 속에 있는 모든 것들과 관계를 맺고 있습니다. 내 눈과 귀로 보고 듣는 것들이 이러한 실재 속에서는 진리입니다. 하지만 나의 관점을 약간만 변화시킨다면, 이는 더 이상 진리가 되질 못합니다.

우리 모두는 지구 행성이라는 우주선을 타고 함께 여행을 하고 있습니다. 우리는 무시무시한 속도로 우주 안을 움직이고 있습니다. 우리 모두가 같은 속도로 움직이고 있기 때문에, 전혀 움직이지 않는 것처럼 느낍니다. 지구가 움직이고 있는 동안, 우리가 잠시라도 멈출 수 있다면,

우리는 다른 실재를 보게 될 것입니다.

　우리의 관점을 바꾼다면, 우리는 몸이 움직이는 에너지로 된 물질임을 볼 수 있습니다. 또 다른 에너지가 우리 둘레를 감싸고 있습니다. 이것은 마음이며, 이것 또한 우리입니다. 마음은 에너지이지만 물질은 아닙니다. 우리는 생각하고, 느끼고, 꿈을 꿉니다. 하지만 우리는 실험실에서 꿈을 조각조각 나누거나, 꿈의 존재함을 증명할 수 없습니다. 우리는 사랑을 실험실에 가지고 와서 '이것이 사랑이다.'라고 말할 수 없습니다. 우리는 감정이 존재하는 것을 증명할 수는 없지만, 사랑이 존재함을 압니다. 우리가 사랑을 느끼기 때문입니다. 사랑은 물질이 아닙니다. 사랑은 에너지입니다. 그것이 존재하기 때문에 에너지인 것입니다. 존재하는 모든 것은 에너지입니다. 에너지는 파괴될 수 없습니다. 에너지는 다만 변형이 될 수 있을 뿐입니다. 에너지는 시작이요 끝입니다.

　이러한 말은 우리가 잘 아는 것들입니다. 우리가 교회에 가면, 우리는 하느님에 대한 말씀을 듣습니다. 하느님과 에너지는 거의 동일한 것입니다. 모든 것들이 에너지로 만들어졌고, 모든 것들이 하느님에 의해 만들어졌습니다. 에너지가 나타나는 경우는 수도 없이 많습니다. 하느님의 나타나심 또한 수없이 많습니다. 모든 것이 하느님이기 때문입니다.

　마음은 물질이 아닌 에너지입니다. 마음은 에테르 에너지입니다. 모든 에너지는 살아 있습니다. 그래서 마음 또한 살아 있는 것입니다. 몸도 살아 있지만, 마음 또한 살아 있습니다. 그래서 우리는 몸이자 마음입니다. '나는 무엇입니다.'라는 개념 속에 우리는 물질과 에테르 에너지를 혼합합니다.

우리가 말을 하면 동시에 우리의 마음은 활발하게 생각을 합니다. 마음은 꿈을 꾸고 있습니다. 우리의 눈은 빛을 인지하지만, 마음은 이 빛을 해석하고 현실을 만들어냅니다. 마음과 몸의 분리가 해소되는 지점에 이르는 것이 가능합니다. 그러면 현실 자체는 완전히 변화하게 됩니다.

개인이 있다는 것은 거짓된 개념입니다. 우리는 개인으로 존재할 수 없습니다. 우리는 단지 생명체의 한 작은 사슬고리에 지나지 않습니다. 당신의 몸은 수억 개의 세포들로 이루어져 있습니다. 모든 작은 세포들은 당신 몸 바깥에서도 존재할 수 있는 생명체입니다. 이것들은 당신 몸 바깥에서 재생산될 수도 있습니다. 당신은 또한 이러한 세포이기도 합니다. 세포들은 자체에 내부 요소들을 가지고 있고, 각각의 요소들은 살아 있습니다. 세포는 사슬고리의 한 부분입니다. 수억 개의 세포들로 우리의 몸을 만듭니다. 당신이 "나는 몸이다."라고 말할 수 있습니다. 각각의 세포들도 "나는 세포다."라고 말할 수 있습니다. 그렇지만 많은 세포들이 모여 하나의 기관을 만든다는 것을 세포 자체는 인식하지 못합니다. 간, 심장, 위, 뇌, 눈 등 많은 기관들이 모여 인간의 몸을 형성합니다. 곧 이것은 하나로 통일된 것입니다.

우리들 각각은 한 인간입니다. 하지만 하나의 세포처럼 우리가 분리되어 있는 것처럼 생각하지만, 우리는 분리되어 있지 않습니다. 지구 행성에 있는 모든 인간들은 보다 큰 생명체, 곧 지구를 형성하기 위한 또 다른 기관입니다. 지구 행성은 생명체입니다. 우리는 지구 행성입니다. 세포 하나가 인간입니다. 인간 한 명이 행성입니다. 모든 인간은 지구 기관의 한 부분을 담당합니다. 다른 많은 것들도 있습니다. 나무, 대기,

바다, 암석, 동물 등이 모두 지구의 기관들입니다.

지구 또한 인간과 마찬가지로 에테르 에너지를 가집니다. 영혼을 가지고 있습니다. 마음을 가지고 있습니다. 지구는 살아 있습니다. 지구는 생명체입니다. 지구는 신진대사를 통해 에너지를 외부로부터 받아들이고 있습니다. 지구는 그 에너지를 자신의 에너지 형태로 바꾸어 호흡합니다.

행성들은 태양으로부터 에너지를 받아 그것을 바꿉니다. 지구에는 동물들이 식물을 먹고, 자기들이 받은 에너지를 변환합니다. 인간은 식물과 동물을 먹고, 이들로부터 받은 에너지를 변환합니다.

지구의 몸을 구성하는 한 기관인 인간은 어떤 기능을 합니까? 인간의 기능은 물질 에너지를 에테르 에너지로 전환합니다. 우리는 음식과 산소를 흡수한 다음 뇌를 통해 물질 에너지를 에테르 에너지로 바꾸는 것입니다.

우리는 지구를 위해 벌과 개미들처럼 하루 24시간을 일합니다. 지구 행성을 위한 우리의 일은 감정을 만들어내는 일입니다. 감정을 만들어내는 일은 인간의 마음이 맡은 주요한 기능입니다.

우리는 깨어 있든지, 자든지 꿈을 꾸고 있습니다. 당신이 잠자면서 꾸는 꿈은 감정을 만들어냅니다. 당신이 깨어 있을 때 꾸는 꿈은 어떤 구조 틀이 있습니다. 비록 우리가 꿈을 꾼다 하더라도, 우리는 우리가 경험하는 모든 것들을 해석하고 있습니다. 이렇게 함으로써 우리의 뇌는 감정을 만들게 되는 것입니다. 이것이 우리가 하는 기능입니다.

지구 행성은 사슬고리의 한 부분입니다. 우주 전체는 살아 있습니다. 우주는 생명체입니다. 우리 행성은 우주 생명체의 작은 한 부분일 뿐입니다.

우리가 누구냐는 범위가 이제는 확장되고 있습니다. 우리는 몸입니다. 우리는 마음입니다. 우리는 또한 지구 행성입니다. 우주라는 거대한 사슬고리에는 정보가 있습니다. 동일한 정보가 지구에도 있습니다. 마찬가지로 인간 한 명의 몸에도 모든 정보가 있고, 세포 하나에도 정보가 있습니다.

세포 하나에도 필요한 모든 정보가 담겨 있고, 인간이란 형태로 자신의 우주를 창조해갈 능력이 있습니다. 한 인간에게도 역시 또 다른 우주를 창조해내는 데 필요한 모든 능력과 정보를 가지고 있습니다. 이러한 창조 행위는 이성에 기대지 않습니다. 이러한 내부로부터 이루어지는 창조는 침묵의 지식에 의지합니다.

세포 하나가 인간의 몸처럼 힘이 있듯이, 인간의 몸 또한 지구처럼 힘이 있습니다. 그리고 지구는 우주 전체처럼 힘이 있습니다.

이러한 사슬고리의 각 단계마다 각각의 유사점을 인지하기 위해 각자의 관점을 변화시킬 필요가 있습니다. 미시 세계에서 거시 세계까지, 오직 한 시스템만 작동합니다. 하지만 이 모든 것이 비밀에 쌓여 있습니다. 인간의 관점에서 벗어나서 보면, 인간의 복잡성을 이해하는 것이 쉽고, 우주의 모든 비밀과 인간과 연결된 관계를 쉽게 볼 수 있습니다. 우리가 어디를 가더라도, 우리를 기다리고 있는 우리 자신들을 볼 수 있습니다.

각 인간은 근육 속의 한 세포로 비교됩니다. 우리는 상호 교환이 가능한 동일한 세포들입니다. 만약 내가 당신이고, 당신이 나라면, 나는 당신을 해칠 이유가 없습니다. 내가 지구 행성이라면, 내가 왜 지구를 망가뜨려야만 합니까? 내가 왜 지구를 이해할 수 없습니까? 내가 왜 당신을 이해하지 못합니까?

우리는 이름과, 인격과, 우리가 분리됨으로써 우리 자신을 인식할 수도 있습니다. 하지만 우리가 관점을 바꾼다면, 개인성이라는 개념은 무척이나 좁아질 것입니다. 우리는 개별화되어 있지 않습니다. 우리는 하나입니다. 이 하나는 궁극적으로 모든 우주를 포괄합니다. 이것이 알 수 없는 큰 비밀입니다. 이것을 하느님이라고 부릅니다.

하느님이라는 명칭은 단지 개념일 뿐입니다. 이것은 변호사, 의사와 같은 명칭입니다. 하느님의 개념은 실재의 하느님을 드러내기에는 너무 부족하지만, 우리의 이성이 받아들일 수 있는 하나의 설명입니다. 하느님을 설명하기에 적당한 말이 없지만, 하느님이라는 말이 이해할 만하기에 사용하는 것입니다. 실제로 하느님은 생명입니다. 생명은 약동적입니다. 우리는 하느님이고 하느님은 우리입니다.

지구 행성에서 인간 기관으로서 우리는 지구의 다른 모든 부분들에 연결되어 있습니다. 지구에서 일어나는 모든 일들은 인간 기관인 모든 사람들에게 영향을 끼칩니다. 역으로, 한 인간에게 일어나는 일들은 전 지구에 영향을 끼칩니다. 인간을 창조하는 능력을 갖춘 하나의 세포처럼, 우리 인간에게는 전 우주를 창조할 수 있는 능력이 깊숙이 숨어 있습니다.

우리의 이성은 한계가 있어서 우리의 능력을 제대로 바라볼 수 없게 합니다. 우리는 모든 것을 변화시킬 능력을 갖고 있습니다. 우리는 변형이 가능합니다. 우리는 세울 수도 파괴할 수도 있습니다. 우리의 능력은 어떤 원자폭탄보다 강합니다. 우리의 힘은 우리의 내적의도, 곧 우리의 영에 있습니다. 이것이 우리가 가진 침묵의 지식입니다.

이성은 우리가 알고 있는 것을 모릅니다. 이성은 우리 마음의 작은 일부일 뿐입니다. 이성은 결정권이 없습니다. 이것이 가진 오직 하나의 기능은 두 개의 꿈, 곧 지구 행성과 개인의 꿈을 연결시키는 일에 지나지 않습니다.

마음은 감정으로 만들어집니다. 감정은 마음을 일으켜 세우는 부호(code)입니다. 숫자가 수학에 사용되는 부호이고, 음표가 음악의 부호이듯이, 감정은 마음 전체를 표시하는 부호입니다. 모든 감정은 살아 있는 생명체입니다. 모든 세포들이 우리 몸속에 살아 있어 인간의 몸을 만들어가듯이 모든 감정은 살아 있습니다. 마음 또한 살아 있는 생명체입니다. 마음은 모든 인간 존재들을 연결합니다. 모든 인간의 마음들이 함께 모아져서 지구 마음의 대부분을 차지하고 있습니다.

가장 영향력 있는 현대 과학의 입장은 여전히 지구를 하나의 대상물로 여기고 있습니다. 화산이 폭발하고 태풍이 으르렁거려도 과학은 이러한 일에 대해 기계적인 설명만 할 뿐입니다. 톨텍의 지혜에 따르면 지구 자신이 이러한 행동을 결정합니다. 지구는 생명체이기에 스스로 생각하고 자신 스스로 결정을 내립니다.

톨텍 조상들은 지구가 생명체임을 알고 있었습니다. 이러한 세계관은 세계 곳곳 원주민들 사이에 여전히 남아 있습니다. 땅이 메마르게 되면, 이들은 비를 내리기 위한 춤을 추었습니다. 그들은 북은 치고 노래를 불렀습니다. 불을 피우기도 했습니다. 그들의 의례에서 주요한 부분은 물을 구하는 의도를 어머니인 지구에 알려서 지구가 응답하기를 바라는 것을 표현하고 있습니다. 그들은 그들의 의도와 이에 지구가 응답하는 관계가 불가해하다고 여기지 않습니다. 이러한 수준 높은 상호 관계성을 이성은 이해할 수가 없습니다. 원주민의 관점은 샤먼의 관점과 동일합니다. 인간의 수준 높은 변화를 위해, 샤먼이 가졌던 관점을 회복해야 할 것입니다.

우리 인간의 눈으로는 전자를 볼 수 없습니다. 우리의 눈은 그 정도의 수준이 아니기 때문입니다. 우리의 눈은 특정 시공간에서만 적절한 기능을 합니다. 전자의 시공간은 눈의 시공간과는 완전히 다릅니다. 전자를 보기 위해서 우리는 동일한 시공간을 지닌 또 다른 전자가 되어야 합니다. 우리 몸은 전자로 가득 차 있기에 우리는 전자의 개념을 파악할 수 있습니다. 우리는 감정을 가지고 있기에 감정을 이해할 수 있습니다. 우리의 눈으로 감정을 인식할 수는 없습니다. 이러한 종류의 인식은 우리 이성의 분석적인 과정을 거치는 것보다 직관적이며 샤먼적인 방법에 가깝습니다. 우리는 모든 것들과 연결되어 있고, 우리의 내적의도를 통해 모든 것들에 영향을 끼칩니다. 우리의 내적의도는 우리의 이성이라기보다는 우리 마음의 다른 부분입니다.

지구의 한 기관인 인류에 속한 인간 한 명을 몸의 신경세포인 뉴런과 비교할 수 있습니다. 뉴런 하나가 결정을 내리면 온몸이 복종합니다. 마찬가지로 한 인간이 결정을 내리면, 지구의 지수화풍(地水火風) 네 요소는 복종합니다. 이 요소들은 인간의 의지에 복종합니다.

비가 내리도록 하려면 당신은 관점을 바꾸고, 비와 대기와 하나가 되어야 합니다. 당신이 이것들의 진동 주파수와 조화를 이루게 될 때, 놀라운 일이 벌어집니다. 이와 동일한 원리를 동물이나 지구 행성의 다른 기관들에도 적용할 수 있습니다. 이러한 과정을 지구뿐만 아니라 전 우주로 확장시킬 수 있습니다.

인간과 전 우주와의 관계성이 이해되면, 점성학에도 진리가 있음을 쉽게 알 수 있습니다. 점성학은 점을 치는 도구라기보다는 과학이라 할 수 있습니다. 고대 톨텍족은 우주가 신진대사를 하는 생명체임을 알고 있었습니다. 점성학은 우주의 신진대사를 연구하는 학문입니다.

톨텍족은 지구 행성에서 어떤 일이 일어날지 아는 예언자들이었습니다. 이는 이들이 우주가 지구에서 어떤 에너지를 가져가는지 알 수 있었기 때문입니다.

우리는 감정의 에너지를 만들어낼 수 있습니다. 이것은 지구가 태양으로 보내는 주요한 에너지 형태입니다. 태양에서는 감정 에너지가 나머지 다른 우주로 방사됩니다. 태양은 지구를 조절하고 지구에 영향을 끼치는 결정을 내립니다.

태양은 우리에게 빛을 보냅니다. 햇빛 속에는 태양이 지구에 의도하는 모든 정보가 들어 있습니다. 빛은 에너지입니다. 모든 에너지는 기억을 가지고 있기에, 모든 정보들이 빛 속에 저장될 수 있습니다. 햇빛은 모든 행성들에 필요한 정보를 전달합니다. 이것은 지구에 반응을 일으킵니다. 지구는 에테르·물질·감정 에너지를 가지고 있습니다. 햇빛에 암호화되어 있는 정보들에 대응해 지구는 태양이 의도하는 에너지를 보냄으로써 반응하게 됩니다.

위대한 예수회 신부이자 철학자인 테야르 드 샤르뎅(Teilhard de Chardin)은 마음의 성질에 대해 '인지권(人智圈, noosphere)'이라 명명하고, 이것이 지구를 둘러싸고 있다고 생각했다. 인지권은 모든 인간의 마음이 합쳐져 만들어진 마음 기관이다. 이러한 생각들은 발명이나 방법들의 동시성을 설명해주며, 이 속에서 생각들이 이심전심으로 신속히 움직이며 인간의 생각 속에 변화를 이끈다.

루퍼트 쉘드레이크(Rupert Sheldrake)는 형태원인설(formative causation)을 주장했던 영국 생화학자이다. 그에 따르면 각각의 자연 시스템은 수정(水晶)에서 인간에 이르기까지 형태장(morphic field, 사물이 고유한 형태를 갖도록 만드는 에너지 장을 뜻한다. 도마뱀의 꼬리를 잘라도 다시 동일한 모양이 나는 것에서 착안했다.—옮긴이)을 공유한다. 각 장 안에 있는 개체는 집단의식을 유전한다. 이들의 기억은 종에 따라 그들의 행동 습관과 재생산 과정을 지시한다. 특정한 장 안에서는 '형태 공명(morphic resonance, 어떤 개체가 경험한 행동이나 형질의 영향이 같은 종에 속하는 다른 개체에게도 작용하는 현상을 말한다. 연구소에서 쥐에게 특정한 학습 실험을 시켰더니, 같은 학습을 전혀 받지 않은 다른 곳의 쥐에게서도 동일한 학습 효과가 일어난 것을 보고 발견함—옮긴이)'이 시공간을 넘어 발생한다. 원자에서 은하까지 각각의 장이 전체를 대변하며, 전체 장은 끊임없는 진화 과정에 있다. 때가 이르면 시스템은 붕괴되고 해체되어버린다.

쉘드레이크는 "형태원인설에 따르면 이러한 형태장들이 이들과 동조할 수 있는 것이 없기 때문에 눈에 보이지 않는다 하더라도 어떤 인식 속에서는 여전히 존재한다. 심지어 공룡의 장들이 지금 여기에도 잠재적으로 존재하더라도, 형태 공명에 의해 이 공룡들을 끄집어낼 수 있는 적절한 동조 시스템, 예를 들어 살아 있는 공룡 알 같은 것이 없다."고 했다.

"만약 어떤 이유로—예를 들어 유전자 변이 또는 평상시와 다른 환경적인 스트레스—어떤 생명 시스템이 과거 또는 멸종된 형태의 장에 공명한다면, 이러한 장들은 다시금 드러날 수 있고, 옛날 구조들이 갑자기 다시 나타나날 수 있다."*

쉘드레이크의 가설은 미겔이 여러 방면에서 본 톨텍의 환상 속에 고스란히 담겨 있다. 미겔 자신은 고대 톨텍족과 공명을 일으키는 생명 시스템인 것이 분명하다. 왜냐하면 톨텍족의 꿈이 미겔 안에 살아 있고, 그는 이 꿈을 공유하려는 다른 사람들의 장을 넓혀가고 있기 때문이다.

태양과 지구와 인간 삶의 관계에 대한 미겔의 설명은 쉘드레이크의 개념과 비슷하다. 미겔은 우리에게 태양계의 모든 정보와 지성의 중심이 태양이라고 가르쳤다. 태양 또한 은하 같은 더 큰 생명 시스템으로부터 정보를 받지만, 지구에 사는 우리에게 태양은 우리들 진화의 근원인 것이다.

미겔은 태양에서 생명의 각 장과 각 개인의 진동 주파수를 갖고 있는 지구로 강물처럼 끊임없이 흐르는 빛줄기에 대해 설명한다. 태양에서 오는 빛은 각 개인 또는 서로 연관된 생명체의 전체 장 내부에서 일어나는 반응의 원인이 된다. 진화적인 변화를 일으키기 위해, 태양은 빛의 주파수를 바꾸어 보낸다. 이를 받아들이는 유기체는 이에 반응하고, 끊임없는 에너지의 상호작용 속에 자신의 반응을 태양으로 다시 보낸다.

---

* Rupert Sheldrake, *The Presence of the Past*, Park Street Press, 1995, p. 285~286.

미겔과 같은 나구알은 이러한 빛의 강물을 '볼 수 있다'. 이것이 그가 1992년 1월 그가 테오티우아칸을 방문했을 때 보았던 빛의 변화이다.

빛이 변화하는 순간 우리는 다른 특성을 가진 에너지로 신진대사를 하게 됩니다. 현재 과학의 입장에서는 빛을 생명체로 보지 않기 때문에 실험실에서 이것을 관찰하기는 어렵습니다.

우리의 눈은 이제 이와 같이 더욱 높은 양질의 새 빛을 음식이라는 형태로 '먹습니다'. 이러한 새 빛은 우리의 유전자가 아닌, 마음에 영향을 끼칠 것입니다.

현재 우리 과학 수준의 한계로 이것을 근본적으로 탐지할 수는 없지만, 때가 되면 빛이라는 것이 지성을 가진 생물학적 존재요, 우리 지성의 근원임을 입증할 수 있을 것입니다.

각 사람마다 태양에 늘 존재하는 특정 빛의 주파수들을 가지고 있습니다. 이러한 주파수는 강물처럼 지구로 연결되어 흐르고 있습니다. 이러한 강물은 태양과 지구가 존재하는 한 영원히 흐를 것입니다. 만약 우리가 시공간의 관점을 바꾼다면, 우리의 시공간에서 우리의 손을 고체로 보는 것처럼 빛의 강물도 고체 같은 것으로 보는 일이 가능할 것입니다. 만약 우리의 관점을 미시적이고 순간적인 시공간으로 바꾼다면, 우리는 우리의 손을 더 이상 고체로 볼 수 없습니다. 대신 우리는 끊임없이 움직이며 고체가 아닌 에너지 장으로서의 원자, 전자만 볼 수 있을 것입니다. 빛의 강물은 여느 강물처럼 어떤 형태를 갖고 있지만, 그것이 언제나 동일한 모습을 유지하는 것은 아닙니다.

빛줄기는 인지능력과 자각능력이 있습니다. 수십억 개의 빛줄기가 지구와 태양을 연결시키고 있습니다. 이러한 빛에 의해 인간은 살 수 있고, 끊임없는 작용과 반작용으로 이러한 빛을 '먹고 있습니다'.

신체 안의 정보는 세포를 변화시키고, 뇌 속이나 그 밖의 기관도 변화시킵니다. 태양에 반응함으로써 한 인간은 자신의 신진대사 방식을 변화시키고, 다시 자신의 반응을 태양에 되돌려줍니다.

태양이 이러한 변화를 주도합니다.

전체 빛의 강물이 새로운 성질을 갖게 되었습니다. 따라서 이러한 특정한 빛의 성질이 모든 인간들에게 도달하기 때문에 이것은 전체 인류에 영향을 끼치고 있습니다.

이러한 작용과 반작용 시스템은 기도의 효과를 입증해줍니다. 인간의 간절한 기도는 빛의 강물 형태로 태양에 되돌아갑니다.

나구알은 자신의 의지로 작은 태양이 될 수 있는 사람입니다. 우리는 이러한 자를 '검은 태양'이라고 부릅니다. 왜냐하면 이 태양이 인간의 눈에는 보이지 않는 빛이기 때문입니다.

나구알은 지구 행성에 사는 모든 생명체에 연결되어 있는 빛의 강물을 인지합니다. 이것은 거대한 강물입니다. 나구알은 심지어 빛의 강물 속에 각 사람에게 분리되어 흐르는 모든 빛줄기의 갈래들을 볼 수 있습니다. 여러 나구알들은 인간이 자기의식을 변형시킬 때 보이는 의식의 끈, 곧 빛줄기를 증명해왔습니다.

이제 빛은 인간의 창조성, 상상력, 지성을 강화시키고 있습니다. 우리는 지구의 한 기관인 모든 인간 속에 일어나는 변화 과정이 어린 소녀가 정상적인 호르몬을 발생시킴으로써 여인이 되는 과정과 비슷하다는 것을 발견합니다. 장기·피·신경·소화기관·뇌와 각 시스템 사이에 작동하는 모든 소통 체계를 포함해, 한 소녀의 몸속에는 전 우주가 들어 있습니다.

태양과 지구는 하나의 커다란 생명 시스템 가운데 일부분입니다. 우리는 지구가 어느 정도 성숙해지면 태양에 정보를 보낸다고 말할 수 있습니다. 태양은 이에 반응하고 인간의 진화를 유발하도록 메시지를 보냅니다. 마치 소녀의 뇌가 몸속 호르몬 변화를 유도해 여인의 몸으로 성숙시키는 것처럼, 태양은 뇌로 활동합니다.

인간은 별들에서 오는 정보를 정확히 변환할 수 있는 수단을 가지고 있지 않지만, 마음과 영혼의 일부에서는 이것을 이해할 수 있습니다. 우리는 이러한 정보가 흐르는 통로가 될 수 있습니다. 생명체인 지구는 자신이 수신하는 메시지를 쉽게 이해합니다.

지구도 빛을 방출하지만 인간의 눈으로 볼 수 있는 주파수는 아닙니다. 태양빛 속에 실려 오는 메시지에 반응해서 지구는 자신의 빛을 보냅니다. 이 빛의 형태는 에테르 또는 감정의 빛일 것입니다.

지구에는 다양한 외계 존재들이 있습니다. 이들 대부분은 빛의 형태로 되어 있습니다. 예전 이들이 지구 행성에 왔을 때에는 다른 모습을 하고 있었습니다. 우주 공간을 가장 쉽게 항해하는 방법은 우주선을 타는 것이 아니라 빛을 이용하는 것입니다. 톨텍족은 이것을 사용했었고 이집트인도 마찬가지였습니다. 이들은 빛을 이용해 이 행성 저 행성을 여행했습니다. 우리 모두에게 이렇게 할 수 있는 능력이 있습니다. 톨텍의 깨달음의 과정은 이런 능력이 우리에게 있음을 알게 해줍니다.

나는 무엇인가 새로운 것을 가르치려는 것이 아닙니다. 다만 그들이 이미 알고 있던 지식을 기억해 내서 다시금 환기시키려는 것입니다. 내가 말하는 이 지식은 내 것이 아닙니다. 우리 모두 안에 있는 것입니다.

세계의 모든 문화는 동일한 지식을 갖고 있습니다. 모든 인간은 내부에 동일한 정보를 갖고 있습니다. 다른 언어로 표현될지라도 그 지식의 내용은 매우 똑같습니다. 깨달음의 과정은 너무나 심대해서 많은 시간을 할애해야 하고, 저마다 우리 내부에 있는 침묵의 지식을 불러내는 수련을 해야 합니다. 이 부름은 모든 지식을 불러내는 것이고, 진정한 우리 자신이 되는 것이어서, 그렇게 되기만 한다면 우리는 내적인 능력을 쓸 수 있게 됩니다. 우리는 하느님과 하나가 되길 열망합니다.

두 번째 변형 수련의 전문과정에서 우리는 스토커가 되는 법을 배웁니다. 이것은 우리의 진면목으로 돌아가는 것입니다. 이 과정으로 우리는 마음을 정화하고, 고통을 멈추고, 영적 전사가 되며, 달관하고, 자유로워지며, 사랑으로 하나가 됩니다.

세 번째 내적의도 수련의 전문과정은 우리가 몸도 마음도 아닌 상태가 되는 것입니다. 우리는 더 이상 영혼도 아닙니다. 우리는 단지 사랑이요, 사랑이기에 모든 것이기도 합니다. 사랑은 하느님의 참된 이름입니다. 사랑은 어디에나 있고, 모든 것은 사랑으로 만들어져 있습니다.

사랑은 두려움을 포함해 다양한 표현 방식을 가지고 있습니다. 두려움은 사랑의 반영이지만, 사랑을 표현하는 작은 부분일 뿐입니다. 두려움은 마음을 통제하려 하고 마음은 뇌를 통제하려 합니다. 당신이 행동하는 것은 당신이 인지하는 것에 따릅니다. 그러므로 당신이 두려움을 느끼면, 당신이 인지하는 것은 그 두려움에 따라서 분석됩니다. 우리는 상대의 눈에서 그 사람이 가지고 있는 마음의 표현을 봅니다. 당신은 눈을 통해 바깥 꿈을 인지할 것입니다. 만약 당신이 슬픈 눈을 하고 있다면, 당신은 비가 오든 해가 뜨든 여전히 슬플 것입니다. 당신이 사랑의 눈을 하고 있다면, 당신은 어디로 가든 사랑을 보게 될 것입니다.

나무들은 사랑으로 만들어졌습니다. 동물들도 사랑으로 만들어졌습니다. 우리가 마시는 물이나 강이나 바다도 사랑으로 만들어졌습니다. 당신이 사랑을 인지한다면, 사랑으로 만들어진 모든 것들과 연결될 것입니다. 그러면 당신은 독수리가 될 수 있습니다. 당신은 바람, 비, 또는 구름이 될 수 있습니다. 모든 것들은 하나가 됩니다. 당신은 모든 것들이 본래 완벽함을 깨닫게 될 것입니다.

침묵의 지식을 향한 우리의 길은 깨달음으로 이루어집니다. 우리는 지옥 깊숙이 내려가 깨달음을 얻기 위해 고통을 당합니다. 이것은 우리가 이러한 꿈, 곧 우리가 지옥이라 부르는 악몽을 꾸는 인간의 형태를 하고 인간의 마음을 지니기로 결정한 이유입니다.

지옥에서 나오기 위해 우리는 내적의도와 영을 통해 얻을 수 있는 깨달음이 필요합니다. 우리가 신처럼 된다는 것은 우리가 깨달음을 얻기에 그렇다는 것이지, 그저 우리가 침묵의 지식을 소유하기 때문에 그런 것은 아닙니다. 지식만으로는 충분하지 않습니다. 우리는 지식을 행동으로 나타내야 합니다.

깨달음을 얻는 데는 많은 방법이 있습니다. 인도에서는 이 길이 헌신과 수행을 통해 이루어집니다. 기독교에서는 죄를 통해, 곧 우리가 더 이상 죄인이 아니라는 것을 발견함으로써 이루어집니다. 죄악이란 우리 인간이 진정으로 하고 싶은 무엇인가 때문에 우리 자신을 괴롭히는, 인간이 만든 감정을 말합니다. 우리가 원하는 것 때문에 고통을 당한다는 것이 얼마나 우스운 일입니까?

나의 길은 나구알이 되는 것(nagualism)입니다. 이 길에서는 모든 사람이 깨달음의 기회를 얻을 수 있습니다. 그것은 나구알리즘이 심판을 피하기 때문입니다. 나구알리즘을 통해 자유를 얻는 방법은 심판을 멈추고, 피해자를 만들어내지 않는 것입니다. 이 길은 누구에게나 열려 있습니다. 우리는 특별한 존재가 되는 것을 원하지 않습니다. 심지어 마약이나 알코올에 중독된 사람들이라도 이 길을 갈 수 있습니다. 어떤 때는 빠르게, 어떤 때는 더디게 가겠지만, 모두에게 결국 유익한 길이 될 것입니다. 지옥에서 나오고, 피해자에서 자유로운 전사로 변형되는 이러한 방법은 저승에 가서야 이루어지는 것이 아닙니다.

나구알이 됨으로써 당신은 천국을 이 땅에 가져올 수 있습니다. 당신은 몸이 살아 있는 동안에도 천국 속에 살 수 있습니다. 내가 이렇게 했기 때문에 당신도 이런 삶을 살 수 있습니다. 예수도 이와 같은 말을 했습니다.

이 지구 행성의 꿈에서 벗어나기 위한 핵심적인 정보는 과학 이론의 확장에 활력을 불어넣는 것입니다. 과학이 지구가 살아 있다는 인식을 받아들일 때, 과학 이론은 확장되며 성장할 것입니다. 우주 또한 살아 있고, 우리 모두가 근본적으로 연결되어 있다는 확장된 생각을 가진다면, 과학은 다시 한 번 도약할 것입니다. 우리 모두의 마음은 하나가 됩니다. 이러한 개념은 심리학을 바꿔놓습니다. 톨텍족의 또 다른 기본적인 생각들이 있습니다. 바로 마음은 감정에서 만들어지고, 우리는 하루 24시간 동안 꿈을 꾸고 있다는 것, 우리 속에는 우리가 길들여진 결과 (우리가 동물을 길들이듯이)로 생긴 심판관과 피해자가 있다는 것, 마음은 살아 있다는 것, 모든 감정은 생명체로서 우리 마음의 안과 밖에 살아 있고, 우리는 마음을 창조하며, 우리 마음을 다른 사람에게 텔레파시로 보낼 수 있다는 것입니다. 이것들은 삶에 관한 훨씬 확장된 철학적 토대라 할 수 있습니다.

'하나의 마음'이라는 이 놀라운 톨텍의 개념은, 의식을 우리의 이성에서 의지 쪽으로 옮길 수 있다고 말한다. 이러한 전이는 우리 행성을 완전히 변형시킬 수 있고, 우리가 하느님이 될 수 있는 잠재적인 능력의 근원이 된다. 우리는 에테르 에너지를 조절할 수 있게 된다. 우리는 자신의 꿈과 다른 사람의 꿈에 유익한 효과를 줄 수 있다. 이러한 저마다의 생각들은 인간의 마음속에 깊이 영향을 끼칠 수 있다. 톨텍의 침묵의 지식을 받아들임으로써 개인들은 본래부터 인간에게 있었던 마법의 형태에 접근할 수 있다. 하지만 이러한 마법은 이른바 정통적인 제도권을 통해서는 거의 얻을 수는 없다.

연습해보기

다음에 나오는 연습 과정을 자신의 목소리로 테이프에 녹음해보라. 그런 다음 눈을 감고 테이프를 들어보라. 상상력을 발휘해서 이 이야기를 꿈꾸어보라.

나는 꿈을 꾸었다. 이 세상에서 가장 아름다운 숲 속에 나는 들어와 있었다. 주변은 온통 아름답고 나는 너무나도 편안했다. 한낮의 햇빛에 나무와 꽃들이 빛나고 있는 걸 보았다. 여기저기 나비가 날아다니고, 강물 소리도 들렸다. 나는 강을 따라 걷다가 큰 나무 밑에 한 노인이 앉아 있는 것을 보았다. 흰 수염을 날리며 강하지만 친절해 보이는 눈을 가진 노인은 아름다운 색의 오라(aura)를 뿜어내고 있었다. 그가 나를 알아채고 눈길을 줄 때까지, 그분 앞쪽에 나는 앉아 있었다.

나는 물었다. "어찌 그리 아름다운 오라를 보내십니까? 내게 가르쳐주실 수 있습니까?"

그는 빙그레 미소를 지었다. "자네의 부탁을 들으니 옛날 생각이 나는구려. 나도 한때 똑같은 질문을 스승님에게 했었지. 내 질문에 대한 답으로 그분은 자신의 가슴을 열고 심장을 꺼냈다오. 그리곤 심장 안에서 빛나는 불꽃을 꺼냈소. 그분은 내 가슴을 또한 열고 그 불꽃을 내 심장에 집어넣었다오. 그 순간 내 안의 모든 것들이 변했소. 그 불꽃이 조건 없는 사랑이었기 때문이라오. 나는 그 사랑의 불꽃을 느꼈고, 그 불꽃은 꺼지지 않고 타오르게 되었다오.

나는 이 사랑을 내 몸의 모든 세포들과 나누었고, 조건 없는 사랑을 모든 세포에게 주었다오. 그날부터 나는 내 몸과 하나가 되었소.

나는 내 마음을 사랑하기로 결심했소. 그리곤 나의 모든 감정과 모든 생각과 모든 느낌과 모든 꿈들을 사랑했다오. 이 불꽃은 내 마음으로 완전히 바뀌게 되었고, 내 마음은 다시 나에게 사랑을 되돌려주었다오. 이 불꽃은 더욱 커져서 나는 더 많은 사랑을 나누어야만 했다오.

나는 나의 사랑을 나무에게, 꽃에게, 모든 풀잎에게, 숲의 모든 식물들에게 나눠주기로 결심했소. 그들 또한 나의 사랑에 반응하고 나를 사랑했다오. 그래서 우리는 하나가 되었지.

그럼에도 사랑은 더욱더 커져서 나는 이 사랑을 더 많이 나누지 않으면 안 되었다오. 나는 내 작은 사랑을 바위에게, 흙에게, 땅의 모든 암석에게 나누어주기로 결심했소. 이들 또한 나에게 사랑을 되돌려 주었다오. 그래서 우리는 하나가 되었다오.

나의 사랑은 여전히 커져 갔지. 나는 모든 동물들에게, 새들에게, 개와 고양이에게 내 작은 사랑을 나누기로 결심했소. 이들 또한 나에게 사랑을 돌려주었고, 나를 보호해주었소. 우리는 하나가 되었소.

나의 사랑은 여전히 자랐고 나는 물을 사랑하기로 결심했소. 비와 눈과 강물, 호수, 바다에게 사랑을 주었다오. 나는 물과 하나가 되었소.

나의 사랑이 계속 자랐을 때, 나는 대기와 실바람과 폭풍우와 태풍을 사랑하기로 결심했고, 우리는 하나가 되었고, 이들은 나에게 사랑을 돌려주었다오.

나의 사랑은 거기에 그치지 않았지. 점점 더 자라자 내 얼굴을 하늘로 돌려 그곳의 태양과 달과 별을 보았소. 내가 이들에게 작은 사랑을 주기로 결심하자, 이들 또한 나를 사랑하고 우리는 하나가 되었다오.

다시 나의 사랑은 커져가고 나는 모든 인간과 노인과, 모든 남자와 여자와 아이를 사랑하기로 결심했소. 그래서 우리는 하나가 되었소.

이제 어딜 가더라도 나는 나를 만날 수 있게 되었소.”

그때 노인은 가슴을 열고, 내 눈앞에서 자기의 심장을 꺼냈습니다. 그는 심장에서 불꽃을 꺼내 나의 가슴과 심장을 열고 그 불꽃을 내 심장에 넣었습니다. 내가 깨어나 눈을 떴을 때 나는 이 불꽃이 하나의 불을 일으키고 있음을 느꼈습니다. 나는 이제 이 사랑을 당신과 나누고 있습니다.

이 순간 나의 가슴을 열고, 당신의 눈앞에서 내 심장을 꺼냅니다. 나는 조그마한 불꽃을 취해 당신의 가슴과 당신의 심장을 열고, 당신 심장에 그 불꽃을 놓습니다. 사랑의 이 불꽃은 그리스도의 불꽃입니다.

이것이 내가 꾼 꿈입니다.

4장

지옥의 꿈

대부분의 종교에는 지옥이라는 개념이 있다. 지옥은 고통·두려움·폭력·불의가 있는 곳이라고 설명하고, 지옥에서는 모든 사람이 다른 모든 사람을 처벌한다. 지옥은 인간의 정신 상태를 반영한다. 동물들에게는 지옥이 없다. 다만 인간들로 인해 지옥 같은 희생을 당하고 있을 뿐이다. 지옥은 우리의 몸이나 영혼 속에 있지 않다. 이것은 단지 인간의 마음에만 존재한다. 지옥은 우리 인간들이 삶을 꿈꾸는 방법이다.

기도를 통해 '지옥에서 나오는 방법'에 대한 공부를 시작합시다.

당신의 심장에 주의를 기울여보십시오. 당신의 두 손을 심장 위에 갖다 대고 심장박동을 느끼십시오. 심장은 당신 몸의 모터입니다. 심장은 당신을 위해 활동하는 놀라운 생물학적 장치입니다. 심장은 죽음의 천사, 곧 생명의 천사가 당신에게 보내온 선물입니다.

당신은 몸을 사용해 당신이 누구인지 드러냅니다. 당신이 주변 세계를 느끼고 인식할 때, 모든 에너지는 당신 안의 우주와 하나가 됩니다. 그러한 생명을 느껴보십시오.

당신이 없는 몸이란 아무것도 아닙니다. 당신이 없다면, 당신 몸은 언제든지 붕괴될 수 있습니다. 당신의 마음도 마찬가지입니다. 당신이 없다면, 당신의 마음은 꿈꿀 수도, 생각할 수도 없습니다. 당신이 없다면, 당신의 마음은 기억도 할 수 없습니다. 당신은 당신의 몸이 생명을 가질 수 있게 해주는 힘입니다.

당신의 영혼, 마음, 몸은 당신에게 주어진 선물입니다. 당신이 없다면, 당신의 몸은 죽고, 당신의 마음은 무너지고, 당신의 영혼은 해체됩니다. 모든 생명은 '하나'이고 똑같습니다.

> 당신이 우리의 주님이심을 드러내 보여주십시오. 그렇게 될 때 우리는 진정 우리가 누구인지 알 수 있을 것입니다. 주님, 우리가 진정 누구인지 경험할 수 있는 기회를 우리에게 주십시오. 저에게 해주셨던 방법대로 모든 사람에게도 그렇게 해주십시오. 저는 진정 내가 누구인지 압니다. 진정 우리들은 모두 사랑의 화신들입니다. 나는 당신이고, 당신은 나입니다. 주님 감사합니다. 아멘.

지옥에서 벗어난다는 것이 어떤 의미인지 좀 더 잘 알기 위해 나는 약간 기본적인 개념을 언급하고자 합니다. 나는 꿈의 바깥에서 지옥을 보고자 합니다.

인간의 마음은 생명체이지만 몸과는 다른 존재입니다. 몸은 물질 에너지로 만들어진 생물학적 기계입니다. 마음은 에테르 에너지로 만들어진 생물학적 기계입니다. 에테르는 우리가 경험하지만 그것의 존재를 입증할 수 없는 에너지의 이름입니다. 우리에게는 마음과 감정, 이성,

지성이 있음을 압니다. 우리가 이것들을 인지하기 때문이죠. 우리가 이것들에 이름을 붙인 것입니다.

우리의 마음은 감정으로 만들어집니다. 마음이 인지하는 모든 것들은 감정의 요소들을 갖고 있습니다. 다양한 주파수를 가진 빛이 물체를 비추면, 그것이 반사되어 우리의 눈에 들어오게 됩니다. 우리의 뇌는 이러한 물질 에너지의 빛 이미지를 물질로 해석한 다음, 마음이 창조한 것을 우리는 실재로서 인지합니다. 사실, 이러한 실재란 하나의 꿈일 뿐입니다. 뇌가 깨어 있든 잠들어 있든 우리는 하루 24시간 동안 꿈을 꿉니다.

뇌는 양방향으로 에너지를 변화시킬 수 있습니다. 뇌는 물질 에너지를 에테르 에너지로 바꾸는 능력이 있습니다. 우리가 어떤 생각을 하게 될 때, 이 생각이 에테르 에너지입니다. 뇌가 생각들을 말과 글로 변환시키면, 우리는 물질세계 속에 우리 마음이 만들어낸 것들을 드러낼 수 있습니다. 마음은 상상을 만들어내고, 상상은 꿈을 만들어냅니다. 우리가 꿈꾸는 방법이 우리를 고통과 아픔으로 이끕니다.

목회자가 회중(會中)에게 말했습니다. "교회가 가르친 대로 행하지 않으면, 여러분들은 지옥에 갈 것이오." 하지만 나는 목회자에게 나쁜 소식을 전해야 할 것 같군요. 그것은 이미 우리가 지옥에 와 있다는 것입니다. 우리는 다른 사람과의 관계 때문에 고통을 겪고 있습니다. 우리의 관계는 끊임없이 서로를 이해한다고 하면서도 상대를 탓하고 싸웁니다. 사람들 사이에서 혼란을 일으키는 소통의 부재로 말미암아, 서로 인간관계에 대한 잘못된 해석이 우리로 하여금 지옥의 꿈을 꾸게 합니다.

대부분의 관계는 상대를 통제하려는 데에서 상처를 입습니다. 당신이 관계를 맺으려면 수많은 사람들을 선택해야 합니다. 당신이 한 사람을 사랑하기로 선택했다면, 당신은 올바른 사람을 선택해야만 합니다. 당신을 있는 그대로 받아들일 수 있는 파트너가 필요합니다. 당신 그대로의 모습으로 있으려면 말입니다. 당신이 바뀌지 않으면서 다른 사람을 바꾸려 한다든지, 다른 사람을 찾는 것은, 당신 자신의 악몽을 만들어내는 것입니다. 당신이 한 직업을 선택했는데 그 일에 대한 훈련을 받지 않으려 한다면, 당신에게 문제가 생길 것입니다. 두려움이란 모두가 이런 것들로 생깁니다.

우리들은 저마다 개인적인 꿈이 있습니다. 가족은 저마다 인생 목표와 규범과 갈등을 통해 꿈들을 서로 공유합니다. 그룹들도 개인에서 민족 그리고 지구 전체까지 꿈을 공유합니다. 모든 인간들의 꿈은 행성 지구의 마음속에 있는 꿈이 됩니다. 지구의 꿈은 각 지역마다 다양합니다. 지역마다 전체 꿈의 일부분인 개별화된 꿈에 바탕을 둔 자신들의 규범들이 있습니다. 따라서 우리는 개인적인 꿈 너머에 모든 인간의 집단적인 꿈이 있음을 봅니다. 그 꿈을 우리는 서로 나눕니다. 우리의 절망은 우리가 꿈을 꾼다는 걸 알지 못한다는 사실에 있습니다. 이것이 우리가 지옥 같은 악몽 속에 사는 이유입니다.

한 인간의 마음에 있는 두려움이 바깥으로 투사되면, 그 두려움은 더욱 커집니다. 우리의 공동체는 두려움과 불의, 처벌이 있는 사회입니다. 우리의 청소년들은 서로를 죽이고 있으며, 우리는 지구 도처에서 범죄와 증오가 자행되는 것을 쉽게 볼 수 있습니다. 심지어 우리의 오락거리도 폭력에 기반하고 있습니다.

지옥은 인간 마음속에 있는 질병입니다. 전 세계가 병원입니다.

천국은 지옥과 완전히 정반대입니다. 천국은 심판관과 피해자가 없는 기쁨과 사랑, 평화, 소통, 이해가 있는 곳입니다. 천국은 모든 것이 명확합니다. 당신이 누구인지 알며, 당신은 더 이상 당신 자신이나 그 누구도 비난하지 않습니다.

미겔은 학생들에게 모든 인간들은 함께 꿈을 꾼다는 것을 깨닫게 한다. 꿈은 생명체이다. 우리는 꿈을 만들고, 그 꿈은 우리의 삶을 만들어간다. 문화란 많은 사람들이 함께 만든 꿈이다. 모든 사람, 가족, 도시, 사회, 세계는 꿈을 꾼다.

신은 우리들의 꿈속에서 만들어졌다. 신은 저마다 시작과 중간과 끝이 있다. 신은 자라면서 권능을 행사한다. 결국 인간을 평정하고 제일 꼭대기에 올라가 자리를 잡는다. 그러면 사람들은 정의를 갈구하기 시작한다. 사람들이 정의를 얻지 못하면, 그들의 신은 부패하기 시작한다. 우리는 이제 우리의 믿음이 만들어낸 신들의 부패와 불의를 증언할 수 있다.

이제 종말을 고하게 되는 지난 2000년의 물고기자리 시기 동안, 우리의 꿈과 우리의 신들은 서로 조화를 이루지 못했다. 모든 인간들이 우리가 현실이라고 부르는 지옥의 악몽을 함께 만들기 위해 꿈을 꾸는 것은 아니다. 우리는 단지 우리의 집단적인 꿈이 악몽임을 증명하는 전쟁, 폭력, 범죄, 불신을 보여주는 뉴스들만 보았을 뿐이다.

우리가 광범위하게 공유한 꿈 가운데 하나가 예수의 꿈이다. 하지만 그를 바라보는 우리의 꿈은 이처럼 빛나는 영이 이 세상에 가져오고자 한 꿈과 너무 동떨어졌다. 예수는 사랑과 자비라는 메시지로 백성들의 꿈을 개혁하고자 노력했다. 그의 꿈은 이 땅에 천국을 이루는 것이었다. 그 시대 유대인들은 성전에서 동물로 희생 제사를 드리고 성전을 장사하는 곳으로 이용했다. 예수는 그의 아버지이신 하느님은 결코 희생 제물의 피를 구하지 않으신다고 주장했다. 그는 성전 뜰 밖으로 환전상들을 몰아냈다. 예수의 말과 행동은 당시 유대 지도자들과 로마 지도자들의 상황에 위협이 되었고, 이들은 자신들의 지위를 지키고자 예수를 제거하려는 음모를 꾸몄다. 이에 지구 행성의 꿈을 변화시키려는 예수의 임무는 실패하고 말았다. 하지만 그의 영향력은 인류의 진화를 위해 한 역할을 감당했다.

예수의 메시지 가운데 일부분이 그 원형 그대로 보존되어왔다. 수세기 동안 그리스도의 에너지는 이상을 가지고 지구 행성의 꿈을 변화시키려고 노력해온 신실한 자들에게 많은 도움을 주었다. 하지만 예수가 품은 사랑의 꿈은 그의 후계자들 중 권력을 좇는 자들에 의해 뿌리 뽑히고, 타락하게 되었다. 무엇보다 로마 제국의 영향력에 빌붙기 위해 기독교로 '개종한' 프랑코 왕국의 샤를마뉴(Charlemagne) 대제에 의해 심하게 타락했다.

미겔은 예수의 이름이 악마가 되어버렸다고 말한다. 유럽이 정복되자, 예수의 이름과 기독교 메시지는 권력을 차지하려는 목적으로 오용되었다. 대신 그리스도의 참된 메시지는 빛줄기 형태로 전 세계의 거룩한 곳들로 전해졌다. 마치 고대 원주민들의 지혜가 지하로 숨어버렸듯이. 세계의 지배 권력들은 그들이 다스리는 사람들이 지닌 영적 자기 확신을 말살시켜버렸다. 이들의 파괴적인 생각 속에는 원죄, 인간과 인간의 분리, 인간과 자연과 하느님과의 분리, 지옥에서 받게 되는 영원한 형벌 등이 있었다. 종교제도와 경제적·정치적 권력들은 민중을 노예로 만들었다. 십자군 전쟁이나 종교재판은 세상과 종교의 권력 구조를 유지하고 확장하기 위한 도구들이었다. 정복과 강제적인 종교 합병 또한 지배를 강화하는 데 필요한 도구였다. 예수의 이름으로 펼쳐진 비극이 유럽의 악몽이 되었다. 이러한 악몽이 약해지긴 했어도 오늘날 여전히 남아 있다.

예수가 악마와 동일시되지 않는 지역에서는 또 다른 악마들이 그의 자리를 대신했다. 대다수 지구 위에 사는 사람들의 꿈은 악몽이다. 무슬림들이 자신의 원수를 갚기 위해 사용하는 이름인 모하메드는 악마가 되었다. 아시아 국가들에서 일어나는 인권 침해는 부처의 꿈을 잘못 이해함으로써 생긴 생명에 대한 경시 때문에 생겨난 것들이다. 전체주의 국가에서는 국가를 위해 고통을 감수하는 것이 찬양되어왔다. 이와 같이 모든 악몽들은 두려움에서 비롯되었다.

미겔은 앞서 살았던 많은 영적 스승들과 부처, 그리스도 등이 가진 순수한 진동 주파수를 존중한다. 그의 가르침은 진리의 진주를 이 땅에 가져와 인간의 집단의식 속에 불어넣어준 진리의 화신들이 지닌 참된 품성에 대한 그의 깊은 신앙을 보여주는 것이지, 이들을 능멸한다든지 불손하게 대하는 것이 아니다. 지옥 같은 악몽이 승리한 듯 보일지라도, 두려움 없는 생명에 대한 기억은 인간의 의식 속 한편에 여전히 남아 있다.

미겔의 의도는, 그리스도나 부처처럼 진보된 영혼이 지니는 본래적인 영감을 숨겨버리는, 왜곡된 두려움이 주는 해악으로부터 사람들을 일깨우는 데 있다. 타락한 현재의 상태를 유지하는 한, 종교는 여전히 지옥 같은 악몽이 된다.

여기서 아이들에게 종교 교육을 하지 않는 것이 오늘날 인간 진화 단계에서는 유익하게 생각하지 않는다는 미겔의 주장을 덧붙일 필요가 있다. 그는 지옥의 꿈으로 이끄는 모든 사상 체계를 아이들이 반드시 배워야 하며, 그런 후에야 아이들이 지옥의 꿈을 이 땅에 천국을 세우려는 꿈으로 변형시킬 수 있다고 강조했다.

대부분의 경전들은 현재보다 앞선 문명을 지녔던 인류에 대한 기억들을 보여주고 있다. 이들은 오늘날 우리가 갖고 있는 비행기구나 전 세계를 연결하는 광역 통신 시스템과 같은 수단들을 보유하고 있었다. 미겔은 이들이 제3태양시기의 인류로서 핵전쟁과 이에 수반하는 방사능 때문에 자멸했지만, 수천 년 동안 조화롭게 살았었다고 말한다.

이러한 옛 인류는—우리 시대 이전에 지구상에 살았던 많은 인류 가운데 하나일 뿐인—우리에게 경고한다. 만약 우리가 불균형·부조화·두려움을 양산하는 잘못된 생각을 여전히 지니고 있다면, 그들의 믿음처럼 우리의 믿음 체계 또한 비슷한 종말을 맞게 될 것이라고 말이다.

오늘날 과학 기술에 대한 맹신과 직관과 계시를 통해 주어지는 타당한 정보에 대한 부정은 우리를 본래적인 신적 품성에서 멀어지게 하고, 우리 선조의 파국적인 운명에 다가서게 만든다.

세계 대부분의 나라에서 하느님은 전적으로 남성상을 지니고 있다. 이와 동시에 우리는 하느님의 여성적인 면을 배제해왔다. 여성의 원리로 대변되는 지구는 우리 인간이 세상을 지배할 수 있다는 잘못된 믿음 때문에 학대받아왔다.

예전에 멸망당했던 진보된 인류가 우리를 위해 지구상에 거룩한 곳으로 인식되어온 몇몇 핵심적인 장소에 경고와 표식 등을 남겼다. 이집트 기자(Giza)에 있는 대 피라미드가 그 가운데 하나이다. 헤르메스 트리스메기스투스(Hermes Trismegistus, 이집트 신 토드의 그리스식 이름이다. 여기서 '헤르메스적인'이라는 말이 파생되었다.)는 연금술, 점성학, 마술 등의 일을 하는 전설적인 작가이다. 미겔은 이 사람이 실로 이집트에 살았다고 믿고 있다. 헤르메스는 그의 시대보다 훨씬 앞서서 세워진 구조물인 기자의 중요성을 설명해주는 고대 지식을 재발견했다. 꿈을 통한 연결로 헤르메스는 이러한 지식을 테오티우아칸의 꿈쟁이인 흐린 거울과 서로 공유했다. 그러므로 기자의 대 피라미드와 테오티우아칸의 태양 신전 피라미드의 크기나 형태 사이에 근본적인 연관성이 있게 된 것이다.

테오티우아칸은 거룩한 곳이며, 지구에서 가장 강력한 힘이 미치는 곳 중 하나다. 미겔은 본래부터 예수의 영이 테오티우아칸에 머물러 있었으며, 그의 본래 모습이 빛줄기로 이곳에 들어갔다고 말한다. 그와 그의 제자들 중 몇몇은 그리스도의 영이 사자의 거리 북쪽 끝, 나비 궁(宮) 뒤쪽에 있는 재규어 궁에 있다는 것을 알게 되었다. 헤르메스와 그리스도는 자신들의 힘을 흐린 거울에게 실어 주었다. 이들의 도움으로 흐린 거울은 자신의 신성을 회복하고, 사람들을 지옥의 악몽에 빠져들게 만드는 두려움을 완화시킬 수 있는 일련의 구조물을 고안했다.

우리가 오랫동안 꿈꿔왔던 지옥의 꿈은 고통, 슬픔, 분노로 채워져 있다. 우리의 감정은 우리의 꿈에 의해 통제되었다. 우리가 이 땅에 살면서 우리의 꿈을 지옥에서 천국으로 바꾼다면, 우리의 뇌가 생산하는 에너지는 조화와 사랑의 주파수로 변화될 것이다. 우리는 아마 이렇게 질문할지도 모른다. 사랑의 꿈이나 사랑의 주파수 중 어떤 것이 먼저냐고. 인간의 마음속에 주파수의 변화를 일으키는 자극은 태양으로부터 온다. 태양의 에너지는 우리가 차원 높은 사랑을 하게끔 하고 두려움을 없애 준다. 우리는 우리 자신이 다른 종류의 꿈을 꾸게 될 것임을 알게 될 것이다. 곧 지옥의 꿈을 덜 꾸고, 더 많이 천국 꿈을 꾸게 될 것이다. 새로운 꿈이 태양 속에서 시작되었다.

미겔은 인류의 꿈이 완전히 변하는 데 2000년 정도가―완전한 물병자리 기간인―걸린다고 추산한다. 이러한 변화가 이제 시작되었고, 우리는 벌써 그 영향을 받고 있다. 그의 생애 내에 미겔은 전환의 위기를 맞게 되리라고 예견하는데, 그 이유는 옛날의 꿈이 그 변화에 저항하기 때문이다. 이러한 변화에 역행하는 그룹들은, 자신들이 조장한 악몽으로 얻은 권력에 매달리길 원한다. 하지만 현 인류의 지옥 같은 상황에서 우리가 벗어난다면, 두려움은 우리의 새로운 꿈으로 말미암아 사라질 것이다. 새로운 꿈은 옛 꿈의 사멸 없이는 올 수가 없다. 이와 같이 예견되는 거대한 변화는 전 세계적 혼돈을 불러일으키고, 두려움에 근거한 모든 체제의 붕괴를 수반하게 될 것이다. 혼돈으로부터 새로운 꿈은 자라고 번창할 것이다. 우리는 이미 이러한 진화의 단계에 들어서기 시작했다. 우리 주변의 모든 것들에서 우리는 여러 반발과 더불어 변화된 행동을 볼 수 있을 것이다.

변화를 회피하는 것은 헛되고 무익한 일일 뿐이다. 변화는 피할 수 없는 것이다. 만약 인류가 변화하기로 결정하지 않는다면, 자연 재앙이 우리에게 그 결정을 하도록 강요할 것이다. 우리는 이미 우리 인간들의 자행으로 생긴 상처를 스스로 치유하기 위한 것으로 해석할 수 있는 최근의 홍수나 대형 산불, 지진 등을 보며 지구가 더 이상 참지 못한다는 것을 경험하고 있다. 고통당하는 인구 밀집 지역들은 자연 재앙을 더욱 불러들이는데, 이는 이들 지역이 공유하는 꿈의 성격들이 인구 과밀 지역일수록 더욱 폭력적이기 때문이다. 미겔은 우리가 약간만 현명해져도 재앙을 막을 수 있다고 말한다. 많은 사람들이 대도시를 떠나 좀 더 작은 단위의 공동체로 들어가 덜 파괴적인 기술과 단순하고 소박한 삶을 누리고자 한다는 사실에서 의식 변화의 조짐들을 볼 수 있다.

금세기를 황폐하게 만들었던 전쟁들은 우리의 지옥 꿈이 만든 결과이지만, 그렇다고 인류가 전쟁을 좋아한 것은 아니다. 꿈이 변하게 되면, 전쟁은 차츰 인간의 마음속에서 먼 기억으로만 남아 있으리라고 미겔은 예견한다.

미겔의 메시지는 우리가 두려움과 아무런 관계가 없다는 것이다. 세계가 진화하는 방법은 정당함과 옳음에 기초한다. 의식은 변하기에 진화 자체도 변화한다. 과거 진화의 과정을 살펴보면, 각각의 중요한 변화가 있을 때마다 태양에너지에도 변화가 있었다.

태양은 능동적이고 남성적인 원리를 대표하고, 달은 여성적이고 직관적인 것에 연결되어 있다. 우리가 죽음의 순수한 에너지 상태로 돌아갈 때, 우리의 목적지는 태양이다. 고향으로 돌아간다는 것은 태양으로 돌아간다는 것을 의미한다. 달은 이러한 귀환 과정에 대한 하나의 유비(類比, analogy)이다. 달이 태양빛을 반사해 태양 속 자신의 근원으로 돌아가듯이, 개인들도 달 속 '흐린 거울'이라는 은유적 도움에 힘입어 태양 속 자신의 근원으로 돌아갈 수 있다.

테오티우아칸에서 흐린 거울은 전면에 커다란 광장이 있는 달의 피라미드에 존재한다. 1962년 테오티우아칸 복구공사 당시, 달의 피라미드 광장에서 옮겨진 무게 22톤이 나가는 약 5미터 높이의 여신상 조각은 이곳이 여성적인 성격을 띠고 있음을 드러낸다. 지금 이 여신상은 멕시코시티에 있는 인류사 박물관에 전시되어 있다. 이와 비슷한 미완성의 석상이 텍스코코(Texcoco) 근처에서 발견되었지만, 테오티우아칸에서 다른 석상들이 대량으로 발견되지는 않았다.

고고학자들은 이처럼 사람의 형상을 한 인격화된 이 여신상에게 비의 신 틀라록(Tlaloc)의 아내이자 물의 여신 찰치우틀리케(Chalchiuhtlicue)라는 아스텍 이름을 붙였다. 이 여신은 터키옥 귀걸이에 비취 치마를 입고 있다. 도난당하기 전에는 가슴 중앙에 황금 펜던트를 걸고 있었다. 시친(Sitchin)은 이 펜던트가 금을 찾아 지구로 보내진 신들을 나타내는 것이 아닐까 추측하지만, 달의 피라미드는 여성 신을 경배하는 것을 상징한다는 다른 학자들의 주장에도 동의한다. 케찰코아틀 피라미드에 붙어 있는 비의 신 틀락록의 머리와 깃털 달린 뱀이 상징하고 있는 물을 동등하게 경배하는 것은, 테오티우아칸의 주요 구조물들을 하나로 연결해 신성의 하나됨을 상징하고 있다. 테오티우아칸에서 이러한 것들은 남성과 여성이 하나 되어 그려지는 유일한 신들이다.

찰치우틀리케 석상은 지금부터 1세기 전 달의 광장 서쪽 편 성전 폐허지에서 얼굴이 엎어진 상태로 발견되었다. 이 석상은 '까무러치는 석상 (Fainting Ston)'으로 알려졌는데, 누구든지 이 석상 위에 앉아 있기만 하

면, 나른한 느낌이 몰려왔기 때문이었다.[*] 테오티우아칸에서 어떤 의도
를 가지고 세워졌겠지만, 이제는 다른 암반들과 피라미드의 진동 주파수
에 분리되어 있기에(박물관에 있으므로—옮긴이) 이 석상은 고립되어 그 세
워진 의도를 알기 어렵게 되었다. 오늘날까지도 이 작품은 우리의 집단적
인 하느님의 꿈속에 있어야 할 여성성을 회복시켜야 할 필요를 상징하고,
우리가 지구의 피로서 보호해야 할 물 문제의 긴박성에 대한 상징으로서
의미를 지닌다.

테오티우아칸에서 꿈과 신은 완전한 조화를 이루고 있었다. 이곳은 진
정 인간이 신이 될 수 있는 곳이었다. 거룩한 성소들에 보관되어 있던 지
식이 특별히 훈련된 사람들의 마음속에 계시되고 있는 오늘날, 우리는 다
시 한 번 테오티우아칸에서 풍성했던 조화로운 꿈에 도달할 수 있게 될
것이다. 이곳에서 5년 동안 해마다 한 달 동안 진행되었던 미겔의 명상
수행은 테오티우아칸을 이해할 수 있도록 영감을 불어넣었다.

미겔 앙겔 루이스의 입장에서, 나구알로서 그가 해야 할 작업의 일부
는 테오티우아칸의 성소와 피라미드가 세워진 거룩한 의도를 꿰뚫는 것
이었다. 건축학이나 고고학만으로는 이러한 의도를 설명할 수 없다. 미겔
의 의도는 수세기 전 테오티우아칸에서 행해진 미스터리들을 다시금 찾
아내어 재연하는 것이다. 변형의 과정은 그때나 지금이나 사자의 거리에
서 볼 수 있는 거대한 두 개의 머리를 가진 뱀 속으로 들어가는 꿈을 꾸는
것과 관련이 있다.

[*] S. K. Lothrop, *Treasure of ancient America*, Macmillan, 1979, p. 41 참조.

사자의 거리는 달의 피라미드까지 이어지고, 여기서 순례는 상징적으로 뱀의 입에서 토해짐으로써 끝이 난다. 이곳에서 변형된 구도자는 천국을 상징하는 나비 궁전 근처로 이동하여 해탈과 지복의 순수 상태로 다시 태어나게 된다.

뱀을 통과하는 각 단계의 여정들은 저마다 의미들을 갖고 있다. 사자의 거리를 따라 걸으면서 해방의 과정을 수행하기 전에 우리는 미겔이 가르치는 몇몇 비밀스런 개념들에 익숙해져야만 한다. 다음 장에는 미겔이 테오티우아칸에서 환상을 통해 회복한 톨텍의 핵심 개념들에 대해 살펴보도록 하겠다.

5장

마음, 진화, 꿈

미겔이 우리에게 반복적으로 가르치는 것은 우리의 모든 생각과 꿈들이 태양으로부터 온다는 것이다. 우리는 햇빛에 기원을 둔 반사된 빛을 통해 단지 사물들을 인식할 수 있을 뿐이다. 우리가 아는 실재란 이 반사된 빛이 우리 마음속에 반영된 것이다.

성서에 "태초에 말씀이 계셨는데 말씀은 하느님과 함께 계셨다."(요 1:1)라고 말할 때, 이것은 샤머니즘으로도, 과학적으로도 맞는 말이다. 소리도 빛과 비슷하다. 소리 또한 빛처럼 생명력을 갖고 있다. 소리는 다양한 속도로 진동하는 에너지이다. 순수 에너지는 소리와 색채와 온도와 운동과 기억과 인식이란 성질을 가진다. 생명 또한 이러한 특질을 지니고 있다. 아인슈타인(Albert Einstein)은 그의 우주론에서 빛의 질량과 속도는 에너지에 관계된다고 했다. 톨텍족도 말은 다르지만 이와 비슷한 관찰을 했다. "모든 것들은 빛이고, 우리가 아는 모든 것들은 빛에 근거한 것들이다."

에테르의 관점에서 볼 때, 이 땅에서 인간들의 삶이란 꿈을 꾸기 위해 만들어진 것이다. 인간들은 자신의 꿈속에서 인지하는 현실을 만들어낸다. 우리가 인지하는 것은 무엇이든지 우리의 꿈을 통해 드러난 것들이다.

에너지가 꿈으로 바뀌는 것은 물질에서부터 시작한다. 우리가 인지하는 빛은 물체에서 반사된 것으로, 우리의 눈 안에서 언제나 간접적으로 이미지를 재창조하는 것이다. 이러한 인지 과정에는 우리의 감정이 수반된다. 반사된 빛으로부터 우리 마음속에 재창조된 이미지는 우리의 감정을 통해 진행되며, 이러한 활동은 우리의 마음속에서 발전된다. 우리의 몸이 원자들로부터 만들어졌듯이 우리의 마음은 감정으로 만들어졌다.

태어날 때 아이에게는 마음이 없습니다. 아이에게 뇌라는 장치는 있지만 아직 성숙되지 않았습니다. 아이는 모든 것을 배워야만 합니다. 아이의 뇌는 내용이 채워지지 않은 컴퓨터의 조합이라 할 수 있습니다. 뇌는 아직 의식을 할 수 없습니다. 비록 신생아가 세포 단위로 진화에 대한 기억이나 약간의 감정을 가지고 있다 하더라도 꿈을 창조할 만한 마음은 가지고 있진 않습니다.

아이는 우주에 대한 모든 지식을 갖고 태어나지만, 생각을 할 수는 없습니다. 단지 알고 있을 뿐입니다. 아이의 DNA에는 생명에 대한 침묵의 지식이 있습니다. 신경 시스템이 자궁에서 발달하자마자 작용을 하기 시작합니다. 하지만 태어나기 전에는 바깥의 빛을 직접적으로 접할 수 없고, 다만 간접적으로 어머니를 통해 접할 수 있습니다. 곧 아이는 태어날 때까지는 빛으로 전달되는 정보를 거의 받아들일 수 없습니다.

태어난 뒤 몇 년 동안 아이는 들판의 짐승처럼 자유롭습니다. 아직 길들여지지 않았고, 따라서 가족이나 종교, 문화로부터 계승되어온 꿈들을 받아들이지 않았습니다. 아이들이 길들여지면 아이의 마음은 처벌과 보상으로 만들어진 감정을 통해 발달합니다. 차츰 아이는 자신이 속해 있는 모든 체제의 규칙들을 배웁니다. 특정한 방식의 행동을 하게끔 배우게 됩니다. 아이가 속해 있는 사회의 꿈들을 받아들이지만, 아이가 그 꿈을 선택한 것은 아닙니다.

길들여졌던 젊은이들은 대개 자신들에게 부과되었던 꿈들에 대해 반항하기 시작합니다. 이들은 더 이상 순진한 자들이 아닙니다. 지구 대부분을 지배하고 있는 서구문명 사회에서 젊은이들은 빈번히 폭력을 목격합니다. 폭력은 전 세계의 젊은이들이 동일시하는 조직폭력배나 유흥산업에서 만연되어 있습니다. 폭력 시스템이 젊은이들을 삼켜버립니다. 이들은 몸이 좋은 남자나 섹시한 여성들을 우상으로 받아들입니다. 범죄자가 영웅이 됩니다. 오늘날 젊은이들이 따르는 모델들은 지옥 같은 존재들입니다. 이들은 세계를 잠식해가는 악몽에 자신을 바칩니다.

흐린 거울이 자기 주변에서 보았던 상처들은 오늘날도 계속되고 있다. 하지만 이제는 그 위기가 전 사회에 영향을 미치고 있다. 우리는 서로의 관계를 보다 낫게 하기 위한 방법을 찾고 있다. 사회의 근간이 되었던 결혼이 이제는 서로 지배하려는 요구 속에 더럽혀지고 있다. 결혼은 서로 존중할 줄 아는 관계성으로 변해야만 한다.

물고기자리 시대의 끝자락에서 우리는 우리의 집단적인 꿈이 지옥이라는 사실을 깨닫게 되었다. 우리는 이 시대가 우리와 지구에게 독을 먹여 왔음을 보기 시작했으며, 이것은 우주 자체에 독을 퍼트리는 일이라고 생각한다. 지구와 우주를 살리기 위해, 인간의 꿈은 물고기자리에서 물병자리 시대로 이동하기에 앞서 무엇보다 교정이 되어야 한다. 우리의 꿈을 바꾸는 것은 앞으로 나아가게 하는 진보적인 발걸음이다. 각각의 황도궁자리마다 또는 아스텍의 태양력에 따라 진화가 이루어지고 있다.

진화의 과정은 수천 년 동안 생각하는 능력에서, 꿈을 꾸는 능력으로, 실재를 창조하는 능력으로 발달되어왔다. 다음의 진화 과정은 두려움을 넘어서서 사랑을 실천하는 길로 성장하는 것이다. 우리는 사랑의 에너지 주파수와 이 주파수가 가진 치유, 교육, 정치, 영성의 에너지를 발견하고 있다.

심판관과 피해자

지옥에는 유력한 두 명의 통치자들이 있다. 곧 심판관과 피해자이다. 우리의 마음속에서 심판관이 우리를 비난하고 있다. 우리의 피해자는 이 비난을 받아들여 죄책감을 갖는다. 우리 자신 속에서 이러한 두 가지 면이 서로를 증오하고 있다. 우리를 양육한 어른들이 가지고 있는 믿음이 어떤 것이었든지 간에, 우리 안 이 둘의 상호 소통은 우리가 어른들의 믿음에 길들여짐으로써 깨져버렸다.

인간은 길들여진 동물입니다. 우리가 태어나기 이전에도 지구 행성의 꿈들은 규범과 신앙과 희망을 가지고 이미 존재했습니다. 꿈속에서 인류는 이 꿈들을 언제나 통제할 수 있도록, 성장해 마음을 발전시킬 수 있는 신인류를 기다렸습니다. 한 살 반에서 세 살 정도, 곧 길들여지기 이전의 아이처럼, 맑은 마음을 가진 보통 사람이라면 자유로운 존재가 될 수 있습니다. 이 정도 나이의 아이라면 추상적인 것을 이해할 수 있고, 언어를 조절할 수 있는 마음의 능력이 있어서 다른 사람들과 대화할 수 있습니다. 하지만 아직 교육과정이 시행되지는 않았습니다. 이러한 어린아이는 놀고, 탐구하며, 웃고, 인생을 즐기는 일반적인 경향을 따라갑니다. 만약 화가 나거나 고통 가운데 있지만 않다면, 대부분의 아이들의 감정은 사랑에서 나옵니다. 이 어린아이는 존재 자체가 자유롭고, 늘 현재에 맞추어 삽니다. 과거에 대해 걱정하는 법이 없습니다. 미래 또한 걱정하지 않습니다. 어른들은 끊임없이 과거에 살고 있고, 그들의 미래를 건설하기 위한 노력으로 너무 걱정들을 하기 때문에 현재의 삶을 사는 것을 회피합니다. 어른들에게는 인생의 모든 드라마가 너무 심각하지만, 아이들에게는 중요한 것이 정말 아무것도 없습니다.

꿈은 이 지구 행성의 오랜 꿈에 이 어린아이가 어떻게 참여해야 하는지 가르치기 위해 기다리고 있습니다. 우리의 부모와 손위 형제자매, 선생님, 학교, 종교, 사회 그리고 방송 등 모든 것들이 길들이기 작업을 통해서 지구 행성의 현재의 꿈을 유지시키기 위해 동원되고 있습니다. 길들이기는 처벌과 보상이라는 방법으로 이루어집니다. 엄마와 아빠는 자신들이 길들여진 방식대로 우리를 길들이고 있습니다. 부모들은 선악이라는 개념을 도입해 선을 행하면 보상을, 악을 행하면 처벌을 합니다.

대개 우리가 처벌을 받으면 우리는 부당하다는 감정을 갖고 반항적이 됩니다. 이것은 우리 마음속에 상처를 만들고, 그 상처의 결과로 감정의 독을 만들게 됩니다. 이렇게 되면 우리 가슴은 육체적 고통보다는 감정적인 고통을 느끼게 됩니다. 이러한 상처로부터 감정의 독은 우리의 마음속으로 들어오기 시작합니다. 두려움은 우리의 행동과 마음을 통제합니다. 우리는 처벌받기 두려워하게 되고, 보상받지 못한다는 두려움에 빠집니다. 보상은 우리가 받아들여진다는 표시입니다. 우리는 부모나 선생님, 친구들, 사회의 눈에 가치 있는 자로 비춰지기 위해 발버둥 칩니다. 우리는 커갈수록 하루의 대부분을 다른 사람의 판단이나, 우리 사회가 지지하는 옳고 그름 혹은 아름다움과 추함이라는 양극성에 종속되어 살게 됩니다. 그러면서 곧 우리는 자신의 판단 또한 세우기 시작합니다.

길들이는 작업이 너무나 강력하기에, 누군가의 도움 없이 우리는 스스로 자신을 징벌하고 보상하면서 자신을 길들이는 작업을 합니다. 우리 마음속에는 스스로 자신을 길들이는 세 가지 요소가 있습니다. 첫째, 우리 마음속에 있는 심판관입니다. 심판관은 우리가 할 수 있는 것과 할 수 없는 것을, 우리가 느껴야 할 것과 느끼지 말아야 할 것을, 우리가 생각해야할 것과 생각하지 말아야 할 것을 판단하고, 또한 모든 사람과 벌이는 모든 일들을 판단합니다. 둘째는 피해자입니다. 피해자는 심판관의 판단을 받아들이는데, 심판관은 대부분 피해자에게 죄가 있음을 선고합니다. 피해자는 자신이 처벌받아야 한다고 느끼게 됩니다. 우리 마음속의 피해자 부분은 자신이 무가치하다고 느끼며, 다음과 같은 말을 계속적으로 되풀이합니다. "나는 좋은 사람이 아냐, 똑똑하지도 않고, 강하지도 않고, 아름답지도 않아. 나는 실패자야. 그런데 내가 뭘 하겠어?" 판단의 과정과 연관이 있는 우리 마음의 세 번째 요소는 우리의 밑음 체계입니다. 이것은 우리의 인생을 어떻게 꿈꾸며 살 것인가에 대한 모든 규범을 포함하는 체계로서 우리가 학습해온 것들입니다. 이 믿음 체계는 우리가 논의를 해본 적도 없이 무조건 진리라고 믿고 있는 경전이나 헌법과 같은 종류의 것들을 말합니다. 나는 이러한 믿음 체계를 지옥의 책이라 부릅니다.

내적 심판관은 모든 판단의 토대를 이러한 믿음 체계에 둡니다. 우리가 이것을 인식한다면, 우리 자신의 마음속에는 정당성이란 있을 수 없다는 것을 알게 됩니다. 만약 정당성이 있다면, 우리가 저지른 잘못만큼만 배상하겠지만, 우리의 심판관은 우리에게 천 배를 배상할 것을 요구합니다. 우리가 잘못을 저지를 때나 우리의 잘못이 기억날 때, 또는 누군가가 우리의 잘못을 생각나게 할 때, 우리는 그에 대해 보상을 합니다. 하지만 매 순간마다 심판관은 우리의 피해자에게 죄를 선고하고, 우리를 다시 처벌합니다.

우리의 믿음 체계는 사회로부터 길들여지는 시기에 생겨납니다. 우리는 이러한 체계를 가족, 학교, 종교 등에서 받아들였습니다. 무엇을 믿을 것인지 어린아이에게 물어보고, 선택할 권한을 그에게 준 적이 없습니다. 길들이는 과정에서 어린아이들은 반항하지만 그것을 변화시킬 힘이 없습니다. 우리의 인생을 탐색하는 청소년기에 우리는 또다시 반항을 해봅니다. 우리 생애 중 아주 중요한 이 시기에, 이러한 믿음 체계들이 어떻게 우리의 정상적인 인간의 본능을 억압하는지, 또 어른들이 젊은이들을 어떻게 조종하는지 우리는 봅니다. 반항의 청소년기에 우리가 얼마나 많이 저항하느냐에 따라 우리 미래의 자존감을 세울 수 있을 것입니다. 우리는 누군가의 도움을 받아서 인생의 성공을 이룰 수도 있고, 아니면 두려움에 굴복할 수도 있습니다.

심판관, 피해자, 믿음 체계 또는 지옥의 책은 모두 우리 마음속에 있는 기생충입니다. 이 기생충은 에테르 에너지를 통해 만들어진 생명체입니다. 살아가기 위해 기생충은 인간의 뇌로부터 만들어진 감정을 키웁니다. 이러한 감정은 두려움, 분노, 슬픔, 낙담, 질투나 이용당한 느낌에서 오는 것들입니다. 기생충은 꿈을 조정합니다. 기생충은 감정의 산실인 뇌를 통제하기 위해 두려움의 꿈, 곧 악몽을 꾸게 합니다. 기생충은 자신의 생존을 위해 필요한 인간 감정의 산물을 통제합니다. 동시에 뇌는 영혼의 성장을 위해 필요한 감정들, 곧 사랑으로 만드는 감정들의 생산을 중단시킵니다.

이 기생충은 세포들을 공격하는 바이러스와 비슷한 방식으로 활동합니다. 바이러스는 세포의 재생산 방식을 통제함으로써 세포 자신의 성장에 필요한 산물을 생산하지 못하도록 방해합니다. 대신 바이러스 자신의 성장을 위해 필요한 것들을 생산하게 합니다. 바이러스는 세포를 희생양으로 삼아 살아갑니다. 그리고 세포가 완전히 파괴될 때까지 조금씩 세포를 망가뜨립니다. 인간들의 자기 파괴적인 행동을 우리는 주변에서 목격합니다. 이것은 기생충에 조종되고 있는 자기 파괴적인 마음이 밖으로 드러난 표시입니다.

톨텍족은 기생충의 존재를 인식했고, 이러한 기생충의 침입에 대해 오직 두 가지의 선택만이 있음을 알고 있었습니다. 첫 번째 선택은 기생충에게 항복하는 것이고, 두 번째 선택은 어린아이나 청소년이 하는 것과 비슷하게 기생충에 대적하고 기생충과의 전쟁을 선포하는 것입니다. 곧 스스로 자유롭다는 것을 선포하고, 자신의 꿈을 간직하며, 자신의 마음을 사용하고, 우리의 진면목을 그대로 키울 수 있는 감정을 창조하는 것입니다. 물론 톨텍족은 대적하는 쪽을 선택합니다. 이것이 그들을 전사라 부르는 까닭입니다. 이것이 참된 전사의 의미입니다.

전사는 기생충이 자기 마음속에 존재함을 알고, 자기 치유를 위해 기생충과 전쟁을 선포하는 사람을 말합니다. 이 전쟁의 중요성은 승리하느냐 패배하느냐에 달려 있는 것이 아니라, 전쟁을 시도하는 데 있습니다.

모든 가치 체계들은 자신들만의 지옥의 책을 가지고 있습니다. 이러저러한 지옥의 책들이 대부분의 집안에서 전승되고 있습니다. 심판관과 피해자는 우리가 채택한 믿음 체계의 옳고 그름에 상관없이 우리 속에 있습니다. 전사의 역할은 우리의 내적 심판자와 피해자에게 대적하는 것입니다. 톨텍족이 하는 방식에 따라 테오티우아칸의 사자의 거리를 따라 걸으면, 전사는 심판관과 피해자를 극복할 수 있게 됩니다.

현재의 모든 문화에는 고난에 대한 강조점이 있습니다. 고난을 믿는 것은 고난을 낳게 합니다. 예수님을 따르기 위해서는 고난을 겪어야 한다고 기독교의 유산은 가르칩니다. 미겔은 이것이 거짓된 꿈 또는 착각이라고 말합니다. 예수 자신은 우리에게 사랑이 인생의 해답이라고 가르쳤습니다. 고난에 높은 가치를 두는 것은 우리의 마음과 집단적 꿈에 스며든 믿음 체계의 한 예에 지나지 않습니다. "고통이 없으면 보상도 없다."라는 말 속에는 고통 없이는 기쁨을 누릴 권리가 우리에게 없다는 관념이 얼마나 깊이 뿌리박혀 있는지 보여줍니다.

우리가 사자의 거리를 톨텍족의 방식대로 따라 걷기 전에 실제로 기도하는 것과 같은 정신적 수련을 할 수 있습니다. 의례의 의도는 우리가 바라는 대로 행복해지기 위함입니다.

지구 행성의 꿈을 잊게 해달라고 하십시오.

지옥을 떠날 수 있도록 준비하십시오.

지상 천국에 당신 자신이 있는 걸 상상하십시오.

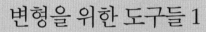

6장

변형을 위한 도구들 1

— 미토테 수련과 자기검열 수련

미토테 수련

　　고대 멕시코의 지혜를 얻기 위한 수련 방법으로 미토테(mitote)라는 것이 있다. 미토테는 본래 인디언의 말이었지만 후에 스페인 말이 되었다. 이 말은 혼돈을 뜻하고, 또 성서의 바벨탑이나 시장 등에서 떠드는 말처럼 서로 일치함이 없는 불협화음을 가리키기도 한다. 톨텍족은 보통 사람의 마음 상태가 미토테와 같다고 말한다.

　권력과 지식을 가진 자들은 마법사가 될 수 있었다. 과거에 마법사들은 자신들의 도제들을 특수한 곳으로 데려가, 마음을 가라앉히는 약제인 페요테(peyote, 선인장과 로포포라속에 속하는 2종〔種〕의 선인장이다. 북아메리카가 원산지이며 거의 모두 멕시코에서 자란다. 환각 효과가 있어 원주민들의 종교적 의례에 사용한다.─옮긴이)와 같은 식물을 먹게 했다. 그럼으로써 자신의 현실이 실상은 꿈이라는 것을 이해할 수 있게 했다. 오늘날의 몇몇 마법사들 또한 여전히 이러한 수련을 하고 있는데, 이 또한 '미토테'라고 부른다. 조화가 깨진 존재의 상태나, 이러한 혼돈의 상태를 분별하기 위해 사용한 수행 방법 모두 미토테라는 이름으로 불린다.

조화 혹은 천국에 이르기 위한 유일한 방법은 미토테를 종식시키는 데 있습니다. 톨텍에게 미토테는 우리 마음속에 있는 심판관과 피해자 사이에 상호 소통이 단절되었기에 생기는 혼돈을 뜻합니다. 평상시 마음의 상태는 지옥과 같습니다.

나는 약물을 사용하지 않고 미토테 수련을 시행합니다. 나는 약물을 신뢰하지 않습니다. 나는 학생들에게 우리의 삶의 방식을 변화시키려면 서로 협력해서 미토테를 종식시켜야 한다고 말합니다.

톨텍의 전승에 따르면 미토테를 부인하지 말고 직면해야 한다고 한다. 미토테의 힘은 너무나 강하기에, 이 힘을 약화시키려면 도움을 요청해야 합니다.

우리는 창조주께 분별력을 달라고 요청해야 합니다. 우리가 미토테를 통제할 수 있도록 용기를 달라고 요청해야 합니다. 톨텍족은 미토테 수련을 통해서 모든 지혜를 얻을 수 있음을 발견했습니다. 미토테는 우리 마음속에 양파 껍질처럼 존재합니다. 우리는 양파를 벗겨내듯 거짓과 잘못된 이미지들을 벗겨냅니다. 우리에게 충분히 분별력과 용기가 생겨, 좀 더 내면 깊숙이 들어갈 수 있다면, 우리는 진정 자신이 누구인지를 알게 될 것입니다.

우리는 이제껏 이루어온 모든 협상들에 대해 살피고, 우리가 이 협상들을 바꿀 수 있는 가능성이 있다는 것을 보게 될 것입니다. 우리는 꿈을 탐사하면서 조절하는 법을 배우게 됩니다. 미토테는 한밤중의 수련이기도 하지만, 한낮의 수련이기도 합니다. 미토테 수련을 하려면 혼돈스런 우리의 마음을 질서 있게 정리해야 합니다. 한번 미토테 수련을 해

보면, 신의 뜻에 따라 혼돈이 질서로 바뀌는 삶을 살게 될 것입니다. 이 것이 전사가 가는 길입니다.

오늘날 여러 곳에서 미토테 수련이 오용되고 있습니다. 톨텍족에게 미토테 수련은 침묵의 지식에 입문하는 것이지만, 이 과정을 마쳤다고 해서 미토테가 없어지는 것은 아닙니다. 나는 사막에서 미토테 수련을 처음으로 시작했는데, 그때 할아버지께서 소개한 스승님으로부터 훈련 을 받았습니다.

미토테 수련은 밤에 시작해서 새벽이면 끝납니다. 간혹 어떤 때는 이 틀 밤을 내내 보내기도 합니다. 미토테 수련을 한다는 것은 잠자는 상태 도 아니고, 그렇다고 깨어 있지도 않은 상태에 들어가는 것을 의미합니 다. 이 상태에서는 에너지가 많이 나오기 때문에 피곤하더라도 오랫동 안 미토테 의식을 수행할 수 있습니다.

도제들을 데리고 미토테 수련을 할 때에는 사람들 중간에 불을 피우 고, 학생들로 하여금 깨어 있는 상태에서 불 주위를 돌게 합니다. 이 학 생들은 불을 지키는 호위병들입니다.

나머지 학생들에게는 사랑의 찬송을 부르면서 사랑의 표현을 하게 합니다. 처음에는 이것이 격렬한 것처럼 보이지만 이들은 곧 꿈꾸는 자 세를 취하게 되고, 무릎을 두 팔로 감싸고 바닥에 앉아 머리를 무릎 위 에 올려놓게 됩니다. 15분마다 이들을 다시 깨워 자리를 바꿔 불의 호 위병이 되게 합니다. 잠에 빠지려는 정확한 순간을 관찰할 수 있는 기회 가 여러 번 오게 됩니다. 우리는 학생들이 자신들의 뇌가 잠에 빨려 들 어가는 정확한 순간을 인식할 수 있게 해, 자신의 꿈을 탐사할 수 있도록 안내합니다. 학생들은 자신들의 상상력을 동원해야 합니다.

미토테는 꿈꾸는 자의 길입니다. 집에서 미토테 수련을 하려면 혼자 하지 않기를 바랍니다. 당신의 이성은 이렇게 하지 못하도록 막을 것이며, 그러면 이것은 바로 악몽으로 이어집니다. 그룹을 만들어 함께 이 수련을 하십시오. 이상적인 것은 안내자의 인도를 따라하는 것입니다.

자기검열 수련

자기검열 수련(inventory, 인벤토리는 원래 군대에서의 장비 검열이나 공장에서 물품 재고정리를 가리키는 말이다.—옮긴이)은 우리의 믿음 체계를 한번 되짚어 보는 변형 수련 과정의 한 부분이다. 자기검열 수련은 우리가 알고 있다고 생각하는 모든 것들이 저장되어 있는 우리의 믿음 체계(이미 이 것을 지옥의 책이라고 설명했습니다.)를 성찰하는 것이다. 이러한 살핌을 통해 전사는 자기가 믿어왔던 것들에 대해 정리할 수 있게 된다. 미겔의 학생들은 종종 개인적으로 자기검열 작업을 하도록 지도받는다.

이 수련의 목적은 자신의 자유의지를 회복하는 데 있다. 이러한 자기검열은 당신의 기생충을 공격하는 데 유용한 무기로 쓸 수 있게 된다. 이 기생충은 당신 마음속에 있는 지옥의 책, 심판관, 피해자들이 조합된 구성물이다.

당신 인생의 개인적인 꿈을 바라보라. 당신 자신에게 솔직해져라. 당신은 행복한가, 그렇지 아니한가? 당신의 자기검열은 행복이라는 개념의 토대가 될 것이다. 당신이 행복해지면 행복해질수록 지상천국의 꿈에 점점 더 가까이 가게 된다.

당신이 현재 믿고 있는 것들은 당신 밖으로부터 주어진 것임을 기억하라. 당신이 선택한 것들이 아니다. 당신을 행복하게 만드는 믿음 체계들은 남아 있을 가치가 있지만, 당신을 불행하게 만드는 믿음 체계들은 고려한 뒤 바뀌어야 한다. 당신의 목표는 믿음 체계를 다시 구성해 두려움에서 자유로워지는 것이다.

자유의지는 우리 스스로 결정을 내리기 위한 우리의 권리이다. 우리가 자유의지를 가진 전사로서 행동한다면, 우리가 무엇을 믿을 것인지 다시 한 번 선택하게 될 것이다. 우리가 맞닥뜨린 문제는 우리의 옛 믿음 체계가 우리의 온 마음을 단단히 사로잡고 있다는 데 있다. 우리의 믿음 체계에 대해 최초로 살펴보게 될 때, 새로운 믿음 체계를 위한 자리를 미리 만들어놓을 필요는 없다. 다만 기존 믿음 체계를 변형시킬 때마다 새로운 믿음 체계의 자리를 만들면 된다.

이러한 자기검열 수련은 톨텍족으로부터 오랫동안 전승되어온 것이다. 이 수련은 당신의 인생 전반에 어떠한 일이 있었든지 간에 정리를 한 번 해보는 것이다. 이 수련은 당신에게 지옥의 꿈을 꾸게 한 모든 믿음 체계를 버리게 한다.

마음을 비우기 위한 호흡법

우리 마음의 독을 깨끗이 정화하는 것은 단순한 과정이다. 사랑의 생각을 하고 우리의 호흡을 제대로 하는 것이 이 과정의 전부다. 우리 마음 속에는 약간의 상처들이 남아 있다. 그래서 우리는 '사랑'이라는 말을 생각하면서 호흡을 정성들여 해야 한다. 우리는 이러한 정화의 과정을 옛 상처나 최근의 상처에도 적용할 수 있다. 우리가 상처를 정화시키면, 상처는 저절로 낫는다. 남들과 독을 나눠가져서는 상처가 치료될 수 없다. 오히려 이러한 행동은 독을 퍼뜨리는 결과를 낳는다.

우리는 독으로 가득 차 있는 밀림 속에 있다. 이 독은 모든 사람에게 영향을 끼친다. 당신이 누군가에게 공격을 받는다면, 당신의 공격자는 당신의 에너지를 필요로 하고 있다는 것을 꼭 기억하라. 당신이 변형의 마스터 전문과정을 마치면, 어떤 것도 당신을 해칠 수 없으며, 아무도 당신의 내면에 독을 퍼지게 할 수 없다는 것을 알게 된다.

당신은 과거의 상처를 정화했기에, 당신의 일상은 깨어 있게 되고, 더이상 당신 영혼에 감정의 '짐'을 짊어지지 않는다. 만약 감정이 솟구치는 순간 바로 비우지 못한다면, 잠자기 직전에라도 비우라. 이렇게 할 때, 당신은 매일 습관적으로 감정을 깨끗이 정화하게 된다. 이러한 성찰 속에는 심판관도 피해자도 없다.

이러한 개념은 치료 분야에까지 확장될 수 있다. 톨텍의 방법에 따라 독을 제거하는 것은 자아를 실현하려는 행동이다. 이를 위해 치료사가 필요한 것이 아니다.

자기검열 수련을 하는 것은 우리 삶 속에 감정의 독을 실어온 모든 일들과 믿음 체계들을 쭉 나열해보는 것이다. 미겔은 다음과 같은 호흡 기술을 가르쳐준다.

 호흡에만 집중하십시오. 대기 속에 언제나 존재하는 사랑을 들이마십시오. 순수한 사랑을 들이마십시오. 순수한 사랑을 내뱉으십시오. 호흡은 사랑과의 직접적인 연결입니다. 당신 사랑의 숨으로 끊임없이 일어나는 모든 감정의 기억들을 깨끗하게 걸러 내십시오.

당신의 마음을 깨끗이 비우십시오. 당신의 마음이 일어나지 않게 하고, 텅 비게 하십시오. 아무런 판단도 하지 마십시오. 생각하지 않고도 당신의 마음을 당신의 기억으로 되돌릴 수 있는 훈련을 하십시오. 당신이 기억하는 것은 무엇이든 중요합니다. 당신에게 떠오르는 기억들에 신뢰를 주십시오.

당신의 인식을 당신의 의지 속에 두십시오. 이 의지는 감정의 기억들을 생각나게 할 것입니다.

당신의 의지가 기억들을 키울 수 있도록 기도하십시오.

여성들을 위한 다양한 호흡 기술

당신의 인식을 당신의 의지에 두는 훈련을 한 뒤에 당신의 심장을 인식하라.

심장의 박동을 자궁 속으로 돌려보내라.

그리고 당신의 의지도 자궁 속으로 보내라.

이제 당신의 호흡을 당신의 자궁 속으로 보내라.

자기검열 수련을 시작하고,

기억이 자연스럽게 나오도록 하여라.

만약 당신이 자궁을 보름달과 연결만 시킨다면 이러한 과정은 더욱 강력해진다.

당신의 꿈을 단순하게 정리하기

이제 당신의 감정을 깨끗이 비우는 방법을 알게 되었다면, 자신에게 물을 수 있어야 한다. '나에게 고통을 주고 있는 것을 계속 믿을 것인가?' 이 부분에 초점을 두고 시작하라. 저마다 고통스런 기억이나 죄책감을 주는 믿음 체계가 떠오르면, 마음 비우기 호흡을 해보라.

자신에게 물어라. '나의 믿음 체계는 얼마나 개방적인가?' 당신의 믿음이 단단하게 굳어져 있다면, 당신은 지옥의 책을 읽으면서 개인적으로 의문이 들거나 혹은 해석을 할 때마다 두려움을 느낄 것이다. 이것이 도제들이 자기검열 수련을 수행하기 이전에 자신의 인식을 높여야만 하는 이유이다.

톨텍족은 그들이 이 지구 행성에서의 삶이 꿈이라는 것을 깨닫게 되었을 때, 인식의 마스터 전문과정을 만들어냈다. 그들은 아무런 감정의 개

136

입 없이 지구 행성의 꿈을 관찰하는 법을 배웠으며, 마음의 분별력을 회복했다. 깨달음과 분별력은 변화를 촉진한다. 만약 당신이 톨텍의 마스터 전문과정을 밟으면 변화는 가능하다. 모든 사물이 존재하는 방식을 있는 그대로 지켜보라. 그러면 기회가 찾아올 것이다. 깨달음은 당신을 열리게 한다. 이처럼 단순한 진행 과정에 따라 당신은 지옥에서 탈출하게 된다.

우리는 천국에 가기 위해 죽을 때까지 기다릴 필요가 없다. 우리가 죽기 전에 우리는 천국에 닿아야 한다. 살아 있을 때 지옥의 꿈을 떠나는 것이 죽은 후에 떠나는 것보다 훨씬 더 쉽다. 우리와 지옥으로부터 벗어난 자유 사이에 있는 함정 가운데 하나는, 자만심과 치욕과 처벌의 두려움으로 가득 찬 우리 자신의 중요성을 강조하는 것이다.

최근 몇 년 동안 많은 선생(guru)들은 사람들에게 자신의 고통을 부모나 배우자 또는 다른 사람들에게 전가하는 법을 가르쳐왔다. 그들의 학생에게 피해자가 되라고 가르치는 것이다. 하지만 톨텍의 체계에서는, 우리는 어린 아이가 아니고, 또 스스로 어쩌지도 못하는 자도 아님을 가르친다. 우리는 모든 것을 변화시킬 수 있는 충분한 능력을 가지고 있다. 어떠한 상황을 만나도 당신은 그 상황을 변화시킬 능력이 있다. 심지어 겁탈을 당한 사람이라도 자신의 현실을 바꿀 수 있다. 당신이 꿈꾸고 있다는 것을 알아차리기만 하면, 상처가 주는 영향력은 약화된다. 당신 안에서 당신은 영화를 찍고 있기에, 당신이 원하는 대로 얼마든지 변화시킬 수 있다. 당신은 감독이요, 작가요, 배우이기 때문에 당신 삶의 이야기를 언제든지 바꿀 수 있는 모든 능력을 갖고 있다.

보통 우리가 잠잘 때 꾸는 꿈은 우리가 깨어 있을 때의 관점과 동일하게 낮의 꿈으로 이어진다. 우리의 뇌는 우리가 인지하는 것을 해석한다. 꿈에서 인간이 서로 동의하는 유일한 부분은 꿈이 가지고 있는 틀(frame) 이다. 이 틀은 우리 모두 누구에게나 똑같으며, 지구 행성에 있는 우리의 가정, 곧 우리의 주변 환경들에 대해 우리가 합의한 것이다. 이것은 우리 로 하여금 안전하고 든든한 느낌이 들게 하는 지지대이다. 이것은 우리에 게 시간과 공간의 감각을 준다. 우리에게는 안정감을 주는 삶의 주기들이 있다. 우리는 달의 공전주기, 계절, 연도의 변화를 인식한다. 비록 이러한 틀이 진리는 아니라 하더라도 우리는 이것을 받아들인다. 그럼으로써 우 리 모두는 동일한 세상을 보는 것이다. 하지만 우리의 경험을 해석하자마 자, 우리의 꿈은 분리되고 개별화된다.

우리는 우리가 왜 고통당하는지 그 이유를 잘 모릅니다. 우리에 게 선택권이 있다는 것을 잘 깨닫지 못합니다. 하지만 우리에게는 '진 정' 선택권이 '있습니다'. 우리에게 꿈에 대한 책임감은 전적으로 없습 니다. 꿈은 우리가 태어나기 이전부터 존재해왔기 때문입니다. 그것이 악몽임에도, 우리는 후손을 위해 이 땅을 좀 더 나은 곳으로 만들고자 발버둥치고 있습니다. 지구 행성의 꿈은 수천 년 동안 진화되어 왔습니 다. 꿈은 변하고, 좀 더 나은 쪽으로 가는 듯합니다. 하지만 여전히 세상 은 악몽이며 지옥입니다.

우리의 과제는 이 생애 동안 우리 자신을 꿈에서 해방시키는 것입니 다. 우리는 꿈이 두려움을 주지 않는 상태로 진화할 때까지 기다릴 여유 가 없습니다. 이제 우리 자신 스스로 행동에 나서야 합니다.

우선 우리가 악몽에서 벗어날 수 있는 것처럼 보이진 않습니다. 인간이 창조한 꿈의 구조는 완벽해 보입니다. 그렇다고 우리가 더 이상 고통에 빠질 필요는 없습니다. 한번 우리가 꿈의 실체를 인식한다면, 우리는 꿈에서 벗어나는 시도를 해볼 수 있을 겁니다. 깨달음은 우리가 지옥에서 완전히 벗어날 수 있도록 해줍니다.

우리에게 속한 작은 일들 때문에 우리가 고통당한다는 것을, 곧 우리는 통제하고 방어할 필요가 있다는 것을 인식하는 데에서 우리는 시작합니다. 우리가 불의에 지나치게 반응할 때 우리는 자신을 지켜볼 수 있습니다. 우리는 복수할 필요를 느끼는 자신을 볼 수 있고, 또 공평해지는 일은 끝이 없다는 것을 깨닫습니다.

모든 인간들이 다른 사람들에게 악마가 되어, 사람들을 지옥으로 몰아넣습니다. 언제나 상대방의 실수를 기억하며, 그에 대한 배상을 요구합니다. 아내나 남편이나 서로 복수를 통해 악마가 될 수 있습니다. 우리는 감정을 품고 많은 공갈 협박을 해댑니다. 우리는 사랑하는 사람들을 통제하기 위해 죄를 뒤집어씌우고 책임을 떠넘깁니다. 우리는 약속을 합니다. 그리고 우리는 우리의 인생을 기대와 책무로 채웁니다. 하지만 우리는 참된 정의를 바라볼 줄 아는 눈이 없습니다. 저마다 사람은 자기들이 언제나 옳고, 다른 사람들은 잘못되었다고 느낍니다. 자신의 의견이 가장 중요하다고 믿고 있습니다.

우리는 자신과 남에게 거짓말을 해야 합니다. 이 세상의 모든 사람들이 거짓말을 합니다. 지금 당신이 거짓말을 한다고 말하는 것은 심판을 내리려는 것이 아닙니다. 단지 그렇다고 말하는 것뿐입니다. 거짓말하는 것은 두려움에 기반을 둔 자기방어입니다. 우리는 개인적 상처, 분노, 질투, 혹은 우리가 두려워한다는 것을 보고 싶어 하지 않습니다. 우리는 우리의 거짓말 속에 있는 우리 자신의 거짓된 이미지와 함께 놀고 있습니다. 우리의 거짓말 때문에 인간들 사이에 상호 소통이 존재하지 않습니다.

전사로서 우리는 인생을 변화시켜야 할 지점까지 왔습니다. 우리는 인생을 전환하고자 합니다. 우리는 더 이상 거짓말을 하지 않을 겁니다. 우리는 우리 자아의 중요성을 포기하고, 대신 자기검열 수련을 하고, 지옥에서 나오기 위한 마음 비우기 호흡을 함으로써 우리에게 주어지는 자유를 선택할 것입니다. 우리는 우리에게 고통을 안겨주지 않는 새로운 믿음 체계를 만들면서 나아갈 것입니다. 이것은 여타 예술과 같이 창조의 과정입니다. 당신에게 고통을 안겨주는 어떠한 믿음 체계도 심사숙고하려는 시도는 아주 용기 있는 행동입니다.

당신이 자신의 현실을 만들어갈 능력이 있다는 것에 대해 의심할지는 모르지만, 이러한 전제를 받아들이기만 한다면, 이제껏 당신에게 고통을 안겨주었던 현실과는 다른 현실을 창조해낼 수 있을 것이다.

당신은 고통을 완화시킬 수 있는 이러한 개념들을 당신이 창조하는 새로운 체계에 덧붙이게 될 것이다. 당신 개인이 창조한 믿음 체계가 성장할 때마다 당신은 생득권(birthright)을 회복하게 되고, 당신이 고통을 선택할 건지, 행복을 선택할 건지에 대한 자유의지를 다시 갖게 될 것이다.

자기검열 수련을 할 때, 이러한 선택을 할 힘을 얻게 될 것이다.

이러한 자기검열은 많은 수련 중 단지 첫 번째에 지나지 않는다. 사자의 거리에서 당신은 임시적인 자기검열 수련을 해볼 수 있다. 당신은 개인적으로도 이러한 자기검열 수련을 해볼 수 있다. 이것은 당신이 자유를 향해 갈 수 있는 능력을 부여해줄 것이다.

당신이 길들여지기 이전에는 행복했었다는 것을 잊지 마라. 어린 아이의 순진함이 아닌 성숙함이라는 인식으로 이러한 행복을 다시 얻을 수 있도록 노력하라. 당신 내면 속의 하느님을 찾는 것이 테오티우아칸의 의도인 것이다. 이는 마치 지도와 같아서 이를 통해 당신은 자신을 하느님으로 인식할 수 있게 안내될 것이다.

자기검열 수련이라는 톨텍 시스템은 당신의 온전성을 회복시킬 것이다. 현재의 당신은 온전치 못하다. 오직 당신만이 알 수 있는 감정과 생각을 끊임없이 성찰하는 것은 당신의 두려움을 찾아내어 사랑으로 바꾸는 작업이다.

▲ ▲ ▲

깨어 있으라. 자신에게 정직하라. 당신이 지옥에 있음을 알라. 이것을 바로 보라. 그곳이 지옥임을 부인하지 마라. 당신의 있는 그대로를 드러내라. 다른 사람이 당신을 사랑하든 그렇지 않든, 다른 사람의 있는 그대로를 사랑하라. 남들로부터 오는 사랑보다는 당신에게서 나가는 사랑이 당신을 행복하게 한다.

당신이 깨달음을 얻으면, 당신 속에서 일어나고 있는 변화에 대한 강한 저항이 생긴다는 것을 알게 될 것이다. 이것은 당신이 지구 행성의 꿈과 당신의 모든 인생인 당신 자신과 협상을 맺었기 때문이다.

당신이 좀 더 젊었다면, 당신은 담배 피우는 것과 협상을 맺었을지도 모른다. 당신이 금연을 결심한다면, 당신은 아마 "나는 금연해야 할 이유를 알고는 있지만, 담배를 끊을 수는 없어."라고 말할 것이다. 과식하는 것도 이와 마찬가지다. 오랫동안 영향을 끼친 것을 끊으려고 하는 협상은 쉽지 않은 것이다.

습관을 멈출 수 있는 정답은 당신 개인의 의지에 달려 있다. 무언가를 포기하기 위해서는 당신이 그것을 하고자 가졌던 협상력과 동일한 힘을 필요로 한다. 담배를 끊기 위해서 당신은 그와 동일한 의도를 가져야만 한다. 아마 당신은 마음을 진정하기 위해, 어른처럼 보이기 위해, 혹은 소속감을 보여주기 위해 담배를 피우기 시작했을 것이다. 이제 그만 두기를 원한다면, 결단을 내리고 그 행동을 하는 데 당신의 힘을 투자해야 한다.

우주선이 지구를 떠나기 위해 필요한 노력을 생각해보라. 최소한 우주선을 지구에 잡아두는 중력보다 더 큰 힘이 사용되어야 한다. 당신 자신의 경우에도 이와 동일하다. 당신은 특정한 힘을 당신이 만들어놓은 모든 합의들에 쏟아야 하며, 아마 그 합의를 파기시키는 데에도 동일한 힘이 쓰일 것이다.

어떤 종류의 에너지를 사용하더라도 손실을 줄이는 것이 올바르다. 손실이 없도록 수련함으로써, 당신은 합의를 파기할 만한 충분한 힘을 비축해둘 수 있다. 힘을 사용하는 것은 당신의 힘을 커지게 한다. 당신이 합의를 파기시킬 수 있을 정도의 힘을 키운 뒤에는, 그 힘이 당신에게 돌아오고 더욱 커지게 될 것이다. 자기검열과 성찰은 당신이 힘을 얻을 수 있는 방법이다.

미겔은 사람들에게 자기와 함께 공부하려면 네 가지 합의를 해야 한다고 말한다. 이러한 네 가지의 합의만 해도 당신을 지옥에 머물러 있게 만든 협상의 85퍼센트를 파기시킬 것이다. 자기검열 혹은 성찰은 당신이 힘을 얻는 방법이다. 한번에 조금씩 연습함으로써 당신은 기적들을 이루어낼 수 있을 것이다. 당신의 힘이 강해 모든 협상들을 통제할 수 있을 때까지는 말이다.

▲ ▲ ▲

1. 말을 함부로 하지 마십시오. 이런 협상은 깊은 의미를 지니고 있으며, 이렇게 할 때 당신은 지옥에서 나올 수 있습니다. 말이란 자기의 영(靈)을 가장 잘 드러냅니다. 말이란 인간이 가지고 있는 가장 강력한 도구입니다. 말은 신성한 것입니다. 그리고 말은 진정한 마법입니다. 오직 당신이 의도하는 것만 말하십시오.

진정한 마법사는 말을 최상으로 다룰 줄 압니다. 그리고 말에 최상의 존중을 표합니다. 우리 모두가 마법사라는 것을 잊지 마십시오. 우리는 말을 다른 사람에게 상처를 주거나, 비난을 하거나, 사기를 치거나, 험담하는 데 사용합니다. 험담을 하면 할수록 더욱 심해집니다. 진짜 사기를 치는 것은 파멸적인 일입니다. 말로 우리는 서로를 지옥에 빠뜨립니다. 우리의 견해를 드러내는 것만으로도 한 사람을 세울 수도, 무너뜨릴 수도 있습니다. 예를 들어, 우리가 "너는 겁쟁이야."라고 말했다 칩시다. 이 말은 여러 해 동안 그 사람에게 영향을 끼칠 것입니다.

어떤 여섯 살짜리 여자애는 놀 때마다 노래를 불렀습니다. 하루는 아이의 어머니가 두통이 있어 힘든 하루를 보냈다고 합시다. 아이의 노랫소리가 어머니의 신경을 쓰이게 했고, 결국 아이에게 가서 소리쳤습니다. "시끄러워, 그 따위 돼지 멱따는 목소리 집어치우지 못하겠니!" 아마 그 여자애는 더 이상 노래를 부르지 않을 겁니다. 그 아이는 자기의 목소리가 이상하다고 생각하겠지요. 어머니가 자신의 아이에게 욕을 한겁니다. 우리도 이와 같은 잘못을 여러 사람들에게 합니다. 우리는 상대에게 미칠 영향은 고려하지 않고 우리의 입장을 함부로 말합니다.

어린 소녀는 자신과 타협을 했습니다. "내 목소리는 끔찍해." 이 아이가 이러한 말을 깨뜨리기 위해서는, 이런 타협을 깰 수 있을 정도의 힘이 필요할 것입니다. 먼저 이 아이는 어떻게 이런 일이 일어났는지 알아야 합니다.

우리가 하는 모든 일은 합의에 기반을 두고 있습니다. 하나의 합의란 서로를 묶는 힘입니다. 그리고 합의는 그 에너지를 자신에게 모아 이 합의에 힘을 싣고 이 합의가 명백히 옳다는 것을 덧붙입니다. 꿈은 합의에 기반을 두고 있고 그래서 고통스럽습니다. 대부분의 합의는 우리 자신에게 한계로 작용합니다. 자기검열은 우리가 어떤 특정한 방식으로 반응하는지 우리로 하여금 깨닫게 합니다. 이렇게 할 때, 오래되고 한계가 있는 합의들을 파기하면서, 우리의 길들을 헤쳐 나갈 수 있게 되는 것입니다.

2. 어떠한 것도 개인적인 것으로 여기지 마십시오. 어떤 일이 우리 때문에

일어난다는 생각을 하게끔 만드는 것은 우리의 개인성에 중심을 둘 때입니다. 그러면 우리는 모든 것을 개인적인 것으로 돌리게 됩니다. 이렇게 할 때 우리는 서로에게 계속 상처를 주고, 불의를 저지르게 됩니다.

3. 짐짓 가정을 하지 마십시오. 다른 사람이 우리가 한 말의 의미를 안다고 생각했을 때, 또는 다른 사람이 한 말의 의미를 우리가 안다고 생각했을 때 우리는 가정을 합니다. 우리는 다른 사람이 한 말의 의미가 무엇인지, 무엇을 원하는지 말해달라고 부탁할 수 있는 용기와 우리가 진정 원하는 것이 무엇인지 상대에게 말할 수 있는 용기가 있어야 합니다. 가정하지 않는다면 당신을 압박하는 것도 없으며, 당신을 비난할 사람도 없습니다. 당신은 인생에 아무것도 빚진 바가 없으며 인생 또한 당신에게 빚진 바가 없습니다.

4. 언제나 최선을 다하십시오. 우리가 언제나 최선을 다할 때, 자기 비난을 피할 수 있으며 강박에 사로잡히지도 않습니다. 우리가 아프거나 힘들 때의 상황은 우리가 편하게 있을 때와 다릅니다. 우리가 해야 할 최선의 내용은 늘 변하겠지만, 언제든지 최선을 다해야 합니다. 우리가 쾌활하고 건강하다면, 우리가 할 수 있는 최선의 방법은 언제나 융통성이 있습니다. 어떠한 상황 아래에서도 최선을 다한다면 우리는 자신을 좋게 생각할 것입니다. 자기검열 수련을 통해, 당신의 마음속에 들어가 당신의 믿음 체계를 살피고, 당신이 이제껏 만들어온 협상들을 찾아내 차례대로 하나씩 그것들을 깨뜨릴 수 있을 것입니다.

깨달음에 이르는 또 다른 방법은 참된 꿈과 참된 꿈을 꾸는 자를 만나는 것입니다. 꿈속으로 들어가려면 용기가 필요합니다. 당신이 현실에 집착하지 않고, 당신이 꿈이며 꿈꾸는 자임을 발견하기까지 꿈꾸는 자에게 안전한 곳은 없습니다.

이 세상이 한낱 꿈이라는 것은 분명합니다. 당신의 관점을 바꾸고 꿈을 통제할 수 있다면, 당신은 다른 현실을 창조할 수 있습니다. 처음에는 이것을 이해할 수 없겠지만, 곧 당신은 이러한 현실이 진실이 아님을 알게 될 것입니다. 나중에 당신은 이전에 현실이라고 생각했던 것을 더이상 받아들이기가 어렵다는 점을 알게 될 것입니다.

톨텍족은 깨달음을 얻는 이 두 가지 길을 하나로 묶었습니다. 그들은 자기검열 수련을 했고 이어 자신의 꿈속으로 들어갔습니다. 그들은 모든 것이 꿈임을 깨달았고, 그래서 그들의 목표는 꿈의 마스터가 되는 것이었습니다. 그들은 꿈이 자신에게 복종할 때까지, 자신의 개인적인 꿈들을 완전히 통제할 수 있는 수련을 했습니다. 그들의 목표는 행복해지는 것이었습니다. 그들은 죽음을 더 이상 두려워하지 않았습니다. 나는 자기검열 수련과 당신의 개인적인 꿈속으로 여행하는 톨텍의 수련방법 두 가지를 알려주었습니다.

톨텍족은 금욕주의자가 아닙니다. 그들은 물질세계를 존중했습니다. 그들의 체제에서는 가난할 필요도, 탐욕스러울 필요도 없었습니다. 당신은 물질세계를 이용할 수 있지만 이 세계는 당신의 소유가 아닙니다. 대부분의 협상은 집착을 나타냅니다. 우리는 이것이 "내 몸이요, 내 집이요, 내 가족이요, 내 인생이요……."라고 말합니다만, 그것은 진실이 아닙니다. 당신이 물질이나 감정의 소유물들을 잃어버릴까봐 두려워한다면 그것은 지옥이라 할 수 있습니다.

톨텍의 나구알로서 우리들은 우리 몸이 몸 전체를 조절하도록 합니다. 우리는 몸이 자신의 힘을 주장하게 내버려둡니다. 우리는 몸을 존중하고 사랑하기에 우리 몸을 부끄럽게 생각한다거나, 몸을 괴롭히는 일 없이 몸이 가진 본래의 모습대로 온전하게 둡니다.

우리는 마음 또한 존중합니다. 우리는 마음이 마음을 조절하도록 합니다. 마음은 몸을 사랑합니다. 우리는 우리의 몸과 우리의 사랑과 우리의 마음과 우리의 영혼이 있는 모습 그대로 온전하게 둡니다.

몸이 "내가 느끼는 것이 내 모습이야."라고 여기고, 마음이 "내가 몸이고, 내가 생각하는 것이 내 모습이야."라고 여긴다면 혼돈이 생깁니다. 이러한 혼돈을 해결하려면, 몸이 최선을 다할 수 있게 하십시오. 하지만 자기 이상이나 자기 이하가 되지 않도록 하십시오.

반복적인 수련을 하면, 자기검열은 자동적으로 일어나서 그 과정이 꿈 속에서도 이어진다. 미겔은 꿈속에서 자기검열하는 것을 경험했었는데, 이 과정에서 모든 옛 꿈들을 다시 회상할 수 있었다. 그는 이 과정이 그를 새로운 사람으로 변화시켰다고 느꼈다.

숨겨져 있던 옛날의 모든 정보들이 나의 뇌에서 튀어나왔습니다. 나는 그 꿈들을 하나하나 기억할 수는 없지만, 꿈속의 자기검열로 말미암아 새로운 사람으로 태어났습니다.

우리가 과거를 되돌아볼 때, 심판관과 피해자는 자기검열 시 별로 환영받지 못한다는 것을 기억할 필요가 있습니다. 우리는 자기검열을 사랑의 눈으로 봐야 합니다. 우리의 삶을 사랑의 눈으로 성찰하지 않으면, 우리는 옛 상처를 다시 떠올리게 되고, 더욱 감정의 독을 만들어내게 됩니다. 그렇게 되면 모든 삶에서 우리가 지고 가는 고통을 정당화하게 됩니다.

대개 우리는 과거의 사건들을 우리에게 일어난 일들을 근거로 해석합니다. 이러한 해석은 사건이 일어난 그 순간의 감정 상태에 맞춰집니다. 한 부부가 싸웠다고 가정을 해봅시다. 이 사건의 증인을 그 부부의 장모와 시어머니, 또 그 부부 둘과 이들과 아무런 감정적인 연관이 없는 어떤 한 사람이라고 합시다. 이 사건에 대한 해석은 이 다섯 사람 모두 제 각각일 수 있습니다. 서로 연관이 있는 네 사람은 아마 이 싸움에 대해 네 가지 다른 이야기를 할 수 있을 것입니다. 진실에 가장 가까운 이야기는 아마 이 싸움에 감정적인 연결이 없는 공정한 사람의 증언일 것입니다.

이와 마찬가지로 심판관과 피해자의 눈으로 우리 자신을 자기검열하게 된다면, 우리는 마음속의 사건에 대해 비난과 자기 정당화로 기억에 남아 있는 기존의 해석을 하게 될 것입니다. 이것이 우리의 자기검열에 왜 공정한 증인의 역할이 필요한지 생각하는 이유입니다.

우리가 자기검열을 할 때면 특별한 형태의 호흡을 수행합니다. 이 수련을 하는 동안 우리는 사랑을 초대합니다. 우리가 기억을 떠올릴 때마다 사랑으로 반응한다면, 우리는 불의하다고 생각하는 기억마저도 변화시킬 수 있습니다. 사랑으로 우리는 용서를 합니다. 우리는 벌어졌던 일들에 대해 용서하고, 또 우리 자신을 용서하기도 합니다. 이러한 수행의 결과, 우리가 협상한 것들은 변화를 일으키고 우리는 조금씩 우리의 온전함으로 회복됩니다.

자기검열 수련을 하기 전에 좋은 방법이 있다면 당신이 떠올리고 싶은 기억들의 목록을 작성해보는 것입니다. 마음에 떠오른 것들을 그냥 적어보는 것만으로도 기억의 과정에 들어갈 수 있습니다. 그러할 때 그때의 사건과 감정과 상호작용을 재현할 수 있습니다. 당신의 목록을 큰 소리로 말해볼 수 있지만 글로 써보는 것이 훨씬 더 효과적입니다.

당신은 이 목록을 사건별, 사람별, 날짜별로 작성할 수도 있습니다. 할 수 있는 한 많은 기억을 떠올리면서 당신 삶에 끼어든 한 사람 한 사람을 회상해 보는 것이 가장 쉬울 것입니다. 이것이 당신 삶의 상호작용을 다시 살펴볼 수 있는 효과적인 방법입니다. 때가 되면 당신 마음에 대한 자기검열도 할 수 있을 것입니다. 당신은 여러 번 목록을 써볼 수 있습니다. 모든 자기검열을 통해 오늘의 현실이라는 함정에 당신을 빠지게 만든 고리를 끊을 수 있습니다. 고리가 적으면 적을수록 함정에서 쉽게 탈출할 수 있고, 당신 자신의 완성을 위한 더 많은 힘을 비축할 수 있을 것입니다.

당신이 자기 전마다 이러한 성찰과 자기검열을 수행한다면, 더 이상 이런 고리들을 만들어내지 않을 것입니다. 잠들기 직전 매일 자기검열을 하기 위해서는 하루를 성찰하는 가운데 당신의 감정을 마음속으로 끌어들여야 합니다. 당신이 밤에 깨어 있다면, 자기검열 수련을 하기 아주 좋은 때입니다. 눕지 말고 똑바로 앉아 실행하십시오. 마음먹고 하는 집중적인 자기검열은 당신의 삶 전체의 감정을 풀어지게 하지만, 하루 중 일어난 상호작용과 감정에 대해 날마다 자기검열을 하는 것은 오랫동안 묵혀 있어 꺼내보지 못한 감정을 살펴보는 것보다는 훨씬 쉽고도 빠른 일입니다.

자기검열을 수련하는 방법은 명상입니다. 자기검열은 양심을 검사하는 것이 아닙니다. 자기검열에는 심판관도 피해자도 없습니다. 다만 감정을 살펴보는 작업입니다. 이러한 수련을 시작하는 방법들에는 몇 가지가 있습니다. 방 안에 촛불을 켜고, 촛불을 바라보며 당신의 숨에 집중합니다. 또는 거울 속을 깊이 들여다봅니다. 또는 어두운 방에 앉아서 가부좌를 틀고 두 손을 무릎에 올려놓습니다. 또는 누워서 가슴에 담요를 덮고 가슴에 팔을 교차시킵니다. 혹은 등에 지지대를 대고 바닥에 무릎 꿇고 앉아 두 손을 모아 무릎에 올려놓습니다. 이러한 것들이 빛의 명상에 들어가기 위한 방법입니다. 이러한 방법들은 당신의 자기검열을 보다 깊이 수행하게 하는 힘을 길러줍니다.

당신 자신에게 명령을 내리십시오. '나는 꿈꾸는 자다.'라고. 눈은 뜨고 있으십시오. 만약 당신이 눈을 감는다면, 당신은 꿈을 꾸기 시작할 것입니다. 이것은 기억하는 것과는 다른 것입니다. 눈을 뜨고 당신의 눈에 보이는 것을 부인하지 마십시오. 당신이 볼 수 있다는 것을 당신 자신에게 확신시켜야 합니다. 당신은 과거에 감정이 고양되었던 사건들로 돌아갈 수 있을 것입니다. 자기검열이 끝나게 되면, 당신은 다른 시각으로 삶이란 꿈속으로 돌아가게 될 것입니다.

7장

변형을 위한 도구들 2

이 지구 행성에 사는 모든 인간들은 사냥꾼이다. 그러면서도 모든 인간들은 사냥감이 된다. 당신에게는 어느 정도의 에너지가 있다. 하지만 당신이 생존하고 성장하기 위해서는 더 많은 에너지를 얻어야 한다. 에너지가 있는 곳이면 어디든지, 에너지를 가지고 있는 것이면 무엇이든지, 당신은 그것을 요구하고, 본능적으로 그것을 취하려고 한다.

사냥꾼은 끈질긴 추적자, 곧 스토커이다. 톨텍 전승에서 사용되어온 이 말은 재규어의 이상적인 모습에서 근거한다. 재규어는 언제나 경계심이 있고, 언제나 깨어 있는 지상 동물이다. 재규어는 먹잇감을 포획하고자 천천히 움직인다. 재규어는 먹이 바로 코앞까지 다가갈 수 있을 정도로 엄밀하다. 재규어는 아직까지도 살아 있다.

스토커는 독수리의 이상적인 모습에서도 나타난다. 독수리는 공중에서 아래 광경을 내려다보며 선회한다. 독수리는 아주 세밀하게 바라보지는 못해도 일단 먹잇감이 눈에 들어오면 먹잇감을 향해 곧장 돌진할 수 있다. 독수리는 꿈꾸는 자다. 파노라마처럼 넓은 관점을 가진 독수리가 된다면 깨달음의 마스터, 곧 감정이란 먹잇감의 사냥꾼이 되는 것은 쉬운 일이다. 독수리의 관점은 우리의 감정을 쉽게 알아채지만, 멀리 떨어져 있는 감정에 다다르기란 쉬운 일이 아니다.

스토커는 아름다운 거미줄을 치고 먹잇감을 기다리는 거미와도 같다. 인간이라는 사냥꾼은 거미처럼 어떤 환경을 만들어놓은 뒤, 카리스마와 교활함으로 자신들이 친 거미줄로 사람들을 끌어당긴다. 인간이라는 먹잇감은 언제나 권력이나 지위, 금전과 같이 자신들이 바라는 무언가로 이끌린다.

테오티우아칸의 전사도 스토커이다. 당신이 스토커가 될 때, 당신은 사냥꾼이 될 수 있다. 이 말은 전사란 힘을 사냥하는 사냥꾼을 뜻한다. 당신은 감정과 입에서 나오는 모든 말을 뒤쫓게 될 것이다. 당신이 스토킹을 시작하면, 절대 자유에서 사는 법을 배우게 될 것이다.

스토킹은 변형을 모색하는 일이다. 이러한 모색의 과정에서 모든 행동과 생각과 내뱉은 말은 중요성을 띤다. 예를 들어, 우리는 험담투성이뿐인 대화를 나눌 수도 있다. 이러한 독으로부터 우리 자신을 보호하기 위해, 우리는 험담이 만들어내는 상처들을 호흡법으로 깨끗이 제거해야 한다.

전사는 물질 수준을 넘어 마음 수준에 이르는 데 필요한 힘을 사냥하는 사냥꾼이다. 힘은 생명체이고, 이 생명체는 지구 행성이 꾸는 꿈이다. 대부분의 인류는 할 수 있는 모든 힘들을 동원하여 이러한 생명의 꿈을 위해 일한다. 그렇기에 꿈은 계속 성장하는 것이다. 우리는 꿈을 통해 우리 동료 인류를 함정에 빠뜨리고, 더 나아가 후손들에게 정죄하게 하고, 피해의식을 느끼게 하고, 독이 있는 감정을 만들게 해서 그들을 함정에 빠지게 한다.

지구 행성의 꿈에서 말은 독을 퍼뜨리는 가장 강력한 도구이다. 말은 사람을 구할 수도, 죽일 수도 있다. 말의 효과는 거대한 파장을 일으킨다. 말을 통해 사람들은 자신의 독을 퍼뜨린다. 우리가 상처받거나 화가 나면, 우리는 특별한 힘이 담긴 말을 할지도 모른다. 이것이 흑마술이다. 우리 자신을 스토킹하는 법을 배우기까지 우리 모두는 말이 지닌 힘에 의해 함정에 빠진 마술사들이다.

스토커로서 최상의 성공은 흠 없는 존재가 되는 것이다. 당신이 하는 모든 행동이 책임질 수 있을 정도의 행동임을 알게 될 때, 당신은 흠 없는 존재가 된다. 이러한 나무랄 데 없는 능력을 발달시킴으로써 당신은 꿈에서 거의 벗어날 수 있게 된다. 그럼에도 여전히 당신의 감정을 훈련시킬 필요가 있다. 흠 없는 자가 되기 위해, 독이 든 자신의 감정을 퍼뜨리지 말든지 또는 당신의 외부에서 오는 독이 묻은 감정들을 그대로 받아들이지 말아야 한다.

인식에서 스토킹까지

변형의 마스터들은 우리가 다차원적 존재임을 이미 인식하고 있었을 것이다. 이러한 인식은 톨텍 전사가 되기 위해 가장 우선적으로 요구되는 것이다. 인식의 마스터 전문과정은 마음의 마스터 전문과정으로 불릴 수 있다. 하지만 여기에는 두 가지 관점이 있다. 곧 마음의 관점과 몸의 관점이다.

모든 것이 꿈이고, 오직 꿈만 존재합니다. 우리 자신과 세계를 설명하기 위해 우리는 '구분'이라는 방법을 씁니다. 두 개의 큰 구분은 꿈과 꿈꾸는 자입니다. 꿈꾸는 자는 꿈을 꾸지만, 꿈은 꿈꾸는 자가 없어도 존재합니다. 왜냐하면 또 다른 수많은 꿈꾸는 자들이 그 꿈을 유지하고 있기 때문입니다.

우리는 지구 행성의 꿈과 동일한 주파수를 받아들였습니다. 이 꿈은 꿈꾸는 자를 안내합니다. 다른 길로는 안내하지 않습니다. 자기를 어떤 존재로 믿느냐에 따라 우리 존재가 결정되지만, 꿈속에서는 우리의 인식이 변하는 데 따라 우리의 자리도 변합니다. 우리는 우리가 어떻게 꿈을 꾸며, 꿈속에서 우리의 자리가 어디인지 인식합니다. 모든 것들이 꿈이라는 것을 한번 인식하게 되면, 우리는 이 꿈이 악몽이라는 것을 깨닫게 됩니다.

변형의 마스터 전문과정을 통해 우리는 꿈의 전부를 바꿀 수 있게 됩니다. 이것은 개인적인 수준에서만 일어납니다. 단지 우리 자신들을, 곧 한 번에 한 사람을 변형시킴으로써 전체 꿈이 변화될 수 있습니다.

역사를 보면, 인류는 언제나 영원한 행복을 추구하였음을 알 수 있습니다. 우리는 천국이나 열반, 또는 올림포스의 은혜의 상태, 혹은 지복의 상태를 추구합니다. 지구 행성을 지배하는 현재의 꿈으로는 이러한 행복의 목적지에 도달하는 것이 불가능합니다. 톨텍족은 행복하게 된다는 것이 얼마나 어려운지 알았습니다. 그들은 어떻게 하면 꿈을 변화시킬 수 있는지 탐구했고, 처음으로 두 개의 마스터 전문과정, 곧 인식의 전문과정과 개인의 변형의 전문과정을 찾아냈습니다.

변형의 마스터 전문과정을 발전시키기 위해 우리가 사용한 주요 도구는 스토킹과 자기검열(성찰이라고도 부를 수 있습니다.)입니다. 내가 생각하기에 자기검열은 꿈꾸는 기술이고, 독수리 같은 기술입니다. 우리의 기억을 과거로 돌리고, 그것을 다시금 끄집어내는 것입니다. 그러므로 우리는 자기검열이 과거에 관한 것이고 스토킹은 현재에 관한 것이라고 말할 수 있습니다. 스토킹은 자유의지와 선택, 모험을 감행하는 기술입니다. 이것은 살아 있는 기술이며, 재규어같이 언제나 현재에 존재하고 있습니다.

우리가 깨어 있을 때 꿈을 통제하는 방법은 선택을 통해 이루어집니다. 우주 속에는 작용과 반작용이라는 과정이 있습니다. 꿈은 우리의 선택에 반작용을 합니다. 스토킹 기술은 우리의 반작용을 통제하려는 것과 연관이 있습니다. 우리는 우리의 작용을 스토킹함으로써 수련을 시작합니다.

여기서 다시 길들이기라는 주제로 돌아가야만 합니다. 길들이기는 우리가 어떻게 꿈을 꾸어야 하는지, 지구 행성의 꿈을 어떻게 받아들여야 하는지 우리에게 가르쳤습니다. 길들이기는 전반적인 믿음 체계를 통해 우리의 마음을 프로그램화했습니다. 이것은 꿈과, 우리의 가족과, 사회와, 우리 자신들 속에 이미 우리가 있어야 할 자리를 만들어놓았습니다. 우리가 처한 자리란 어떤 한순간에 우리가 갖게 된 이미지를 말합니다. 우리의 자리란 어떠한 상황에서 우리가 믿고 있는 바를 대표하는 것입니다. 모든 자리에서 우리는 제일 좋은 자리를 차지하려고 합니다만, 다른 모든 사람들 또한 좋은 자리를 차지하려고 합니다. 그러므로 이것은 혼돈과 혼란을 불러일으키게 됩니다.

이 꿈 속에서 우리의 꿈과 자리는 우리가 믿고 있는 대로 됩니다. 이러한 믿음은 이성이 아니라 감정에 따라 통제됩니다. 이성은 우리가 피해자라고 느끼게 하는데 이는 우리의 경험이 논리적이지 않기 때문입니다.

우리가 경험하는 것들은 모두 감정의 요소를 가지고 있습니다. 예를 들어, 우리는 아름다움에 감정적으로 반응합니다. 감정적인 몸이 지닌 한 가지 목적은 느끼는 것입니다. 지성은 우리가 느끼는 것을 해석하고, 우리의 감정적인 반응에 정당성을 부여하려 합니다. 지성은 감정의 몸을 억누르고 고통을 피하고자 거짓말로 우리의 상처를 포장합니다. 이러한 방식으로 우리는 우리의 부정적인 체계를 발달시켜 갑니다.

부당하다고 생각하는 것에 우리가 반응할 때, 우리는 어린아이처럼 경험한 것들을 부인하기 시작합니다. 그러면 감정의 몸과 지성 사이의 상호작용은 점차 갈등을 키우고, 자기 수용성이 결여되기 시작합니다. 우리는 대부분 자신의 감정을 받아들이지 않습니다. 자신의 감정들로 당혹스러울 경우가 있기 때문에, 더욱이 서구 사회에서는 종종 감정들을 애써 부인하려 합니다.

홀로 있을 때, 우리는 우리가 그려낸 자신의 이미지를 그대로 믿습니다. 하지만 이러한 이미지는 진짜가 아닙니다. 이것은 우리의 꿈의 일부일 뿐입니다. 이것은 길들이기 과정의 부산물인 죄와 비난의식을 수반합니다. 대부분의 우리는 자신을 미워하기에 삶을 즐길 수 없습니다. 자신에게 정직하고, 우리가 배워온 믿음 체계의 거짓을 들추어내기 위해서는 용기가 필요합니다. 우리의 상처를 드러내는 과정은 고통스럽지만, 이것은 변형의 마스터가 스토킹을 할 때면 꼭 해야 하는 과정입니다.

우리가 깨어 있다면, 스토킹 기술은 언제나 우리의 생각과 행동과 반응이 깨어 있는 것을 말합니다. 초심자는 내면에 집중하는 것으로부터 시작합니다. 우리는 언제나 자신과 더불어 시작합니다. 이러한 자기 연구로 자신의 믿음 체계에 근거해 우리와 동일한 행동을 하는 다른 사람들을 이해할 수 있게 됩니다. 우리가 잠이 들었을 때, 스토킹 기술은 꿈속의 삶을 통제할 수 있게 해줍니다. 우리는 꿈의 마스터가 될 수 있습니다.

스토커는 자유의지로 선택하지, 감정에 의존하지 않습니다. 심판관과 피해자에게 결정을 맡기는 것은 우리의 책임성을 포기하는 것이고, 우리의 자유의지를 잃어버리는 것입니다. 스토커는 집요하게 심판관과 피해자로부터 자신의 선택권을 되찾아옵니다.

삶은 언제나 행동입니다. 행동은 세계 속에 차이를 만들어냅니다. 스토커는 꿈이 물질세계에 현실이 되게 합니다. 꿈꾸는 자는 그렇게 할 수 없습니다. 스토커는 꿈속 자기가 처한 자리의 한계를 박차고 나와 꿈 바깥에 변화를 일으킬 수 있는 힘을 가지고 있습니다. 꿈꾸는 자는 이렇게 할 능력이 없습니다.

내면을 스토킹하고, 마스터 전문과정을 마치게 되면, 새로운 마스터 나구알은 지구 행성 밖의 꿈을 스토킹하기 시작합니다. 이 꿈은 모든 사람들에게 공유된 꿈입니다.

스토커가 자신의 마음을 깨끗이 정화하면, 그(그녀)는 바깥 꿈의 세계에 자신을 드러내게 됩니다. 잇달아 배출되는 스토커들에 의해 꿈들이 변하게 되면, 이 땅에 더 이상 가난이나 타락을 그저 바라보고만 있는 일은 사라지게 될 것입니다. 적극적인 행동은 번영을 가져다줄 것입니다.

변형의 내적 작업을 통해 마스터 전문과정을 거의 마치게 되면, 마스터는 세상을 변화시키는 일을 하게 됩니다. 박사나 기술자처럼, 우리는 우리가 배운 것들을 실행에 옮기기 전에 이미 숙련된 자가 되어 있습니다. 톨텍의 마스터 전문과정 연구라는 관점에서 보면 우리는 자기 파괴의 습성을 제거하기 위해 우리의 모든 내적 상처들을 변형시켜야만 합니다. 우리는 본성의 어두운 면들을 치유해야 합니다. 감정의 몸은 상처들로 가득 차 있고, 사랑과 정의를 갈망하고 있습니다. 이러한 상처가 치유되면, 변형된 전사는 오직 사랑만 드러내게 됩니다. 변형의 마스터는 또한 사랑의 마스터입니다. 또는 내적의도의 마스터라고 말할 수 있겠습니다. 이러한 말들은 모두 같습니다. 전사는 진리가 사랑이라는 것을 깨닫게 됩니다.

스토킹 기술을 배우기

미겔은 스토킹 기술을 가르칠 때 순차적인 접근 방법을 사용한다. 그는 계속 이러한 핵심적인 생각을 반복적으로 설명한다.

우리는 지구 행성의 꿈이 만든 덫에 걸려 지옥에 빠져 있는 인간임을 잊지 말아야 합니다.

우리는 깨달음을 얻고, 꿈을 변화시키고, 꿈에서 탈출하기 위한 도구로 스토킹을 사용합니다. 우리 자신 속의 스토커는 우리를 도와 악몽을 멈추고, 우리를 지옥에서 탈출할 수 있는 자리에 서게 합니다.

평소 우리는 우리 전체의 실존으로 인한 고통 때문에 우리가 이곳에 존재한다는 관념을 갖고 있습니다. 우리는 악몽을 꾸고 우리의 잘못된 기억을 발달시킵니다. 우리는 과거를 거의 기억하지 못합니다. 우리는 자신을 아주 많이 알고 있다고 생각합니다만, 실제로 우리는 자신에 대해 거의 알지 못합니다.

나는 지난 밤 내내 힘에 대한 꿈을 꾸었지만 그 꿈이 어떤 것이었는지 기억해낼 수가 없습니다. 내가 아는 것은 오직 그것이 힘에 관계된 꿈이란 것뿐입니다.

나는 내가 여덟 살이었을 때 일어난 일들을 약간 기억합니다만, 그당시 했던 말이나 행동을 기억해낼 수는 없습니다. 착각이 우리를 눈멀게 합니다. 우리는 기억상실을 일으키게 하는 거짓 환경에서 살고 있습니다. 내가 알지 못하는 내 자신의 전 부분이 여전히 존재합니다. 이것은 당신에게도 마찬가지입니다.

나는 변형의 마스터가 되고자 하는 나의 도제들에게 이러한 순차적 개념에 대한 것을 알려줍니다.

1. 우리는 하나의 알(egg) 속에 둘러싸여 있는 일정한 양의 에너지와 더불어 이 땅에 태어났습니다. 이 알은 우리의 몸과 그 몸을 둘러싸고 있는 모든 영적 에너지를 보호하고 있습니다.

2. 우리는 태어날 때 육체적인 몸을 갖지만 차츰 정신적인 몸을 발달시킵니다. 비록 신생아에게 마음이 없을지라도 그 영혼을 강하게 느낄

수 있습니다.

3. 성장하기 위해서 우리는 바깥 세계로부터 에너지를 받아들입니다. 우리는 우리의 다양한 몸을 다른 여러 종류의 에너지를 통해 기르게 됩니다. 육체적인 몸은 음식이 필요하지만, 음식이 우리가 자라는 데 필요한 유일한 에너지는 아닙니다. 우리는 열매로 성장할 필요가 있는 생명체와 같습니다. 몇몇 다른 존재들은 자신의 음식으로 열매를 취합니다. 우리의 열매는 우리의 인식입니다. 모든 종류의 에너지들은 인식을 가지고 있지만, 인간의 인식은 이 세계와 저 세계의 다른 존재들의 인식과 다르고 구별됩니다. 우리 인간의 인식은 지식입니다.

4. 마음으로 우리는 에너지를 창조합니다. 집단적인 마음은 우리의 마음에 에너지를 만들어내도록 압박을 가합니다. 두려움은 우리의 마음이 어떤 꿈을 꾸어야 하는지 가르칩니다.

5. 이성은 우리의 내적인 꿈을 바깥의 꿈과 연결시킵니다. 이성은 그 자신의 특별한 인식을 우리에게 줍니다. 이 인식은 몸·마음·영혼의 인식과 같지 않고, 인간에게 있는 다른 에너지 시스템과도 같지 않습니다.

6. 인식은 개인의 중요성을 강조함으로써 성장합니다. 이성은 우리 자신의 거짓 자리 또는 거짓된 이미지를 만들어내는 개인의 중요성에 대한 감각을 키웁니다. 우리의 거짓 이미지로부터 우리는 인식이라는 열매를 창조합니다. 그러면서 우리는 자신의 독특한 인식을 만들어내는 이성의 가치를 발견합니다.

7. 이성은 거대한 양의 에너지를 비축합니다. 인간의 인식 수준과 비슷한 주변의 많은 다른 유기체 또는 무기체들이 우리가 저장한 에너지

로 자랍니다.

8. 우리는 인식을 위한 에너지를 다른 사람이나 지구 행성 자체가 꾸는 꿈의 에너지를 흡수해 얻습니다. 지구 행성의 꿈은 자신의 에너지를 우리에게 빌려줍니다. 나중에 지구 행성의 꿈은 우리에게서 최종 산물, 곧 우리의 인식을 청구할 것입니다. 지구 행성의 꿈은 열매를 따먹기 위해 커져가는 우리의 인식에 투자합니다. 이것은 우리가 씨를 뿌리고 나중에 열매를 따먹는 것과 똑같습니다.

9. 지구 행성의 꿈과 지구 주위의 다른 에너지 시스템들에 인간의 인식은 대단히 가치가 있습니다. 이것은 왜 많은 인간이 지구에 존재하는지를 설명해줍니다.

10. 지구 행성의 꿈은 인간의 인식이 파괴적이라는 사실 때문에 대가를 치를 것입니다. 어느 시점에 이르면 인간의 인식은 통제 불능 상태에 이를 것입니다. 그러면 많은 다른 에너지 시스템들이 인간의 산물들을 통제하려 할 것입니다. 이때가 되면 인간이 아닌 다른 존재의 관점에서 볼 때에도 인간의 인식은 암처럼 통제 불능 상태임을 우리 또한 알게 될 것입니다. 우리는 우리 행성의 환경을 파괴하고 있습니다. 이러한 일이 멈춰져야 합니다만, 이와 동시에 인간 의식의 열매도 풍성해지고 있는데 이는 에너지가 풍성해진다는 것을 뜻합니다.

11. 지구 바깥에 나갈 때, 우리는 거대한 생명체인 지구 행성의 꿈을 볼 수 있습니다. 이 꿈은 인간을 노예로 삼아 자신을 위한 일을 시키고 있습니다. 인간과 지구 행성의 꿈에 대한 관계성은 공생의 형태로 존재합니다.

지구 행성의 꿈은 인간이 성장하기 위한 에너지를 공급하지만, 그 대가는 막대합니다. 여기에는 자유가 없습니다. 인간은 지구 행성에서 노예로 살아가고 있습니다.

12. 그렇다고 죽음이 노예 상태에서 탈출하는 방법은 아닙니다. 육체는 죽지만 영혼은 살아 있고, 영혼은 지구 행성의 에너지 시스템이라는 덫에 걸릴 수 있기 때문입니다. 육체가 죽으면, 지구 행성의 꿈은 지구 행성에 속해 있던 부분을 탈취합니다. 조금씩 지구 행성은 꿈에 속해 있던 모든 감정들을 흡수합니다. 다른 감정들은 영혼과 영혼의 재환생 계획 속에 남아 있습니다.

13. 새로운 주기가 시작되면, 이 과정은 또 반복됩니다. 곧 지구 행성이 에너지를 빌려 주고, 인간의 인식이 성장하고, 그리고 지구 행성의 꿈에 대한 인간 인식의 청구가 반복됩니다.

결국, 영혼이 스토킹 기술을 배우기까지 영혼은 사후에도 지구의 삶의 환경이라는 덫 속에 빠져 있는 것입니다.

자기 사랑과 변형

언제나 행복을 먼저 바라보도록 하십시오. 행복은 오직 우리 내부로부터 올 수 있습니다. 그 누구도 우리에게 행복을 주지 못합니다. 행복은 우리에게서 나오는 사랑을 표현하는 것입니다. 다른 사람이 우리를 사랑하기에 행복한 것이 아니라, 우리가 다른 사람을 사랑하기에 행복한 것입니다. 톨텍의 수련은 우리에게 자기 자신을 사랑하게 하는 것입니다.

모든 것들이 여기에 존재하기에 우리는 자신을 포함해 모든 것을 사랑하는지도 모릅니다. 우리 자신을 사랑하는 것이 조건적일 때, 남을 사랑하는 것 또한 조건적이 됩니다. 우리의 상처로부터 우리는 먼저 우리 자신을 사랑하는 것을 부정하고, 이어 남을 사랑하는 것도 부정하게 됩니다. 따라서 자기를 사랑하는 것이 첫 번째 목표가 됩니다. 당신이 자신을 충분히 사랑할 줄 안다면, 다른 사람에 대한 사랑은 걱정할 필요가 없습니다. 이제 관계를 맺는 것은 당신이 그것을 원해서이지, 그 관계가 필요해서가 아닙니다. 당신이 필요를 느낀다면 당신은 조종당할 수 있습니다. 우리가 행복하다면, 다른 사람이 우리를 행복하게 해줄 필요가 없습니다. 우리는 행복을 나눕니다. 우리의 고독을 나누는 것이 아닙니다. 자기 사랑은 우리를 사랑스런 존재로 만듭니다. 사람들은 언제나 자신과 평화롭게 지내는 사람 쪽으로 끌리게 되어 있습니다.

미겔은 사람들이 저마다 삶 속의 믿음 체계에서 기인하는 장벽에 대해 인식할 수 있도록 가르쳤다. 나구알들은 도제들이 자신들의 장벽을 낮출 수 있도록 일종의 속임수를 쓰기도 한다. 타오르는 불 가운데로 걸어가게 하는 것은 믿음 체계를 통과하기 위한 일종의 속임수이다. 이것은 스토커 과정을 받고 있는 도제들에게 가능성을 제시해준다. 목표는 경직되지 않는 데 있다.

어떠한 환경에 우리가 처해 있는지 '그 자리'를 가정하는 것은 우리가 상황을 다루는 한 방법이다. 우리의 자리는 늘 변하고 있다. 우리가 자신에게 집착하지 않는다면, 우리는 순간순간 상황에 따라 자기를 정죄하는 일 없이 즉각적으로 우아하게 반응하면서, 우리의 자리를 자유롭게 바꿀 수 있다. 우리는 늘 행동하고 있음을 알아채게 된다. 우리는 모두 가면을 쓰고 있다. 우리는 어느 때나 재빨리 변신할 수 있다. 이러한 인식은 이중성과 기만에 이끌릴 수 있지만, 우리가 자신의 모든 상처를 먼저 깨끗이 치유했다면, 이러한 자기 인식은 지구 행성의 꿈에서 벗어날 수 있는 강력한 도구가 된다.

옛날 톨텍 시대의 테오티우아칸과 툴라, 마야의 도시들에서 많은 가면들이 발견되고 있다. 이 가면들은 톨텍족의 예술 형태이기도 하지만 의도적으로 가르치는 수단이기도 했다. 가면들을 벽에 걸어놓고 도제들은 하나의 가면 앞에 서서, 그 가면이 드러내고 있는 동일한 감정을 느낄 수 있을 때까지 똑같은 얼굴 표정을 짓는 수련을 했을 것이다. 처음에 도제들은 눈이 없는 가면들을 가지고 수련했다. 그리고 숙달된 뒤에는 눈이 그려진 가면의 표정을 모방하게끔 수련했다.

이러한 수련을 실제에 적용하기 위해 도제들은 시내에 들어가 보통 사람들의 얼굴 표정을 연구하였다.

잠자는 사람의 얼굴은 그 사람의 진짜 얼굴이다. 마스터 전문과정에서 톨텍족은 오라(aura)를 연구한 사람들과 같은 방법으로 잠자는 사람의 상태를 분석할 수 있었다. 이러한 방법을 통해 인간 존재에 대한 이해를 아주 세밀히 발전시켰다. 마스터는 얼굴 표정 뒤에 숨어 있는 감정을 알기 위해 한 번 흘끗 쳐다보기만 하면 되었다. 그 표정 한 번으로 마스터는 그 사람의 감정을 느낄 수 있었다. 이것은 어떤 사람이 거짓말을 하는지 안 하는지 알아보는 데 아주 유용했다.

세상의 많은 사람들은 본능적으로 자신들이 추구하는 결과를 얻기 위해 그에 맞는 가면을 쓰고 있다. 하지만 이것은 샤먼적인 지식이요, 침묵의 지식 일부요, 헌신해온 도제들에게만 올바로 가르쳐야 하는 기술인 것이다. 자칫 사람들에게 잘못 쓰일 힘을 줄 수 있다.

스토킹 수련을 하다보면 우리는 삶의 여러 상황 속에 처해 있는 우리의 다양한 자리에 직면하게 된다. 이러한 자리 가운데 변할 수 없는 것도 있다. 절대로 변할 수 없는 위치 중 하나가 자신의 성(性)이다. 당신이 여성이라면, 그 여성이란 조건이 실제적으로 변화하기란 불가능하다. 하지만 때로 우리의 꿈에서는, 이처럼 변할 수 없는 것들의 변화를 가능하게 해준다. 따라서 이것은 우리에게 불행을 피할 수 있게 숨통을 터준다. 그래서 당신의 내적 꿈들을 변형시킨다면, 당신은 변할 수 없는 자리를 좀 더 냉철하게 받아들일 수 있다.

🐘 어떤 조건들은 어려울 수도 있지만 당신은 그것들을 변화시킬 수 있습니다. 당신은 이란이나 이라크에 사는 페르시아 여인일 수 있습니다. 당신은 이런 조건에서도 일을 할 수 있습니다. 당신은 여전히 여성일 수 있지만, 당신의 자리를 당신이 처한 문화의 관계성에 따라 수정할 수 있습니다. 만약 그렇게 행동할 수 있다면, 당신의 행동을 인식하는 다른 사람들도 자신의 상황을 또한 바꿀 수 있을 것입니다.

모든 변경이 행복하게만 끝나는 것은 아닙니다. 히틀러는 꿈의 바깥

세계를 바꾸고자 시도한 사람이었지만 더욱 끔찍하게 만들었습니다. 그러나 마하트마 간디(Mohandas Karamchand Gandhi)는 자신을 먼저 정화했기에 세상에서 그의 행동은 더욱 효과적이고 자비로웠습니다.

장난감 세상

장난감 세상은 미겔이 도제들을 가르칠 때, 초연하게 자신을 있는 그대로 보는 방법을 알도록 사용한 은유입니다.

나는 때때로 장난감 세상에 사는 한 장난감에 대해 말하곤 합니다. 당신이 온 세상을 장난감 세상으로 여긴다면, 당신의 몸은 당신이 좋아하는 장난감이 됩니다. 당신은 당신의 몸을 좋아합니다. 당신의 몸이 없다면 행동도 없습니다. 당신의 몸은 재미있게 놀라고 만들어진 것이지, 고통을 겪고, 경쟁에 이기기 위해 만들어진 것이 아닙니다. 당신의 몸으로 당신은 꿈꾸는 것들을 말하고, 나눌 수 있습니다. 당신은 세상 밖을 바라볼 수 있습니다. 장난감 나라에서 당신은 당신 몸에 감사하고 몸을 존중할 것입니다. 당신의 장난감을 가지고 놀기 원하는 누구든 당신이 존중한 것처럼 당신의 장난감을 높이 존중해야 할 것입니다.

장난감 나라에서 모든 사람은 행복하기를 원합니다. 장난감 나라에 사는 모든 장난감들은 혼자 또는 여럿이 놀이를 합니다. 누구든지 자기 의지에 따라 놀이를 바꿀 수 있습니다. 모든 장난감들은 자신의 능력을 가지고 있습니다. 그래서 놀이의 결과는 우리가 어떻게 노느냐에 달려 있습니다. 장난감 나라에서 당신은 의사, 기술자, 당신이 원하는 무엇이든지 될 수 있습니다. 당신은 놀이를 하면서 무엇이나 가능했던 어린이와 같은 감정을 다시 느끼게 됩니다. 당신의 상상력은 개인적인 자유를 다시 얻게끔 합니다. 장난감 나라에서 도덕성은 지옥 같은 세상의 도덕성보다 훨씬 높습니다. 장난감 나라에서 당신은 당신의 자리를 언제든지 바꿀 수 있습니다. 그러므로 자리를 지키기 위해 힘쓸 필요가 없습니다. 장난감 둘이 결혼을 하게 되면, 상대방의 자유를 간섭하지 않고 모두의 행복을 추구합니다. 장난감 나라의 이념은 자리를 고수하려는 데에서 초연하자는 것입니다. 이것은 현재 자신이 있는 그대로의 모습을 받아들이는 자기 수용성을 고취시킵니다.

스토킹 수련을 통해 당신은 꿈을 제어할 수 있고, 당신이 원하는 꿈을 만들 수 있습니다. 모든 것이 환각이기 때문에, 스토킹 수련은 장난감 나라에서 노는 것처럼 놀이가 될 수 있습니다. 우리가 원하지 않는 놀이를 하지 않기 위해서는, 우리의 놀이 또는 우리의 자리를 바꿀 용기가 있어야 합니다. 그렇지 않다면 우리는 고통만 겪을 뿐입니다. 장난감 나라에서 우리는 우리가 진정 원하는 것을 발견하곤 용기를 얻습니다. 그리고 그것을 이루고자 놀이를 만들어냅니다.

톨텍의 도제 과정에 있는 전사는 장난감이 될 수 있는 마스터 전문과정을 이수해야 합니다. 이 수련은 자기중심성을 낮추고, 대부분의 사람들이 생각하는 비극적인 인생을 희극으로 드러내는 것입니다. 도제들은 마음 비우기 훈련을 배웁니다. 스토커는 모험을 시도해야 합니다. 스토킹 수련은 지는 법이 없는 게임과 같습니다.

도제 수련을 수년 동안 지도하면서 나는 이들이 스토킹 전문과정 수련을 마치고 얻은 결과들을 보게 되었습니다. 톨텍의 지혜를 수련했던 한 학생은 사업에 관련된 글을 쓰는 작가가 되었습니다. 그는 국내 여러 곳에서 세미나를 개최합니다. 그들 마음속에 혼돈의 짧은 시기가 지나면, 수련을 잘 마친 마스터들은 자신의 삶과 일들을 잘 수행해 나갑니다. 톨텍 지혜는 끊임없는 수련의 과정입니다. 아무도 "이제 나는 모든 수련을 끝냈다. 나는 나구알이다."라고 말할 수 없습니다. 마스터가 되는 것은 삶이 가야 할 길이요, 평생을 두고 추구해야 할 일입니다.

몸을 스토킹하기

지금까지 마음의 관점으로 본 스토킹 기술에 대해 말했습니다. 우리가 말하고 싶은 또 다른 관점은 몸의 관점입니다. 우리가 가장 상처 입기 쉬운 것이 자신의 몸에 대한 우리의 판단입니다. 우리의 몸은 가장 충직하고, 신뢰할 만한 친구입니다. 톨텍의 방법을 따르는 것은 인간의 몸을 존중하고, 가능한 몸을 청결히 유지하고, 본래부터 몸은 완벽하다고 생각하는 것입니다. 하지만 우리 대부분은 이러한 태도를 갖기가 어렵습니다. 대부분 몸의 병들은 우리의 정신 상태에서 기인하고, 이 정신 상태는 우리가 어떤 삶의 위치에 있느냐에 따라 달라집니다. 병은 때때로 우리가 자신의 건강에 대한 책임을 회피하고, 우리 자신이 피해자라고 정당화시키려는 데에서 옵니다.

몸에 대한 부정적인 생각은 마음에 영향을 끼쳐 마음이 몸을 억누르게 합니다. 이러한 방법으로 몸은 마음에 힘을 넘겨줍니다. 몸의 의식적인 운동뿐 아니라 몇 가지 무의식적인 운동까지도 마음의 지배를 받습니다. 마음은 생각합니다. '내가 나의 몸이다.' 마음은 몸이 필요로 하는 것을 받아들일지 안 받아들일지 나눕니다. 마음은 몸이 필요한 것을 마음이 필요한 것으로 해석해버립니다. 마음은 언제나 질과 양을 원합니다. 그래서 몸은 이미 배가 불렀음에도, 마음은 몸이 더 먹을 필요가 있다고 인식할 수 있습니다. 마음속의 심판관은 몸을 이상적인 상태와 비교하기에 음식을 '필요로 하는' 몸을 비난합니다. 마음은 몸을 죄악으로 여기면서도 여전히 몸이 과식하도록 유발하는 존재입니다.

우리가 몸을 다루는 태도를 바꾸기를 우리는 바라고 있습니다. 우리가 할 수 있는 최선의 방법은 몸의 한계를 존중해주고, 우리나 다른 사람의 몸에서 아름다움을 보는 것입니다. 각각의 나이마다, 단계마다 어떻게 보이든지 간에 그 몸의 아름다움을 볼 수 있어야 합니다.

우리의 몸은 죽음의 천사에게 속해 있습니다. 몸은 오직 우리에게만 채무를 지고 있습니다. 우리는 몸의 모든 부분들과 모든 기능들에 감사해야 합니다. 우리 문화에 있는 청교도적 믿음과는 달리 톨텍족은 우리의 후손들을 낳아주는 우리의 생식기관의 힘에까지 우리 몸에 대한 감사가 커져야 한다고 믿고 있습니다.

우리가 감사할 줄 알고, 우리 몸을 존중한다면, 우리 몸을 이상적인 형태로 만드는 일의 80퍼센트를 한 것입니다. 우리는 굳이 완벽한 몸을 만들고자 따로 노력할 필요가 없습니다.

우리는 타자의 견해를 묻는 우리의 방법을 점검해볼 필요가 있습니다. 우리가 자기 몸에 대한 자신의 견해에 의심이 든다면, 남들에게 다음과 같이 물어볼 것입니다. "제가 어떻게 보입니까?" 하나의 부정적인 견해는 우리 자신의 내적 견해를 망가뜨릴 수 있습니다. 이렇게 한다면, 우리는 자신을 그대로 받아들일 수 있는 우리의 힘을 포기하는 것입니다. 게다가 우리의 심판관과 피해자를 더욱 키우는 꼴이 됩니다.

몸의 필요와 마음의 필요는 서로 다릅니다. 육체 단련은 몸이 자신의 힘을 회복하는 데 도움이 됩니다. 톨텍의 나구알 수련에서 훈련은 행복한 숨쉬기로부터 시작됩니다. 이 책의 첫머리에는 기운 자체라 할 수 있는 사랑과 다시 연결되기를 바라는 기도문이 있었습니다. 우리가 호흡을 할 때마다 유용한 사랑을 인식하는 것은 전사가 되기 위한 도제의 수련 목표입니다.

변형의 육체 양생법

이 책에서 다루지는 않겠지만 나는 무술이나 요가, 태극권과 유사한 신체수련 과정을 진정 가르치고자 합니다. 독자들은 어떠한 형식의 수련을 해도 좋을 것입니다. 수련의 목적은 아무런 장벽도 없이 신체를 통한 에너지의 흐름을 창조하는 것이기 때문입니다. 신체수련은 많은 사람들이 자기 몸에 대해 키워온 모든 부정적인 생각들을 내보내고,

몸에 힘을 더할 것입니다. 당신이 진정 수련을 하고자 한다면, 살아 있다는 것의 기쁨을 명상하면서 시작하십시오.

우리는 다차원적인 존재이고, 우리 몸은 다차원적인 기관들로 구성되어 있습니다. 우리는 심장과 폐, 위장 등 우리 자신의 모든 부분들을 존중합니다. 우리 몸의 각 부분마다 자체의 인식이 있습니다. 우리는 몸에 대해 감사드리는 기도를 함으로써 수련을 시작합니다.

우리가 수련할 때, 우리는 바른 자세를 취하고 의식적으로 호흡을 합니다. 나는 늘 학생들에게 자신의 호흡 리듬을 발견하라고 말합니다. 나는 요가에서 가르치는 것처럼 특정 호흡 리듬을 가르치지 않습니다. 우리에게는 저마다 자신에게 맞는 다른 호흡 리듬이 따로 있기 때문입니다. 당신의 근육과 관절 또한 리듬을 가지고 있습니다. 수련을 할 때에는 언제나 몸의 소리에 귀를 기울이십시오. 몸의 각 부분의 상태를 알아차리고, 그곳이 잘 회복되도록 하십시오. 감정은 몸의 다른 곳에 내려놓으십시오. 이러한 종류의 수련을 하는 목적은 힘을 키우려는 데 있는 것이 아니라, 몸의 독소들을 없앰으로써 감정을 내려놓고 내적인 조화를 이루려는 데 있습니다. 감정의 독이 풀리게 되면, 내부 기관과 여러 차크라(chakras, 차크라는 산스크리트어로 바퀴를 뜻하며, 우리 몸의 정중앙 기혈에 존재하는 회전하는 에너지의 소용돌이를 뜻한다.—옮긴이) 속에 있는 에너지의 흐름 사이에 조화가 일어납니다. 차크라는 대개 우리 몸의 임맥(任脈)과 독맥(督脈) 경혈(經穴, 몸의 앞뒤 정중앙 선을 잇는 혈—옮긴이)을 따라 백회혈에서 척추 아래까지 존재하는 일곱 개의 에너지〔氣〕 집결지를 말합니다. 이 개념은 힌두교와 불교에서 기원합니다.

수련하는 동안 자세를 유지하고, 이 동작의 의도를 탐색해보십시오. 모든 수련 체계들의 동작들은 인간 몸이 지니는 아름다움을 나타냅니다. 각각의 자세 속에서 몸은 마치 조각상과 같습니다. 마음속에서 이것을 연습하는 것이 예술입니다. 매우 단순한 프로그램부터 시작하십시오. 나는 몸 전체에 활력을 불어넣어주는 수련의 각 동작들을 가르칩니다. 이것은 한 시간 반이나 걸립니다. 수련을 하면, 몸무게가 줄어드는 효과를 볼 수 있습니다.

나는 우리 몸과 어머니인 지구 사이에 연결점이 있음을 강조하고자 합니다. 지(地), 수(水), 화(火), 풍(風, 공기)이라는 네 가지의 기본 요소가 내가 가르치는 수련 체계에 들어 있습니다. 인간의 몸은 흙입니다. 등뼈, 뇌, 신경 시스템은 불입니다. 순환 체계는 물이고, 호흡기인 폐는 공기입니다.

내가 가르치는 양생법(養生法)은 불의 호흡에서 시작합니다. 몸의 주요한 두 개의 중심부, 곧 불의 요소로 서로 연결되어 있는 척추 아랫부분과 뇌 속의 송과선을 생각하십시오.

이마 부근 중앙에 있는 송과선은 빛을 감지합니다. 우리의 몸과 태양 사이의 연결점이라 할 수 있습니다.

불의 호흡을 하려면 목 뒤쪽으로 가글하듯이 소리를 내면서 숨을 들이마시십시오. 그런 다음 쉿 소리를 내며 이 사이로 숨을 뱉으십시오.

송과선을 통해 척추 아래로 숨을 내려보낸다는 기분으로 태양으로부터 오는 숨을 들이마시십시오. 들이마실 때 당신이 지구의 중심부로 들어가듯이, 또는 당신 자신을 제물이나 성만찬의 빵으로 바치는 것을 상상하십시오.

당신이 지구로부터 해답을 얻어서 다시 태양에게 전해주는 것을 상상하면서 숨을 내쉬십시오.

호흡을 통해 태양과 지구가 우리 몸에 참여하도록 초대할 수 있습니다. 우리는 태양과 지구의 두 에너지를 하나로 만듭니다.

신경은 우리 몸의 모든 세포와 직접 연결되어 있습니다. 우리의 호흡은 우리 몸의 모든 세포에 에너지와 활력을 불어넣습니다. 호흡은 세포 하나하나를 치유합니다. 당신이 호흡할 때, 당신 몸 전체로 에너지가 흐르는 것을 느낄 수 있습니다.

나는 이러한 수련 체계를 의대를 졸업하고 인턴 시절일 때, 사막에서 만난 스승님에게 배웠습니다. 당신이 멕시코에 오면, 스승님이 내게 가르쳐주었던 동작들을 보여주는 작은 조각상들을 볼 수 있을 것입니다. 이와 같은 동작들을 전 세계 곳곳에서 찾아볼 수 있습니다. 왜냐하면 모든 사람들이 이러한 동작들이 가진 힘을 발견했기 때문입니다.

도제들과 함께 가진 모임에서 우리는 찬송을 부르는 소리 훈련도 합니다.

우리의 목적은 순수하고 가장 기본적인 소리의 성질을 회복하는 데 있습니다. 침묵은 소리에 형태를 부여한 것입니다. 인간은 언어와 음악을 이용하는 소리 예술가입니다. 우리는 말을 건설적으로 하기 위해 흠 없는 말을 하는 수련을 합니다. 우리는 말을 스토킹하고 이른바 말이 가지고 있는 힘을 의식합니다. 견해와 판단의 결과와, 비난 뒤에 숨겨진 힘을 인식합니다. 우리가 치유의 관점에서 말을 한다면, 우리의 말은 다른 사람에게 상처를 줄 수 없을 것입니다. 우리가 다른 사람의 말에 고통을 느끼고 반응한다면, 우리는 자신의 상처를 보는 것입니다. 말로 떠오르는 고통의 근원을 발견하기 위해 우리는 기억들을 살핍니다. 그러면 우리는 상처를 치유할 수 있게 됩니다.

이러한 철저한 수련들을 한번 배우게 된다면, 이것을 배우기 위해 따로 시간을 내서 수업을 들을 필요가 없습니다. 이 수련들은 언제든지 할 수 있습니다. 도로에서 빨간불이 켜져 멈춰 기다릴 때, 불의 호흡을 할 수 있습니다. 집안일을 하는 도중에 자세를 잡고 의식적으로 호흡을 할 수도 있습니다. 모든 수련의 목적은 바로 지금의 순간을 의식하는 데 있습니다.

스토커 수련자들의 경험 사례들

미겔에게서 도제 수련을 받은 예술가 베르나데테 비질(Bernadette Vigil)은 이제 완전히 수련을 마친 나구알이 되었다. 미겔은 베르나데테에게 그녀의 그룹을 테오티우아칸에 데려가 도제들을 가르쳐도 될 때가 되었다는 확신을 주었다. 베르나데테는 나구알이 된다는 것이 어떤 의미가 있는지 설명하면서 다음과 같이 말했다. "나는 자신을 용서했습니다. 나는 피해자라는 역할을 내려놓았습니다. 이제 내 감정의 몸은 죽었습니다. 그 몸은 테오티우아칸에서 통과의식을 치르는 동안 죽었습니다." 그녀는 우리 각자가 자신의 침묵의 지식에 이를 수 있는 장소인 아상블라주 포인트(assemblage point, 우리 몸 속 원자와 양자의 진동에 의해 에너지 장이 형성되는데 그 에너지 장의 중심에서 소용돌이가 일어나는 지점이다. 질병 치료에 접목할 수 있는 신기술로도 이용된다.—옮긴이)에 대해 말한다. 우리가 깨달음에 들어서면, 아상블라주 포인트가 움직이며 확장되기 때문에 깨달음도 또한 더욱 커져간다.

베르나데테는 스토커로서 자신의 느낌을 설명한다. "실수하지 않도록, 나는 내가 말하고 생각하는 것에 대해 주의를 기울였습니다. 내가 가르칠 때면, 나의 중심을 이동해 다른 차원에 속한 온전한 나구알이 드러나도록 했습니다. 나구알은 한 개인의 전체 중 일부분에 속하지만, 그것은 단순히 영적인 몸에 머물러 있기보다는 그 이상의 다른 차원으로도 확장이 됩니다. 우리는 스토킹 수업을 시작할 때 둥글게 모여 기도를 합니다. 우리는 자신들의 의도를 분명히 하고 서로 경청하도록 합니다. 막대한 에너지의 흐름이 이 원으로 흘러들어올 때, 침묵의 지식이 들어오게 됩니다.

나는 신입 도제들의 아상블라주 포인트가 처음에는 그들의 영적인 몸의 약간 오른쪽 뒤에 있다고 느낍니다. 나구알로서 움직이게 되면, 내가 비록 명상 상태에 있을지라도 그들을 만질 수 있습니다. 나는 내 의지와 그들의 의지 사이에 에너지의 통로를 만듭니다. 그러면 학생들은 저마다 자신에게 이미 침묵의 지식이 존재한다는 것을 깨닫게 됩니다.

마음은 수십억 개의 감정들로 만들어집니다. 모든 감정은 생명체이고, 이것들이 모여 마음을 만듭니다. 마음은 많은 사람이 살고 있는 한 나라와 같습니다. 당신은 이 감정의 나라를 다스리는 지도자가 누구이며 어디에서 살고 있는지 물어봐야 합니다. 모든 판단과 헐뜯는 말을 중지해야 합니다. 남에게서 비난받는 것을 의식하는 것은 피해자라는 것을 받아들이는 것이 됩니다. 톨텍의 전승에서는 피해자가 되는 것을 거부합니다.

테오티우아칸에서 사자의 거리를 따라 걷는 걸음은 두려움을 보내기 위해 죽음을 준비하는 걸음입니다. 걷다보면 어느 순간, 당신은 이전에 당신이었던 자아를 땅에 묻게 됩니다. 사자의 거리를 따라 걷는 것은 힌두교에서 차크라 사다리를 오르는 것에 비견될 수 있습니다. 당신이 두려움을 내려놓을 때에, 발걸음 하나하나는 더 많은 깨달음을 가져오게 합니다."

베르나데테는 영혼을 보호하고 있는 알에 대해 말한다. 몸은 우리의 경계선이 아니다. 몸을 넘어서서 영이 존재한다. 이것은 외견상 알로 둘러싸여 있다. 특별한 은총을 가진 자들은 몸 주위에 두 개의 알(만도를라―옮긴이)을 가지고 있다. 미겔은 대부분 도제들이 두 개의 알을 가지고 있는 것을 보았다. 베르나데테 또한 그의 도제들에게서 이와 같은 것을 보았다. 두 개의 알을 가지고 있지 않은 학생은 나구알 에너지가 그(그녀)의 에너지 장으로 들어올 때, 하나의 알을 깨버려 두 개의 알을 만들어낼 수 있다. 이러한 일은 온전히 자신을 맡기는 학생에게만 순간적으로 일어난다.

미겔의 아내인 가야 젠킨스 루이스는 나구알 여성이자 스승으로서 우리에게 말한다. 관계성이란 "서로의 상처를 어루만져주는 것"이라고.

"누군가 당신에게 다가와서 무례한 욕을 했고, 그것이 당신 마음에 남아 있다고 한다면, 당신 마음속에는 깨끗이 정화해야 할 무언가가 남아 있는 것입니다.

우리는 특정 주파수로 진동하고 있습니다. 당신이 분노를 속에 품은 채로 상대와 만난다면, 당신은 분노를 상대방에게 보내고 있는 것입니다. 분노는 상대방의 오라 장(auric field)에 파문을 일으킵니다. 상대방이 분노를 느낀다면, 당신의 분노가 상대의 분노를 촉발시킨 것입니다. 하지만 상대방이 화를 내지 않는다면, 그(그녀)는 당신과 동일한 주파수로 진동하고 있지 않은 겁니다. 당신이 보내는 분노는 그냥 그(그녀)를 통과해 흘러가버릴 겁니다.

우리는 다른 사람으로부터 우리를 보호해야 할 필요가 없습니다. 오직 우리 자신으로부터 우리 자신을 보호해야 합니다. 무엇인가가 우리에게 영향을 미친다면, 그것이 아마 우리의 자기중심적인 감정을 휘저어놓았기 때문입니다. 우리의 에고를 건드렸을 때, 우리는 상처를 입게 됩니다. 모욕이나 낙담을 느끼는 것은 우리의 자기중심성이 여전히 활동한다는 신호이고, 이것이 제거되어야 할 필요가 있다는 신호이기도 합니다."

가야는 학생들에게 매일 자신의 생각과 욕망을 성찰한다면, 무엇보다 자기 전에 기도를 올리라고 주지시킨다. 이렇게 하면 꿈의 상태에 들어갈 때 자신의 통제력을 강화시킬 수 있기 때문이다. 미겔의 학생들은 꾸준한 자기검열이 자신의 내적 품성을 통제할 수 있다고 말한다. "당신은 이것을 바로 알 수 있을 겁니다. 이제 나는 이 모든 것들에 대해 한마디로 말하고자 합니다. 만약 내가 누군가와 이야기를 나누고자 한다면, 내 자신의 중심성을 염두에 두지 않고는 대화하지 않는다는 사실을 보게 되었습니다. 이제 나는 내 에너지를 아주 효율적으로 쓰기 시작했습니다."

이러한 태도가 흠 없는 것이라는 데 미겔은 동의한다.

미겔의 또 다른 도제는 스토킹에 대한 예술가의 견해와 자신의 생각을 비교하며 말했다. 그는 스토커가 '인식의 마스터'라고 말했다. 스토킹에 점점 숙달될수록 색깔이나 방 안이 정돈된 방식이나, 생활이 진행되는 방식이나, 가족들과 의사소통하는 방식 등에 대해 더욱 주의를 기울이기 시작한다. 이것은 아름다움의 형태 속에 숨어 있는 힘을 먼저 보는 것과 같다. "내 앞에 커다란 문이 열렸습니다. 갑자기 삶이 재미로 가득 찬 것 같았습니다."라고 그가 말했다.

이러한 지혜를 배우는 학생은 아주 사소한 인식이라도 유용하다고 생각해야 하며, 그것을 수정해 더 풍성하게 하고, 그것만이 가진 아름다움에 더욱 집중해야 한다고 그는 제안한다. 일반적으로 아름다움 속에는 힘이 있고, 미학에는 기쁨이 있다. 사냥꾼은 개인적인 필요를 채우기 위해 무언가를 찾고 있다. 하지만 스토커에게는 무엇인가 깊은 것이 자라기 시작하면 차츰 개인적인 필요는 사라져간다. 이것은 지성으로 제어할 수 없다. 당신은 자신이 아름다움으로 끌리고 있음을 느끼지만, 이것은 개인들마다 다르다. 당신의 직관을 따라감으로써 그러한 존재, 곧 당신이 찾고 있는 침묵의 지식 쪽으로 이끌리게 된다. 이러한 지혜는 자아의 감각을 훨씬 넘어서 있는 큰 것이어서, 당신의 영혼이 언제나 갈망했던, 가장 깊숙한 바람이 있는 장소에서 일어난다. 당신은 어린 시절의 바람을 알고 있다. 왜냐하면 어린이는 영혼과 생생하게 이어져 있기 때문이다. 스토커는 이러한 확실성을 다시금 찾아낸다.

자칭 '꿈꾸는 자'라고 주장하는 한 여인은 스토킹이 자신의 행동을 더욱 잘 인식하게 해준다는 것을 알았다. 또한 스토킹은 그녀가 고통에 빠지지 않도록 막아주었다. 그리고 자신이 어떤 결정을 내리는 데 도움을 주었다. 스토킹으로 그녀는 자신을 더욱 잘 알게 되었고, 이제는 스토킹을 즐겨 한다. 그녀는 자신의 감정에 묻는다. "내가 왜 불편함을 느끼지? 이 느낌이 어디서 오는지 알아봐야겠어. 내 안전이 침해당할까 두려워서인가? 아니면 다른 사람과 함께 있는 이 상황이 싫어서인가?"

한 여성 도제는 꿈의 상태에 들어 있을 때, 자기에게 어떤 행동이 일어나는지 지켜보고, 그것을 인식하고, 그것과 떨어져서 초연할 수 있어서, 그로부터 무언가를 창조하든지 또는 동시에 두 종류의 인식의 만남을 통해 어떤 일이 일어나게 할 수 있었다고 설명했다.

스토커에게는 두려움이 없다. 스토커는 자신이 원하는 것이 무엇인지 알고, 그것을 찾으러 간다. 행동하기 전에, 행동하는 중간에, 혹은 행동하고 난 뒤에 스토커는 자신의 직관에 안테나를 세우고 귀 기울여 듣는다. 그러면 스토커는 어떤 것도 제멋대로 지나가게 놔두지 않는다.

나에게 또 다른 여성이 말했다. "스토커가 되는 것은 그저 삶의 순간순간마다 나의 행동을 관찰하고 인식하는 것입니다. 이것은 내가 어떤 가면을 쓰고 있는지, 언제 어떻게 그 가면을 쓰는지 인식하는 것이지요. 또다시 이것은 진실로 나의 직관으로 돌아가는 것이고, 내가 도전받을 때 가장 신뢰할 수 있는 적절한 방법이 됩니다. 때때로 나는 꿈꾸는 자이고 싶습니다. 왜냐하면 스토커로 끊임없이 삶을 마주하기 때문입니다. 하지만 모든 일과 모든 사람들을 성찰하기 위해 내가 인식하고 있고, 내가 진실로 깨어 있다는 것이 기쁩니다."

그리고 한 남자가 나에게 스토킹 기술은 또한 변형의 기술과 연관할 수 있다는 성찰을 덧붙였다. "나는 스토킹을 이용해 내 자신을 지옥에서 끌어냈습니다. 나는 스토킹을 통해 심판관과 피해자 사이에 전투를 벌였습니다. 그래서 내가 본래의 진정한 내 모습이 되는 데 도움을 주지 않는 내 몸 안의 에너지들을 알게 되었습니다. 내가 염려하는 느낌이 들면, 나는 그것이 단지 내가 순간에 충실하지 않았기 때문이라는 것을 깨닫습니다. 다시 순간으로 내 의식을 집중시키자마자 염려는 사라집니다. 어느 순간이든 내가 느끼는 것들을 직시함으로써 나는 그것을 변화시킬 수 있는 힘을 얻게 되었습니다. 나의 힘이 그 순간에 충분히 크다면, 나는 내 자신을 지옥에서 끌어낼 수 있습니다.

나의 아상블라주 포인트는 그러한 두려운 곳에까지 이동하는데, 나는 그것을 인식하고, 의지를 통해 그것을 다시 되돌립니다. 스토킹을 하지 않는다면, 내가 원하는 곳이 아닌 엉뚱한 장소로 내가 옮겨지는 것을 인식할 수 없을 겁니다. 스토킹은 나를 행복한 사람이 되게 하는 유용한 도구입니다. 스토킹이 없었으면, 나는 사랑이나 생명을 절대로 경험할 수 없었을 겁니다. 또 부끄럼이라는 나의 장막 속으로 숨었을 것입니다. 내 속에 있는 스토커는 매우 강하고 또 나에게 말합니다. '두려움이 가득 찬 지옥으로 가라. 하지만 나는 지옥을 지나가리라.' 스토커가 효과적이 되기 위해서 당신은 매우 철저해야 합니다. 그렇지 않으면, 한곳에 고착된 변명만 늘어놓을 것입니다."

"우리는 보통 스토킹과 꿈꾸기를 대립되는 것으로 말합니다만 이것은 다만 한 단계에서 말하는 설명일 뿐입니다." 한 여자가 말했다. "당신이 이 단계를 넘어서게 되면, 스토킹은 꿈꾸기가 됩니다. 우리가 인식하게 되면, 우리는 언제나 꿈꾸고 있음을 깨닫게 됩니다. 누군가가 '나는 꿈꾸는 자입니다. 하지만 스토킹에 대해서는 잘 모릅니다.'라는 말을 한다면 나는 생각합니다. '그렇다면, 당신은 스토킹을 해야 합니다. 그렇지 않으면 이 꿈에 연결될 수 없어요.' 당신은 인식 속에서 스토킹을 하고 있는 것인지 아닌지를 선택해야 합니다. 스토킹을 전혀 하지 않고 순수하게 꿈만 꾸는 사람이 있다면, 이 사람은 언제나 붕붕 떠다니기만 할 것입니다. 이 사람은 세상이 어떻게 돌아가는지, 자기 이름이 무엇인지, 날짜가 언제인지조차 모릅니다. 우리가 취하는 모든 행동이나 어느 쪽으로 주의를 돌리는 것 등, 이 모든 것이 스토킹입니다. 꿈도 스토킹입니다. 주어진 순간마다 우리의 주의를 끄는 것들이 무수히 많습니다. 우리의 주의를 어디에 두느냐 하는 선택이 우리가 어떤 종류의 스토커인지 말해줍니다. 나는 스토킹과 꿈꾸는 것이 서로 모순되는 일처럼 보여도 함께 일어난다는 점을 지적하고 싶습니다. 스토커는 당신의 꿈에서 초연히 떨어져서 인식을 통해 관찰하는 부분입니다. 당신은 꿈에 사로잡혀 있지만 한편 꿈에서 떨어져 있습니다. 스토커는 자신을 감정이나 꿈에서 벗어나게 할 수 있기 때문입니다."

한 남성 도제는 스토킹을 에너지에 대한 가치 평가라고 설명했다. 우리가 판단하지 않는다고 한다면, 평가를 위한 어떤 방법이 있어야만 한다. 판단하기보다 한 사람이나 어떤 상황 속에 있는 에너지를 평가할 수 있다. 그 에너지가 얼마나 우리의 행동이나 우리 자신에게 적절한지, 이를 기준으로 두고 말이다. 어떤 에너지는 당신에게 중요하지 않을 것이지만, 어떤 에너지는 당신이 이루고자 하는 일에 밀접하게 연결되어 있을 것이다. 당신은 목적을 향해 가는 스토커가 되기 위해 평가 기준을 만들어야 한다. 당신 자신을 영에게 맡기는 것과 길들여진 옛 습관에 맡기는 것에는 차이가 있다. 당신이 하나의 프로젝트에 관련되어 있다고 할 때, 당신이 원했던 일을 지금 하고 있는지, 아니면 당신의 영이 당신을 위해 계획한 일을 지금 하고 있는지를 파악하는 것은 때로는 어려운 일이다. 세상에서 스토킹 하는 것과 당신 자신을 스토킹 하는 것이 별개라고 말할 수 없다. 세상의 길에서 당신이 하는 모든 행동은 당신 내부의 길에 반영되기 때문이다. 스토킹은 당신의 에너지를 평가하는 작업이며, 당신의 영적 에너지를 조정하는 것이다.

미겔과 도제와의 상담 내용

당신이 세상 속으로 뛰어들 때, 자신은 이 세상에 아무런 감정이 없는 존재라는 함정에 빠지게 됩니다. 당신이 세상과 어울려 지낼 수 있도록 당신의 성격을 발달시키기까지는 행복하지도 불행하지도 않습니다. 대개 당신은 여러 상황에 따라 가면을 선택합니다. 가면은 사람을 안전하게 느끼도록 만듭니다. 가면은 스토커가 세상에 보여주는 표현 양식입니다. 어린이처럼 당신이 세상에 어떻게 존재할지 결정을 내린다면, 이 결정은 당신의 인생 전체에 영향을 끼칠 것입니다. 스승으로서 나구알이라면 그(그녀)의 도제들이 이 세상을 대하는 양식이나 성격을 이해할 수 있도록 어떤 가면을 사용해야 할지 찾으려고 합니다.

사람들이 쓰고 있는 가면의 이면(裏面)을 볼 수 있다면, 당신은 사람들을 만날 때 어떻게 행동해야 할지 선택할 수 있습니다. 당신의 반응은 당신이 스토킹을 할 때 더욱 효과적이 될 것입니다. 과거와 똑같은 방식으로 단순히 환경에 반응하는 것은 효과적이지 않습니다. 사업 세계에서 스토킹을 하는 것은 시스템에 따라 움직이는 것보다 훨씬 효과적일 것입니다. 스토킹을 하고 분명하게 파악되는 것은 당신에게 놀랄 만한 유익을 줄 것이며, 지옥 같은 사업 세계 속으로 이끌리는 당신을 보호해 줄 것입니다.

스토킹은 더욱 높은 수준의 세계에 올라서는 방법이며, 인류를 좀 더 높은 인식의 세계로 이끄는 것입니다.

당신이 감정의 독을 깨끗이 정화한다면, 누군가가 당신에게 분노를 터뜨려도 당신은 그것에 영향 받지 않을 것입니다. 이러한 일은 당신이 마스터가 되었을 때 이루어집니다. 당신은 자신에게 '나는 사랑에 머물 거야.'라고 말할 수 있습니다. 그리고 이렇게 할 때, 상대가 화를 내도 당신은 끄덕도 하지 않는다는 사실을 상대에게 전할 것입니다. 마스터 전문과정은 다른 사람의 독에 영향 받지 않는 존재가 됨을 뜻합니다.

언제나 끊임없이 유혹의 손길이 뻗쳐옵니다. 다른 생명 존재들이 우리의 감정을 조종해 우리를 꿈속으로 다시 들어오도록 유혹할 것입니다. 이들은 성경에서 기록하고 있는 루시퍼(하느님께 대적하는 악한 천사―옮긴이)의 어두운 빛에 반응하고 있습니다. 마스터 전문과정으로 우리는 이런 유혹자를 분명히 인식할 수 있습니다. 예수는 우리에게 사랑으로 유혹에 저항하는 방법을 보여주었습니다. 분노의 감정을 멈추려고 하지 마십시오. 그저 이 감정이 당신을 통해 자연스럽게 흐르도록 놓아두십시오.

테오티우아칸의 산 후앙(San Juan) 강 근처, 태양 피라미드에서 약 1.5킬로미터 떨어진 곳에 테티틀라(Tetitla)라고 불리는 고대 사람들이 살던 유적지가 있습니다. '테티틀라'라는 말은 '돌무더기 지역'이라는 뜻입니다. 이곳에서 많은 벽화들이 발견되었습니다.

테티틀라는 순수한 검은빛이 존재하는 곳입니다. 이곳에는 우리가 지니고 있는 상처들을 치유하고, 이 상처의 독을 제거하는 치유 에너지가 있습니다. 이 빛은 순수한 사랑 또는 정화된 사랑입니다. 심지어 당신이 어릴 때 가진 두려움에서 연유된 알지 못하는 상처들도 이 빛으로 치유됩니다. 거짓 이미지들은 깨져버릴 것입니다. 수년 동안 정신적인 이미지로 억압해왔던 감정을 먼저 당신 자신이 표현한다면, 당신 속의 분노는 슬픔으로 변화될 수 있습니다. 하지만 이 슬픔은 다만 당신이 정화되고 있음을 경험하는 증상일 뿐입니다.

테티틀라에 가는 경험은 자신을 정화하는 과정의 원형이자 최고의 방법입니다. 그곳에 갈 수 없다면, 당신 내부의 자기검열 수련을 통해 자기 정화를 경험할 수 있습니다.

인지능력을 지닌 인간으로서 당신은 에너지에도 차이가 있음을 알아차릴 수 있는 관점을 가지고 있습니다. 아상블라주 포인트는 깊은 내면 의지에서 인간 '알'의 표면까지 의지에 따라 변화될 수 있습니다. 아상블라주 포인트는 당신이 이러한 현실을 인지하는 장소입니다. 이런 관점에서 살필 때 분노, 질투, 두려움의 감정들은 아주 좁은 영역 속에 있습니다. 이와 다른 총체적인 관점에서 살피면, 당신은 이러한 감정들을 알아챌 수 없습니다. 당신이 이러한 현실과 거의 아무런 관련이 없어지게 될 때까지는, 이러한 감정을 인지할 수 있는 좁은 영역에서 나오는 것은 불가능합니다. 당신이 차크라를 인지의 창이라 생각한다면, 각각의 차크라 수준마다 다른 관점을 가지게 될 것이라는 점(차크라들은 주파수대역이 각각 달라서 인지의 수준도 다릅니다.—옮긴이)을 상상할 수 있습니다. 아마 시작 차크라와 회음부 차크라로부터는 약간 동일한 정보를 인지할 수 있겠지만, 시작 차크라로부터 우리는 회음부 차크라로부터 얻을 수 있는 정보들을 모두 인지할 수는 없을 것입니다. 당신의 일상적 아상블라주 포인트는 총체적 인식의 스펙트럼 안 어딘가에 존재합니다. 하지만 당신이 자신의 두려움을 없애지 않는 한 이러한 아상블라주 포인트를 바꾸려는 것은 현명하지 못한 처사입니다.

톨텍 전승의 모든 수련들은 두려움이 이끄는 지구 행성의 옛 꿈에서 나와 지상 천국의 새 꿈으로 가고자 하는, 당신의 개인적인 인식을 높이는 데 목적이 있습니다. 하지만 이 옛 꿈을 꾸어온 지 벌써 수천 년이 되었습니다. 따라서 이 꿈은 모든 인간의 마음속에 아주 깊숙이 자리 잡고 있습니다. 꿈 자체는 생명체입니다. 이것은 태양으로부터 온 대천사입니다.

영(spirit)은 우리에게 이 꿈을 바꾸라고 요청합니다. 영은 다시 자신의 왕국을 요구하고 있습니다. 우리가 제6태양시기에 들어섰을 때, 태양은 이러한 꿈의 변화를 이룰 수 있는 기회를 우리에게 주었습니다. 아니 기회라기보다는 꿈은 변해야 한다고 우리에게 말하는 명령이 되었습니다.

당신이 지구 행성의 꿈에서 나오게 된다면, 당신은 자신의 아상블라주 포인트를 완전히 영혼(soul)이라는 몸의 관점에서 볼 것입니다. 우선 영혼의 뒤쪽에서부터 당신은 누가 이 꿈에 맞서고 있는지 볼 것입니다. 그런 다음 영혼의 앞쪽으로 움직여, 누가 영혼 속의 영을 보고 있는지 알 것입니다. 이것이 영혼의 한 부분에서 다른 부분으로 크게 도약하는 것입니다.

이러한 변화를 이루고자 우리 이성의 한 부분은 영혼을 곧장 만나는 무조건적인 사랑의 검은빛을 인지하고, 영혼의 문을 열어 결국 그 영이 저절로 흘러나오게 합니다. 영은 무조건적인 사랑을 알아채는 이성의 이러한 부분과 하나가 됩니다. 영과 이성이 서로 합쳐지면 모든 일을 할 수 있습니다. 이 둘은 마음을 완전히 정화시키고, 자신들의 깨달음을 밖으로 드러냅니다. 그리스도와 부처는 이와 같이 이성의 한 부분과 영이 완전히 일치한 분들입니다.

우리가 현실로 알고 있는 에너지 시스템에서 이성은 제일 높은 왕의 자리를 차지하고 있습니다. 우리는 함께 심판관과 피해자를 두고 있습니다. 하지만 톨텍의 이상적인 에너지 시스템에서는 영이 왕의 자리를 차지합니다. 영적인 에너지 시스템을 유지하게 하는 이성의 유일한 요소는 이성이 영혼을 반영하는 부분입니다.

영혼의 크기는 처음에는 미세하지만 당신의 몸속 모든 세포와 연결되어 있습니다. 영혼은 인간의 알 속 깊숙이 존재합니다. 이것은 의지의 핵, 곧 인지의 막(bubble) 속에 존재합니다. 영은 물질 속에 갇힌 작은 태양 조각입니다. 우리의 DNA는 영과 직접적으로 연결되어 있습니다. 우리의 존재는 영입니다. 그리고 우리의 존재는 신입니다. 우리의 의지는 우리 인간의 알을 둘러싸고 있고, 우리가 죽을 때까지 존재합니다.

당신이 가다가 갈림길이 맞닥뜨릴 때, 잠시 동안은 두 길 가운데 아무 길을 선택해도 좋을 것입니다. 하지만 얼마 되지 않아 둘 가운데 한 길이 옳지 않음을 깨달을 것입니다. 설사 당신이 잘못 선택했더라도 개의치 마십시오. 시도를 해볼 줄 아는 당신 자신을 사랑하기를 바랍니다. 그리고 당신에게 말하십시오. '선택한 일이 실패하더라도 일단 시도해보는 당신을 사랑합니다.'

그러면 시간이 흐르면 흐를수록 당신은 더욱 좋아지고 있다고 느낄 것입니다. 이것은 당신이 이전에 쓰지 않았던 근육을 사용하는 것과 같습니다. 자신에게 다음과 같이 말할 수 있을 겁니다. '이런, 일이 점점 나빠지고 있는 것 같아. 하지만 나는 어쨌든 그 일을 해냈어.' 이러한 것을 다섯 번이나 하게 된다면, 당신은 이렇게 생각할 것입니다. '잠깐, 이러한 느낌이 전에도 있었는데……. 내가 주의를 기울이지 않았군.' 당신은 이성을 내려놓기 시작하고 당신이 환경에 반응하는 느낌을 신뢰하기 시작할 것입니다. 이것이 삶을 살아 있게 하는 방법입니다. 🐘

두 번째 주의: 악몽을 넘어서기

🐘 인생의 꿈은 우리의 모든 현실과 동의어입니다. 현재 살고 있는 인생의 꿈은 우리가 생각하는 자신의 모습과 현실 속의 모든 사물을 우리가 어떻게 바라보고 있는지 드러냅니다. 이러한 꿈은 우리의 인지능

력으로 배워온 결과입니다. 우리는 인지를 통해 믿게 된 모든 것으로부터 우리의 현실과 꿈과 마음을 창조합니다.

우리는 다차원적인 생명체이기에 함께 수천 가지 것들을 인지할 수 있습니다. 하지만 인간이 된다는 마술 같은 부분 가운데 하나는 우리에게 분별하는 능력이 있다는 것입니다. 우리는 우리의 주의(注意)와 상관없이 무차별적으로 인지되는 모든 것을 걸러내 연구하기 원하는 인지 대상에 초점을 맞출 수가 있습니다. 수도 없이 많은 자극의 가능성 가운데 이러한 인지 대상 하나를 선택하고 초점을 맞출 수 있는 능력을 우리는 이른바 '주의(attention)'라고 부릅니다.

주의는 우리가 배우고자 하는 것에 우리의 인지도를 집중하게 합니다. 걸음마를 배우기 위해, 자전거를 타거나 피아노를 치기 위해, 우리는 처음부터 주의를 기울여야 하고, 반복적으로 연습해야 합니다. 그 행동이 완전히 자동적으로 나오기 전까지 말입니다. 그때야 비로소 행동의 지식은 우리의 일부분이 됩니다.

우리는 알고 있고, 믿고 있는 모든 것들을 배우기 위해 주의를 사용합니다.

우리는 현실을, 곧 우리의 꿈을 창조하고자 첫 번째 주의를 사용합니다. 우리가 최초의 주의를 사용한 결과, 우리는 지옥이라 부르는 악몽을 창조했습니다.

꿈을 변형시키기 위해 우리가 사용할 수 있는 도구는 우리가 처음에 이러한 꿈을 창조하기 위해 사용한 도구, 즉 주의입니다.

우리가 알고 있는, 혹은 우리가 믿을 것인지 안 믿을 것인지 고심한 뒤에 우리가 옳다고 생각하는 모든 것들을 다시 성찰해보면, 우리는 자기검열이라고 부르는 과정 속에 두 번째 주의를 사용합니다. 우리가 사용하는 두 번째 주의는 꿈을 변화시킵니다. 우리가 두 번째 주의를 연습함으로써 우리는 이전에 우리를 묶고 있던 제약들을 없애고, 우리의 의식을 확장시킵니다. 결국에는 우리가 새로운 꿈, 곧 모든 것이 가능한 삶의 꿈, 우리의 자기 확신, 희망, 기대감 등을 북돋아주는 꿈을 꾸고 있음을 발견하게 됩니다. 이 새로운 꿈을 우리는 지상 천국이라 부릅니다.

두 번째 주의를 통해 우리의 꿈은 우리가 되고 싶어 하는 장소와 시간으로 우리를 옮길 수 있습니다. 우리는 탐험가가 됩니다. 더 이상 어떤 것에 대한 교조주의자가 되지 않습니다. 우리는 우주 전체에 대한 넓은 관점을 가지게 됩니다. 온전한 영적 존재인 나구알은 과거에는 알지 못했던 것들을 알게 됩니다. 물론 여전히 모르는 것들이 존재하지만 말입니다. 두 번째 주의는 우리가 꿈을 제어할 수 있게 해주고, 우리가 신이 되고 있다는 인식을 갖게 해줍니다.

미겔은 《이집트 사자의 서(The book of Hermes)》라는 책에서 배울 때 두 번째 주의 상태에 있었다. 이때 그는 예수와 부처를 만났다. 두 번째 주의에 들어간 사람은 모두가 언제나 살아 있으며 모든 것이 가능한 존재가 된다.

당신 자신의 꿈을 스토킹 하기

스토커로서 당신은 자신의 꿈을 디자인할 수 있습니다. 나는 내 자신을 디자인합니다. 이것은 많은 작업을 필요로 하지만, 나는 이 작업의 각 단계들을 좋아합니다. 나는 모든 일에 내 자신을 몰두시킵니다. 당신이 하는 모든 행동들 속에 들어 있는 힘을 인식할 수 있다면, 당신의 행동에 사랑을 실을 수 있습니다. 그렇지만 상처를 받을 수도 있을 것입니다. 이러한 상처를 받는다면 또 다른 자기 검열 수련이 모든 상처를 치료하기 위해 필요하게 될 것입니다.

당신이 사랑의 상태에 있다면, 당신에게 잃을 것이란 아무것도 없습니다. 당신은 하나가 된 상태에 있는 것입니다. 당신은 이 땅 위의 신인 것입니다.

이것은 아주 멋진 개념입니다. 당신이 깨어 있기만 한다면 이것은 추상적인 개념에 그치는 것이 아니라 진리가 되는 것입니다. 이것은 당신 자체입니다. 하지만 당신이 깨어 있기 전까지는, 이것은 단지 개념에 지나지 않습니다. 당신은 여전히 속에 독을 품고 있을 수도 있습니다. 여전히 당신 자신이 중요하다고 느낄 수도 있습니다. 이러한 것들은 옛 꿈들이 갖고 있는 함정입니다. 꿈은 당신을 놔두지 않을 겁니다. 왜냐하면 꿈은 사랑을 다룰 줄 모르니까요.

지식을 갖는 것은 멋진 일이지만 그 지식이 행동으로 옮겨지지 않으면 함정이 될 수 있습니다. 수많은 영혼들이 사랑이 무엇인지 모르기에 함정에 빠집니다. 그들은 자신들이 사랑한다고 생각하지만, 모든 사람을 함정에 빠뜨리는 꿈이 지시한 사랑만 알고 있을 뿐입니다. 꿈에서 깨어나기 위해 우리는 스토커가 되어야 합니다.

모든 사람들은 어느 수준에서는 스토커입니다. 스토킹은 우리가 무엇인가를 진실하게 할 때 사용하는 유일한 방법입니다. 대부분의 사람들에게 스토킹은 유일한 생존의 방법입니다. 전사들에게 스토킹은 도망칠 수 있는 방법입니다. 마스터에게는 스토킹이 기술입니다. 우리는 스토킹의 기술자들이 되어야 합니다. 우리가 이미 전사들이 되었다면, 우리는 지구 행성의 꿈을 변화시키는 데 스토킹을 사용해야 합니다. 이러한 노력은 지옥의 오래된 환각과 지상천국의 새로운 꿈 사이의 내적인 '전쟁'입니다. 우리는 천국의 특성이라 할 수 있는 예술과 미를 창조하기 위해 스토킹을 사용합니다.

스토킹 기술은 여러 해 동안 수련해야 나올 수 있습니다. 당신이 하는 모든 것들과 당신이 말하는 모든 것들이 힘의 행동임을 인식할 수 있을 때가 되어야 마스터 전문과정에 이르게 됩니다. 이러한 인식의 당연한 결과로서 당신은 당신의 행하는 모든 것과 당신이 말한 모든 것에 책임성을 갖게 됩니다. 당신은 지상천국의 꿈을 창조할 수 있는 힘을 직접적으로 의식할 것입니다.

8장

정의의 세상

1992년 12월 미겔은 자신이 돌아올 때는 완전히 변화된 사람이 되리라는 기대감을 갖고서 테오티우아칸으로 갔다. 내면의 안내자가 그에게 이번 테오티우아칸으로 가는 순례는 그가 이전에 했던 것보다 더욱 위험한 일이 될지도 모른다고 말해주었다. 그는 태양 피라미드 꼭대기로 올라가, 샤먼같이 그의 생명력을 순수한 영적 빛에 온전히 바쳐 '태양 속으로 뛰어오르기로' 작정했다. 힘의 작용에 대한 명상 수련은 보다 높은 수준의 깨달음에 이르게 할 수도 있겠지만, 이러한 자기 추동에 따른 시도는 자신의 의지로 숨과 맥박을 멈추게 할 수 있는 최고의 샤먼이라도 치명적 결과를 낳을 수 있었다. 고대 톨텍족은 이러한 힘의 작용을 자기 몸을 떠나는 유체이탈에 사용하곤 했다. 미겔은 그는 혹독한 수련을 이겨낼 때에만 언제나 자신이 바뀔 수 있음을 알고 있었다. 그가 의사가 되는 것을 포기했을 때와 같이 자신의 정체성을 버리는 모험을 감행했다.

미겔은 이 혹독한 수련을 이겨냈다. 하지만 그의 변화에 대한 기대감이 매우 역동적으로 현실화되자, 그와 동행했던 사람들은 그가 이 여행을 시작했을 때와는 완전히 다른 사람으로 변했음을 느꼈다. 겉모습은 동일한 몸과 동일한 표정을 지녔지만, 이전에 그들이 알고 있던 그의 인격은 더 이상 예전과 같지 않았다.

그 이후로 미겔의 외모와 성격은 변화를 보였다. 새롭게 된 미겔은 광범위한 청중을 상대로 강의하는 세계적인 스승이 되었다. 하지만 여전히 그의 내면에는 그의 역할에 대한 인식이 분리되어 있었다.

자신의 변화에 앞서 미겔은 톨텍의 지혜를 찾는 사람이라면 누구든지 그 지혜를 나누어주는 것이 자신의 운명이라고 믿고 있었다. 자신의 생애 전부는 이러한 임무를 수행하는 데 바쳤다. 오늘날 그는 말한다.

모든 것이 사라졌습니다. 더 이상 어떠한 과제도 없게 되었습니다. 아무도 없었고, 인생이란 것도 없었죠. 내 안에서 나는 완전히 충만한 기쁨과 평화와 사랑, 단지 존재한다는 것만 느낄 수 있었습니다. 나는 더 이상 내 자신이나 누구에게도 그 어떤 것도 정당화시킬 필요를 느끼지 않게 되었습니다. 내가 하는 일의 의미가 바뀌게 되었습니다. 나는 내가 남에게 나눠줄 특별한 은사가 있다는 생각을 더 이상 하지 않게 되었습니다. 나는 지금껏 하느님의 일을 하는 사람이요, 그분이 뜻이 있어 이곳에 나를 보냈다는 생각을 해왔습니다만, 이것이 더 이상 내게 진리가 되질 않았어요. 지성적으로 나는 이제 거의 생각을 할 수 없습니다. 때때로 책을 읽기도 하지만, 내 마음속에서 어떠한 행동을 내가 할지 생각하지 않게 되었습니다.

이것이 삼매(三昧)의 경지인 것 같습니다. 그 하루를 보낸 뒤 나는 세상을 다른 눈으로 보게 되었습니다. 나는 아무런 판단도 내리지 않고 세상을 봅니다. 이 결과는 나를 놀라게 합니다. 나는 지구 행성에 대해 전혀 염려하지 않게 되었지요. 나는 자연에 대해서도 걱정을 하지 않습니다. 나는 사람들에 대해서도, 전쟁, 태풍, 누군가가 나를 죽이려는 것에 대해서도 걱정하지 않습니다. 나는 어떤 일이 일어날지, 즉 일어나야만 되는지 알고 있습니다. 원래 예정대로 일은 진행될 것입니다. 나는 이것을 백 퍼센트 신뢰합니다.

나는 정의로운 세상을 봅니다. 우리는 이미 정의로운 세상에 들어왔습니다. 우리는 수천 년 동안 정의를 갈구해 왔습니다. 이러한 새로운 마음의 상태에서 나는 이 세상에서 우리가 만들어낸 모든 악몽들을 볼수 있습니다. 감정적·육체적 인간의 고통은 우리가 자신 속에 만들어놓은 것에서 비롯된다는 것을 이해하는 것은 쉽습니다.

그날 이후 나는 언제나 재미있게 노는 두 살 된 내 자신을 다시 볼수 있었습니다. 나는 더 이상 불의한 세상을 볼 수가 없게 되었습니다. 나는 인간이 악몽을 꾼다는 것을 알지 못하게 되었습니다.

아이 같은 순진무구함이 없더라도 진정한 지복(至福)은 이 세상이 정의의 세상이라는 것을 아는 데 있습니다. 우리가 단지 아이처럼 순수하게만 있다면 악몽을 제거할 수는 없을 것입니다. 너무나 순진한 아이들은 마치 어린 양과 같습니다. 우리는 반드시 이들을 지옥으로 이끌고 가야 합니다. 그래야 이들이 가능한 빨리 지옥에서 나올 수 있게 될 것입니다.

미겔은 이러한 운명적인 여정 동안 근본적인 믿음의 상태에 들어서게 되었다. 그가 이제 가르칠 때면, 자신을 통해 일어나는 모든 일들을 믿을 수 있다는 확신 속에서 말을 하였다.

나는 내가 알고 있는 것을 두 번 생각할 필요가 없습니다. 나는 이제 내가 하는 말이 정확하다는 것에 대해 의심하지 않습니다. 이것은 아주 중요합니다. 나는 진리에 대해 매우 흥미 있는 것을 발견했습니다. 진리는 개인적이라는 겁니다. 나에게 진리인 것이 다른 사람에게는 아닐 수 있습니다.

강의를 듣는 저마다 사람들은 내가 말하는 것을 다르게 받아들입니다. 각 사람은 몇몇 메시지를 듣고 싶어 하지 전부를 원하는 것은 아닙니다. 사람들은 자기만의 특정한 방식으로 믿습니다. 나는 내가 아는 것을 드러낼 뿐입니다. 나는 더 이상 피드백(feedback)을 요청하지 않습니다. 내가 질문을 하는 것은 다만 그들이 믿는 것을 분명히 하기 위함입니다. 나는 '판단 중지'를 가르치곤 했습니다만 여전히 내가 내 자신을 판단하고 있음을 보았습니다. 하지만 그날 이후, 나는 이것을 내려놓았습니다. 나는 더 이상 내 자신을 판단하지 않습니다. 나는 있는 모습 그대로를 존중합니다.

나는 내가 누구인지 설명할 필요가 있었습니다만 이젠 그럴 필요가 없습니다. 이제는 다른 사람이 무엇을 듣고자 하는가를 관찰하는 것이 더욱 중요하게 되었습니다. 나는 나의 말을 바꾸지는 않았지만 나의 관찰 방법을 바꾸었습니다.

나는 두 아들과 나의 어머니, 나의 아내, 나의 학생들을 포함하여 그 누구도 나를 절실히 필요로 하지 않는다는 것을 압니다. 당신이 정의의 세상을 보게 된다면 당신은 백 퍼센트 당신 자신이 될 것입니다. 당신은 모든 사람과 상호소통을 분명히 하게 됨을 알게 될 것입니다. 당신은 본 모습에 완전히 열려 있을 것이고, 모든 사람이 바로 당신임을 보게 될 것입니다. 이는 당신을 다른 사람과 가깝게 할 것입니다. 필요를 느끼는 것은 다른 사람을 거부하는 원인이 됩니다. 아무도 당신을 필요로 하지 않음을 안다면, 당신은 그 누구도 배척하지도 않을 것이고, 두려워하지도 않을 것입니다.

이것은 거의 몸이 유체이탈 하는 것과도 같습니다. 당신이 당신 자신을 필요 없다고 여기게 되면, 당신은 모든 사람을 위해 존재하게 될 것입니다.

다른 사람들을 존중하십시오.

그들이 자신의 선택을 할 수 있도록 그들의 권리를 존중하십시오.

당신은 호의를 가지고 무언가 어떤 일을 할 수도, 하지 않을 수도 있음을 기억하십시오. 당신이 하고 싶지 않다고 한다면 무언가 해야 할 필요는 없습니다.

나는 모든 것들을 있는 그대로 존중해야 함을 배웠습니다. 나는 더 이상 문제들을 바라보지 않습니다. 불의한 사람들이 이 세상에서 느끼는 것들은 환각입니다. 불의는 바깥에서 오는 것이 아닙니다. 이것은 우리 각 사람이 우리 삶을 통해서 만들어낸 결정에서 옵니다. 사회 속에 불의의 희생자처럼 보이는 사람들은, 그들이 만든 선택을 통해 자신들을 상황으로 몰아넣습니다. 그 누구도 그들 자신의 꿈속에 있는 모든 독들에 대해 책임감이 없습니다. 이것은 그들 자신의 지옥입니다. 왜 꿈이 그들을 통제해야만 합니까? 그들이 이러한 꿈을 꾸기로 결심한 것입니다. 우리가 지옥이라 부르는 질병은 치료될 수 있습니다.

나는 기도를 했었고, 그들에 대해 미안함을 느꼈습니다. 그들은 얼마나 고통스러워하는가! 얼마나 그들은 나를 필요로 하는가! 하면서 말입니다. 하지만 필요에 근거해 우리는 우리의 사회를 건설해 오고 있음을 알게 되었습니다. 꿈의 바깥에는 두려움도 필요도 없습니다.

세상을 다르게 보는 방식이 있습니다. 이것은 훨씬 더 아름다운 일입니다. 당신이 필요를 포기할 때, 상처받을지도 모른다는 두려움이 사라지게 됩니다. 당신은 어떠한 기대도 하지 않습니다. 당신은 경계를 설정할 필요도 없습니다. 당신은 모든 것을 하나로 합칩니다. 당신은 더 이상 생각을 하지 않습니다. 오직 더없는 행복만을 느끼고, 더 이상 순진무구하진 않습니다. 당신은 지식이 아닌, 지혜로 순진무구함을 넘어서야 합니다. 필요를 느끼지 않는다면 당신은 지혜로운 사람입니다.

몸도 죽고 뇌도 죽지만, 마음은 죽음 뒤에도 살아 있어서 몸이 여전히 살아 있는 것처럼 느낍니다. 뇌가 살아있으려면 당분과 산소가 필요하지만, 마음은 이런 것이 필요 없습니다. 죽음 이후에 마음이 몸이 죽었음을 완전히 알아채기까지는 시간이 걸립니다. 마음의 기능은 꿈을 꾸는 것입니다. 잠잘 때 꾸는 꿈속에서라도 당신은 몸이 있는 것처럼 느끼기에, 말도 할 수 있으며 때때로 당신이 꿈을 꾸고 있다고 알아채기도 합니다. 당신의 이성은 당신을 깨우려고 합니다. 죽으면 이성은 기능을 멈춥니다. 그러기에 아무것도 당신이 죽었다고 말해주지 않는 것입니다.

죽는 것이 정의의 행동입니다. 당신이 생명을 경험하고 싶으면, 당신은 언제나 모험을 감행해야 합니다. 당신이 죽는 것을 두렵게 여기면, 당신은 진정 살아 있는 것이 아닙니다.

매 순간마다 살아 있음의 기쁨을 온전히 알기 위해 순간순간 우리는 죽음이 우리에게 언제든지 올 수 있음을 받아들여야 합니다. 죽음은 에너지가 자신을 실현하는 자연스런 연속성의 한 부분인 생명의 자연스런 결과입니다. 죽음을 받아들이는 초연함은 메마름이나 냉혹함을 뜻하지 않습니다. 이와 달리 필사적으로 삶에 매달리는 것을 포기한다면 모든 것들이 한순간 구원받게 될 것입니다.

인간이 시한부 병에 걸렸을 때, 이를 치료할 수 있는 것이 있다면 나는 그것을 사용하라고 조언합니다. 하지만 치료약이 없다면, 나는 고통을 연장시키는 의료 처방을 권유하진 않습니다. 마음은 죽기를 바라지 않기에, 쓸데없이 몸을 고통에 내맡깁니다. 몸이 죽게 내버려 두는 것이 더 옳은 일입니다.

당신과 관계가 있는 어떤 사람이 죽음에 임박했거나 병으로 고통을 당하고 있을 때, 당신이 그에 대해 미안함이 있으면, 당신은 그에게 전혀 도움이 되질 못합니다. 그럴 땐 당신이 도움을 주지 않고 초연하면서 사랑을 하고, 일이 진행되어가는 것을 그대로 받아들이면, 당신은 훨씬 더 효과적인 치료사가 될 수 있습니다. 이것이 정의입니다.

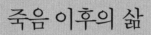

9장

죽음 이후의 삶

미겔이 강의를 할 때면, 우주의 창조주이신 우리 아버지께 기도를 올리고 시작한다. 그는 창조주께서 자신의 목소리와 눈과 손과 심장을 통해 그의 모든 자녀들에게 하느님 자신을 나누어 주실 것을 요청한다. 그의 강의록을 발췌한 이 장에서 그가 말하는 중심 주제는 죽음 이후의 삶이다.

죽음은 변형 이외의 다른 것이 아닙니다. 죽음은 다만 인간들이 어떤 변형에 직면할 때 우리에게 두려움을 주는 개념에 지나지 않습니다. 인간의 몸이 죽음에 임박해서 의식을 잃을 때가 되면 종종 죽음에 대한 공포가 더욱 강화됩니다. 몸은 느낌을 잃고 숨을 멈추게 됩니다. 몸은 자신이 파괴될 것이라고 생각하지만, 서서히 우리는 하느님에게로 돌아가는 것일 뿐입니다. 그럼에도 불구하고 우리는 죽음 이후의 삶에 대해 말하려고 합니다. 이것은 몸은 죽었어도 우리가 여전히 살아 있음을 믿는 것을 뜻합니다.

수천 년 동안 인간은 자신에게 죽음 이후의 삶에 대한 물음을 던져왔습니다. 이에 대한 대답은 '모든 것이 멈춘다.'에서 '환생을 통해 다시 태어난다.'는 것까지 다양합니다.

우리가 증명할 순 없지만 죽음 이후에도 삶이 존재합니다. 이는 우리가 믿고 있는 많은 것들을 증명하진 못하지만 그것들이 존재함을 알고 있는 것과 같습니다.

인간의 몸은 생존하기 위해 물과 음식, 산소라는 형태 속에 들어 있는 물질 에너지를 필요로 합니다. 꿈, 감정, 마음 등은 물질 에너지를 필요로 하지 않습니다. 따라서 이것들이 파괴될 이유가 어디에 있겠습니까?

우리의 마음은 살아 있습니다. 마음은 에테르 에너지로 만들어집니다. 마음은 생각을 통해 만들어집니다. 우리는 마음으로 생각하는 거지, 뇌로 생각하는 것이 아닙니다. 마음은 인식을 합니다.

뇌는 인지의 도구입니다. 뇌에 의해 에테르 에너지로 변환된 빛과 소리를 우리는 뇌를 통해 인지합니다. 우리가 인지한 것은 무엇이든지 감정의 구성 요소가 됩니다. 감정의 구성 요소는 감정과 상상력과 아스트랄 마음(astral, 혼 단계 수준의 존재—옮긴이)과 꿈의 에너지를 창조해낼 것입니다. 뇌의 주요한 기능은 물질 에너지를 에테르 에너지로 변환시키는 것입니다. 이러한 놀라운 과정을 통해 산소와 당분이 감정으로 바뀌는 것입니다.

마음의 기능은 하루 24시간을 꿈꾸게 하는 것입니다. 깨어 있을 때의 꿈은 물질적 구조를 갖고 있습니다. 잠잘 때의 꿈 또한 어떤 구조를 갖고 있는 것처럼 보입니다. 깨어 있을 때 우리 마음은 낮 동안 빛이 변할 때마다 에너지 주기의 영향을 받습니다. 이러한 리듬주기가 우리 마음에 시간과 공간의 의식을 갖게 해줍니다. 우리가 잠자는 동안에는 우리 바깥에서 오는 에너지를 인지하지 못합니다만, 마음은 우리 자신의 몸

이미지를 포함해서 여러 이미지들을 꿈꾸게 합니다. 우리는 꿈속에서 말을 할 수도 있고, 보기도 하고 붕붕 날기도 합니다. 우리가 꿈을 꾸고 있을 때에는, 우리가 잠이 들었다는 것을 의식하지 못합니다.

이러한 서로 다른 두 가지의 꿈이 차례로 나타납니다. 잠잘 때의 꿈은 시공간의 구조 없이도 깨어 있을 때의 꿈으로 이어집니다. 이 역도 마찬가지입니다. 우리는 한 시간 안에 우리의 인생 전체를 꿈꿀 수 있고 혹은 한 시간 안이라도 우리는 5분이나 10분 동안만 살아 있을 수도 있습니다.

무엇인가가 우리 내부의 꿈과 외부의 꿈 사이를 연결해 줍니다. 그것은 바로 이성입니다. 이성은 마음의 한 부분으로 모든 것들에 특성을 부여하고 이해하게끔 해줍니다. 이성은 이것이 실재고, 저것은 허구라고 말하고 싶어 합니다. 이성은 우리에게 꿈이 물질적인 틀을 갖고 있으면 진실이라는 환각을 심어줍니다. 우리는 물질의 틀을 실재로 바라봅니다. 우리가 매 순간 꾸고 있는 꿈으로 실재를 해석하고 있다는 것을 우리는 의식하지 못합니다.

우리의 꿈을 해석함으로써 우리는 자신의 영화를 찍고 있다고 할 수 있습니다. 우리의 꿈 해석이 우리와 똑같은 반응을 보여 주는 다른 사람의 꿈 해석과 다르지 않음을 우리는 봅니다. 이것은 우리 모두 함께 꿈을 꾸고 있음을 말해줍니다.

마음은 살아 있습니다. 당신은 다음과 같이 생각할지도 모릅니다. '몸이 나다.' 혹은 '마음이 나다.'라고 말입니다. 이렇게 생각한다면 당신의 마음은 죽음을 두려워하게 될 것입니다. 몸과 뇌가 죽게 될 때, 생명도 끝이 나고, 더 이상 인식할 수 없게 된다는 것이 두려운 것입니다. 하지만 이것은 진실이 아닙니다.

의과대학에 다닐 때 나는 자동차 사고를 당했습니다. 차는 부서져 완전히 망가졌습니다. 나는 내 자신이 차바퀴 밑에 누워 잠들어 있는 모습을 보았습니다. 그 순간 내가 몸 바깥에 있었던 것입니다. 그래서 내 몸이 내가 아니라는 것을 알게 되었습니다.

나는 내가 진짜라고 생각했던 것이 진짜가 아니라는 것을 알고 큰 충격을 받았습니다. 내가 완전히 착각 속에 살고 있었음을 알게 된 것입니다. 그 당시 나는 인생의 목표가 많이 있었습니다. 대학을 1년만 더 다니면 의사가 될 수 있었습니다. 나는 현실을 떠나는 것이 두려웠지만 현실은 진정한 실재가 아니었습니다. 현실에 대한 나의 개념은 즉시 바뀌었습니다. 그때가 바로 몸이 죽었을 때 우리가 끝난 것이 아니라는 것을 알았던 순간이었습니다. 우리는 계속 존재합니다.

그 사고를 겪은 뒤로 나는 나의 꿈들에 대해 연구하기 시작했습니다. 왜냐하면 우리가 죽을 때 일어나는 일이 마치 꿈같다는 생각이 들었기 때문입니다. 나는 죽음의 순간이 우리가 꿈을 꿀 때 일어나는 것과 매우 유사하다는 의식에서 출발했습니다. 이것은 거의 맞는 말입니다. 몸은 죽지만 마음은 계속 꿈을 꿉니다.

우리가 잠을 자게 되면, 우리는 꿈을 꾸고 우리의 뇌는 완전히 활동을 멈춥니다. 우리의 이성은 우리가 꿈을 꾼다는 것을 알아채고 뇌를 깨우려고 합니다. 이성의 임무는 '이것이 진실이다.' 혹은 '이것은 진실이 아니다.' 라고 말하는 것입니다. 이성은 언제나 물질의 틀 속에 고정되려고 합니다. 물질의 틀에서 이성은 안전함을 느낍니다. 물질의 틀이 없으면 이성은 지지대를 잃어버리게 됩니다.

죽은 상태에서는 이러한 이성과 뇌 사이의 상호반응이 일어날 수 없습니다. 몸이 없으면, 이성은 뇌를 깨울 수 없고, 물질의 틀과도 연결 지을 수 없습니다. 하지만 마음은 뇌가 없어도 꿈을 계속 꿀 수 있습니다.

마음은 우리의 모든 정체성과 기억들을 담아두고 있습니다. 이것은 심지어 에너지 공급이 끊겨져도 유지됩니다. 마음은 죽은 뇌로부터 어떠한 새로운 감정 에너지를 공급받지 못합니다. 하지만 자신의 기억에는 여전히 매달려 있습니다. 마음은 갑자기 자신의 죽음 상태를 인식하게 됩니다. 이것은 충격이 될 수 있습니다.

많은 사람들이 자신의 죽음을 인식하지 못한 채 죽음을 맞이합니다. 자신의 몸을 따라 살았던 많은 사람들은 자신이 죽었음을 깨닫지 못합니다. 지옥의 꿈속에 남아 있는 사람들은 톨텍족의 관점에서 보면 실질적으로 죽은 사람들입니다.

우리는 존재하는 모든 것들이 신이라는 것을 기억합니다. 지옥의 꿈속에서 우리는 우리가 신이 아니라는 꿈을 꿉니다. 우리는 우리보다 우월한 존재인 신을 창조했습니다. 우리가 창조한 신은 우리 모습대로 존재해야만 하는 우리의 책임성을 빼앗아가고 대신, 두려움과 처벌을 안겨 주었습니다.

꿈꾸는 자가 깨어 있어 신이 되는 낮 시간은 부활과 같습니다. 첫째 우리는 우리가 죽었다는 것을 인식해야 합니다. 그러할 때 우리는 깨어날 수 있습니다.

마음은 죽음을 맞이한 이후에도 꿈을 계속 꿀 것이라는 점을 고대 톨텍족이 이미 알고 있었다는 것을 미겔은 발견했다. 그들은 죽은 뒤에도 악몽이 계속 될 것이라는 데 걱정했다. 하지만 이 악몽이 얼마나 오랫동안 지속되는지에 대해서는 확신할 수 없었다. 깨어 있을 때의 꿈이든 잠잘 때의 꿈이든, 그들이 이 세상에 살아 있을 때 이 꿈을 어떻게 통제할수 있을지에 대해 그들은 모든 노력을 집중했다. 이것이 그들이 가르친지식이다. 본질적으로, 그들은 마음이 인지하는 모든 것들이 꿈이라는 점을 알고 있었다.

톨텍족은 마음이 영원하지 않다는 것을 알게 되었다. 마음은 조금씩 죽어가고, 영으로 혹은 내적 의도로 돌아가겠지만 뇌가 죽은 후 몇 년 동안 마음은 계속 꿈을 꿀 것이고, 변형을 거듭할 것이다. 최후로 마음이 죽게 될 때, 꿈의 종말이 이루어진다. 마음이 꿈을 계속 꾸는 이 기간은 세상에 일어나는 이해하기 힘든 현상들을 설명해 준다. 우리가 죽음의 과정을 이해한다면, 우리는 왜 사람들이 유령의 소리를 듣고, 유령의 힘으로 물건이 움직이는 것을 보게 되는지 이해할 수 있다.

죽는다는 것은 몸에서 해방되는 것을 뜻하고, 이것은 연결이 끊어지거나 이성을 잃는 일을 수반합니다. 죽음의 결과로 꿈은 두 개로 나누어집니다. 마음은 내적인 꿈을 계속 꾸게 되겠지만, 더 이상 바깥 꿈과는 연결이 되질 않습니다. 심지어 몸이 여전히 기능을 한다고 하더라도, 부패되는 과정이라고 하더라도, 마음은 자신의 이성과의 연결을 상실하게 됩니다.

몸도 인간 존재이고, 마음도 인간 존재입니다. 이 둘은 서로 합쳐져 있고 이성으로 연결되어 있습니다. 죽을 때 마음은 자신에 대해 책임감을 갖고 있습니다.

근본적으로 우리는 환각 속에 살아가고 있습니다. 우리가 찾는 행복 또한 환상입니다. 이것은 유령입니다. 우리는 순간적으로 행복을 느낄 순 있지만, 지속되진 않습니다. 왜냐하면 행복은 바깥에서 오는 게 아니기 때문입니다. 행복은 고통처럼 마음의 상태입니다. 행복은 우리 개인의 꿈에서 비롯되지, 물질적인 현실에서 비롯되지 않습니다. 우리의 성공과 행복은 에테르 현실 속에 있는 우리의 개인적 꿈의 성격에 달려 있습니다. 우리가 죽는 순간 악몽에 시달리고 있었다면, 우리가 죽은 것을 알아차리기까지는 악몽이 계속될 것입니다. 이것은 우리가 잠잘 때 악몽에 시달리고 있는 것을 아는 것과 비슷합니다.

죽음 이후에 다음과 같이 깨닫는 한 순간이 있을 겁니다. "오, 내가 죽었구나. 나는 몸도 뇌도 없구나. 모든 인생의 목적도 사라지고, 나는 이제 어찌할 수 없는 존재가 되었구나. 내 자신의 창조물들, 곧 내 자신의 두려움들, 내 자신의 분노가 나를 괴롭혀왔기 때문이야." 이 순간 우리가 꿈을 통제하고 변화시킬 수 있는 방법을 알아내기까지는 그 누구도 우리가 인식하고 있는 우리 자신과 상호 반응을 할 수 없을 것입니다.

우리가 죽은 이후에는 꿈을 변화시킬 수 있는 가능성이 매우 낮습니다. 이것은 마음이 점차 흡수되기 때문입니다. 우리의 꿈을 만드는 우리의 내적 에너지가 흡수되고, 악몽이 끝날 때까지 꿈은 조금씩 희미해집니다. 이때가 돼서야 우리는 다른 환경에서 새로운 몸, 새로운 뇌, 새로운 부모, 새로운 이름을 받고 새로운 생명 주기를 시작하게 됩니다.

이 과정은 이것이 꿈이라는 것을 깨닫고 여기서 탈출하기로 작정할 때까지 수많은 윤회의 삶을 통해 계속될 것입니다. 우리를 둘러싼 모든 것들은 물질의 틀을 입은 하나의 꿈일 뿐입니다. 이러한 인식을 가질 때, 우리는 다시 악몽을 행복의 꿈으로 바꿀 수 있는 기회를 얻게 됩니다.

지금 이 순간 당신은 살아 있습니다. 당신이 꿈을 바꿀 수 있는 절호의 기회입니다. 당신은 그저 꿈을 꾸고 있다는 것을 인지하기만 하면 됩니다. 당신뿐만 아니라 당신 주변의 모든 사람도 말입니다. 이러한 유일한 인식만이 당신이 다른 사람과 관계 맺는 방법을 바꿔줍니다. 당신은 사람들이 꿈꾸고 있음을 봅니다. 하지만 당신의 꿈은 이미 바뀌었고, 당신의 인식이 차츰 커감에 따라 더욱더 꿈도 변화를 계속할 것입니다. 우리는 몸과 뇌가 아닌 마음으로 꿈을 꾸고 있다는 것을 압니다. 그리고 마음은 죽음 이후에도 꿈을 계속 꿀 거라고 느끼고 있습니다. 죽는 것은 꿈이지, 꿈꾸는 사람이 아니라는 것을 우리가 받아들인다면, 죽음은 힘을 잃어버릴 것입니다. 우리는 계속되는 존재입니다.

꿈 뒤쪽에 마음이 있고, 마음 뒤쪽에 에너지가 있습니다. 모든 에너지는 인식과 지각과 기억을 가지고 있습니다. 우리는 귀와 눈이 없어도 에너지를 인지할 수 있습니다. 모든 에너지는 살아 있습니다.

이것이 핵심입니다. 우리가 육체적 자아의 도움 없이 에너지를 인지할 수 있다면, 우리는 창조의 근원에 한 발 다가서는 것입니다. 과학과 종교 모두가 창조의 근원이 에너지라고 말합니다. 에너지와 하느님은 거의 같은 것입니다. 하지만 이것은 엄밀히 말해 진실은 아닙니다.

에너지는 의지의 결과, 곧 내적의도의 결과입니다. 성서에 보면 태초에는 어두웠고 하느님이 제일 먼저 창조한 것이 빛이었습니다. 이 빛으로부터 하느님은 모든 것을 창조했습니다.

우리 자신을 포함하여 모든 것들이 에너지로부터, 곧 빛으로부터 창조되었습니다. 우리는 빛입니다. 꿈 또한 빛입니다. 꿈을 꾸는 자도 빛입니다. 영혼도 빛입니다. 에너지도 빛입니다.

모든 작용과 반작용은 영에서 시작합니다. 어떠한 모습으로도 변형이 가능하게 만들 수 있는 에너지의 특성을 영이라고 합니다. 영은 모든 것을 창조해내는 순수 의식입니다. 영은 그 자체가 빛입니다. 영은 영원합니다. 영은 결코 파괴되지 않습니다.

그럼으로 우리는 빛이요, 빛이 영원하다면 죽음은 존재하지 않습니다. 죽음은 착각의 상태요, 오직 꿈에서만 존재합니다. 우리는 이제 우주 창조가 다만 하나의 꿈임을, 내적의도의 꿈이요, 영의 꿈이요, 하느님의 꿈임을 깨닫습니다.

하느님이 깨어나면, 모든 것이 사라집니다. 그분은 최고의 꿈쟁이입니다. 모든 것이 에너지요, 에너지는 순간마다 바뀌기 때문에 하느님은 어디에든 계십니다.

우리가 이런 인식을 갖고 있다면 우리가 죽음을 두려워할 이유가 어디에 있습니까? 몸이란 단지 하느님이 의도가 겉으로 드러난 하나의 구조물입니다. 빛의 구조물은 빛입니다. 우리는 뇌가 아닙니다. 우리는 심장이 아닙니다. 우리는 심장을 뛰게 만드는 존재입니다. 우리는 빛입니다. 우리는 생명입니다. 생명은 이러한 모든 도구들을 이용해 인지하고,

변형하고, 표현하고, 살고, 죽습니다.

몸이 죽게 되면, 우리는 다른 도구를 사용해 인지를 계속합니다. 마음이 죽어 도구가 없다 하더라도 우리는 빛이기 때문에 인지를 계속합니다. 이것이 예수가 다음과 같이 말한 이유입니다. "나는 영생하기 때문에 나는 빛이요, 생명을 주는 자이다."

톨텍족 또한 이와 같은 메시지를 줍니다. 모든 실재와 모든 우주 속에는 오직 한 분만이 계시기에 오직 하나의 메시지만 있을 뿐입니다. 우리가 이것을 이해한다면, 우리는 모든 것을 이해할 수 있습니다.

우리가 내적의도에 집중한다면, 우리는 이것을 이해할 수 있습니다.

성서에 보면 예수가 우리에게 "나는 매일 죽노라."라는 말을 했는데, 이것은 '오직 변형만이 있을 뿐이다.'라는 톨텍족의 개념과 일치한다는 사실을 미겔은 우리에게 주지시킨다.

죽음은 변형입니다. 그리고 이것은 끊임없이 일어납니다. 지나가는 모든 순간이 죽음입니다. 매 순간은 우리에게 현재를 살아가는 기회를 줍니다. 과거란 존재하지 않습니다. 미래는 아직 오지 않았습니다. 나는 언제나 죽어가고 있습니다. 나는 삶의 꿈속에서 모든 순간의 변화를 받아들이고 있습니다. 나는 매일 죽습니다. 왜냐하면 한 순간 전에 일어났던 것에 붙잡혀 있지 않기 때문입니다. 나는 순간이 흘러가는 데 몸을 맡깁니다. 이것은 나를 자유롭게 합니다. 이것이 죽음을 그대로 받아들이는 이른바 톨텍족이 사용한 방법입니다.

우리가 죽음을 받아들일 때 우리는 순간만을 살게 됩니다. 죽음을 받아들이지 않는 많은 사람들은 과거나 미래를 삽니다. 따라서 이들은 현재를 그만 놓치게 됩니다. 톨텍족의 관점에서는 이들이 죽은 자들입니다. 예수가 모든 사람에게 제공한 부활은 당신이 현재를 살 수 있게 하고, 힘겨웠던 과거로 말미암아 함정에 빠지지 않게 하는 것입니다.

죽음의 천사

우리 삶의 모든 순간을 어떻게 하면 집중적으로 살 수 있는지 가르쳐 주기 위해 죽음의 천사와 생명의 천사가 존재합니다. 죽음의 천사는 우리 삶의 찌꺼기들을 깨끗이 청소합니다.

미겔이 미소를 지으며 말했다. "당신 집에 당신이 옛날 사랑했던 모든 가족들이 함께 있다고 상상해 보십시오." 당신은 이들과 무엇을 하며 지낼 수 있는가? 죽음의 천사가 이들을 데려가 버리기에, 누군가가 당신의 삶 속으로 들어오게 되는 경험을 할 수 있는 것이다.

마찬가지로 당신이 한때 당신 집에 소유했던 모든 것들을 떠올려 보라. 당신이 어릴 때 가지고 놀던 장난감이나 버린 물건들을 말이다. 죽음의 천사 개념을 가지면, 진정 아무것도 당신에게 속한 것이 없음을 알게 된다. 이 모든 것들이 죽음의 천사에게 속해 있다. 우리에게 들어온 어떤 것이든 우리는 그것을 사용하고 즐길 수 있다. 하지만 그것을 소유할 수는 없다. 우리가 무엇인가를 잃을 때, 우리가 그것을 진정 소유한 것이 아니라는 것을 깨닫기만 한다면, 고통이 덜할 것이다. 소유권이나 책임감의 압박이 없는 빛을 타고 가는 여행은 어떠한 순간이든 우리에게 행복을 준비하게 한다.

예수는 2000년 전에 침묵의 지식을 이 세상에 가지고 왔지만 이제야 우리는 우리가 늙어갈 필요가 없다는 것을 배우고 있다. 우리가 매 순간 죽는다면 우리는 우리의 몸을 변형시킬 수 있다. 시간과 공간이 멈추면, 우리는 동시에 여러 장소에 존재할 수 있다.

인간 몸에 있는 생명의 주기를 포함해서 모든 것들은 존재할 이유들을 가지고 있습니다. 우리가 살아 있는 동안 이 우주를 진정으로 즐길 수 있는 기회가 우리에게는 있습니다. 우주에서 영원히 살 것이라는 관념은 우리 우주처럼 아름다울 수 있는 다른 우주를 경험할 수 있는 기회를 없애는 것입니다. 이승의 삶의 상태를 다른 형태로 변형하는 죽음은, 완벽하게 작동하는 과정입니다. 이것을 바꿔야 할 이유가 없습니다. 당신이 몸의 집착에서 벗어난다면, 언제든 몸에서 떠날 수 있을 것입니다. 몸에 집착하거나 몸을 자기와 동일시하지 않아도 우리는 자신의 몸을 사랑하고, 존중하고 명예롭게 여길 수 있습니다.

당신이 이번 우주를 즐길 수 있는 마지막 기회로 알고, 순간을 사는 것은 살아 있음에 향기를 더하는 일입니다. 당신의 행동이 삶과 죽음의 중간에 있음을 깊이 고려하면서 모든 행동에 마음을 모으시기 바랍니다.

죽음의 천사 개념은 당신이 깨어 있을 때 꾸는 꿈을 통제하는 데 도움을 줄 것입니다. 죽음의 천사를 친구로 삼는다면, 인간에게 가장 큰 적인 두려움을 내려놓을 수 있을 것입니다. 당신이 더 이상 내려놓을 것이 없을 때 모든 것들이 변하게 됩니다. 우리는 기쁜 삶을 살게 될 것입니다.

우리의 호흡에 인식을 둔다면 날마다 최상의 기쁨을 얻을 수 있습니다. 꿈속에서 우리는 행동 하나하나를 즐길 수 있을 것이고, 우리 뒤에서 끊임없이 매 순간을 흡수하는 죽음의 천사가 이 행동들을 흡수해버린다는 것을 깨달을 수 있습니다. 이 인식은 사랑입니다.

당신의 삶은 끊임없는 명상이 될 수 있습니다. 다음 장에서 일정한 형식을 갖춘 명상에 대해 논의할 것입니다만, 어떤 상황에서도 적용될 수 있는, 형식에 구애받지 않는 명상 또한 살필 것입니다.

명상하는 법

명상할 때 눈을 떠도 좋고, 감아도 좋습니다. 관상기도(觀相, con-templation)는 명상의 한 방법입니다. 당신은 살아 있습니다. 당신은 지복(至福)의 상태에 들 수 있습니다. 당신은 다른 사람에게 명상하는 방법과 이러한 상태에 이르게 하는 방법을 가르칠 수 있습니다. 이렇게 하면 그들로 하여금 자신의 인식을 전환하고, 그들이 꾸는 악몽의 자리에다 행복한 꿈을 창조할 수 있게 할 것입니다.

명상의 첫 번째 단계는 마음을 신체의 다른 기관과 분리시켜 놓는 것입니다.

두 번째 단계는 마음과 영혼과 영 속으로 들어가는 것처럼 점차 보다 높은 수준의 명상을 하는 것입니다.

명상의 부산물 가운데 하나는 꿈을 약화시키고 내적의도가 풀려나오는 것입니다. 내적의도는 기적을 일으킬 수 있습니다.

명상은 생명의 길이요, 기도요, 마음을 비우는 가장 좋은 방법입니다. 단순한 방법이지만 가장 강력하면서도 가장 쉽게 할 수 있는 방법입니다.

명상은 당신의 에고(ego) 수준을 인식하게 하고 통제하게 합니다. 당신이 지복의 상태에 들어간 명상으로 아름다운 꿈을 만들었다면, 당신의 눈은 변화를 일으켜 모든 것에서 사랑을 인지하기 시작합니다. 당신과 당신의 행동 사이에 사랑의 상호 반응이 일어날 것입니다. 순수한 명상 상태에서는, 당신은 깨어 있게 되며, 사랑의 눈으로 세상에 자신을 드러낼 것입니다. 사랑은 사랑을 알아봅니다. 이것이 지상천국, 곧 죽음을 기다리지 않는 변형입니다. 이러한 일이 우리의 내적의도에 의해 여기서, 당신이 살아 있을 때 일어납니다.

식사할 때의 명상

당신 입에 무엇을 먹고 있느냐는 중요하지 않다. 당신이 채식주의자든 혹은 고기를 먹는 사람이든 명상 생활을 할 수 있다.

당신이 먹고자 하는 음식을 집으라. 그것을 입에 넣고 눈을 감아라. 음식을 꼭꼭 씹어라. 혀로 음식의 맛을 인지해 보라. 각각의 풍미를 느껴 보

라. 이것은 마치 당신이 오케스트라 음악을 들을 때, 각각의 악기소리를 들어보려는 것과 같다. 저마다 음식의 풍미는 살아 있다. 음식을 먹는 것이 당신에게 많은 기쁨을 주는 것이기에 먹는 것은 최상의 사랑 행위와 같다. 당신이 먹는 모든 음식물들은 당신의 사랑에 따라 변형된다. 의식을 가지고 먹는 것은 예배를 하는 것과 같다. 단지 적은 양의 음식물로도 당신은 만족할 수 있다. 음식을 먹을 때 약간 콧노래를 부르는 것도 기쁨을 더할 것이며, 음식과의 유대를 더욱 강화시킬 것이다.

이와 동일한 명상적 접근 방법을 당신의 일상 여러 부분에, 예를 들어 샤워를 할 때처럼, 적용시킬 수 있을 것이다. 우리 몸의 삶을 즐길 줄 알 때 유익이 있으며, 우리의 몸을 잘 돌보게 된다.

미겔의 임사(臨死) 체험에 대한 증언

데이빗 디블

데이빗 디블(David Dibble)은 미겔의 학생이요, 협력자요, 친구로서 톨텍의 침묵의 지식과 통전적(統全的) 인격 원리를 도구로 사업 변형의 전문가가 된 마스터 선생이다. 1994년 여름 미겔과 함께 하와이 여행을 하다가 본 미겔의 임사 체험을 증언하였다. 아래의 글이 그가 설명한 것이다.

미겔은 그의 학생 그룹들과 함께 하와이를 여행하고 있었습니다. 목적지는 하와이 섬 가운데 강력한 힘을 발산하는 곳들이었죠. 아주 강렬한 경험을 배울 것이라고 알고 있었기에 아내 린다와 나는 그와 함께 가고 싶었습니다. 하지만 우리는 돈도 시간도 없었습니다. 나는 그때 오랜 시간 일을 하고 있었기 때문에 아내는 혼자서 여행을 갈까 망설이고 있었습니다. 그녀는 과거에 가장 일이 잘 풀리던 방식대로 하기로 결정을 했습니다. 미겔의 생각을 물어보는 것입니다. 여느 때처럼 우리는 전혀 기대하지 않은 대답을 얻었습니다. 미겔은 우리 모두가 그와 함께 가야만 될 것이라는 의견을 제시했습니다. 미겔이 어떤 행동을 해야 한다고 제안하면 그의 말을 듣는 것이 가장 좋은 일이 된다는 것을 나는 경험으로 알고 있었습니다. 약속된 일들이 많이 있었지만, 우리는 폭탄같이 위험한 쪽을 선택했습니다. 그리고 꽃무늬 티셔츠를 입고, 샌들을 신고 하와이로 달려갔습니다. 그런데 이 여행에서 어떤 일이 벌어졌을까요?

우리가 가기로 한 강력한 힘을 발산하는 장소 중 하나는 마우이(Maui)에 있는 할레아칼라(Haleakala) 화산이었습니다. 이 화산은 세계에서 가장 큰 분화구를 가지고 있는데, 그 둘레가 무려 28킬로미터 이상이고, 깊이가 2700미터 이상이었습니다. 분화구 아래에서는 인상적인 흰 구름 때문에 잘 보이지 않는 분화구 가장자리가 수정같이 맑은 하와이 물 위로 3300미터 이상 솟아 있었습니다. 그 가장자리에서 분화구 안을 들여다볼 때 나는 달의 표면이 생각이 났습니다. 검고, 들쭉날쭉하고, 생명이 없는 달의 표면 말입니다. 무슨 일이 일어날 것 같은 지구의 자궁을 향해 거의 7킬로미터 이상 구불구불한 어두운 용암지대 길을 따라 우리가 내려가기 시작했을 때, 나는 어떤 우려의 속삭임을 느꼈습니다.

우리는 가장 큰 분화구 바닥으로 내려갔습니다. 그곳에는 구덩이까지 경사가 아주 심한 거의 27미터 깊이의 또 다른 작은 분화구가 있었습니다. 미겔은 우리가 이 분화구로 내려갈 수 있는지 없는지 나에게 물었습니다. 내 입에서 평소와 다른 말이 튀어나왔습니다. "안 돼요, 미겔. 우리가 이 아래로 내려가야 한다고 생각지 않습니다." 하지만 미겔은 길을 따라 내려갔습니다. 나는 숨을 깊이 들이 마시고 그를 따라 내려갔습니다. 내려가는 길은 경사가 심하기도 했지만, 각각의 발에서 흙이 떨어져 내려와 미끄러지기 쉬웠습니다. 나는 모든 것을 나락으로 집어삼킬 듯한 이 구덩이에서 다시 올라오기란 만만치 않을 것 같다고 생각했습니다. 나는 미겔에게 이곳은 마치 개미귀신이 파 놓은 웅덩이 같고, 우리는 개미라고 말하기까지 했습니다. 몇몇 학생들이 이 대열에 참여했고 우리는 의례를 거행했습니다.

의례는 오히려 빨리 끝났고 미겔은 이제 갈 시간이라고 말했습니다. 그룹 중 몇 사람은 가지고 갈 작은 돌들을 뒤지기 시작했습니다.

미겔이 먼저 올라가더니 뒤를 보면서 나에게 말했습니다. "다른 사람들을 모으시오. 이제 가야 합니다." 그는 길을 따라 힘들게 올라가기 시작했고, 나는 사람들을 모으러 다시 내려왔습니다.

숨 막히는 열기 속에 힘들게 올라가는데, 미겔이 작은 분화구 꼭대기에 있는 큰 바위에 누워 있는 것이 보였습니다. 그는 내게 손짓을 하며 무엇인가 확신을 가지고 말할 게 있다고 표시했습니다. 나는 무언가가 잘못되었음을 알았습니다. 그의 얼굴색이 하얗게 변해 있고, 숨을 헐떡이고 있

있습니다. 그가 다음에 말한 것은 내 등골을 오싹하게 하였습니다. 미겔은 조용히 이러한 말로 속삭였습니다. "데이빗, 무서워하지 말게나. 나에게 심장마비가 왔네. 내 가슴과 왼쪽 팔에 통증이 심하다네. 내가 이곳을 떠나지 않으면 죽을 것이네. 다른 사람들이 놀랄지도 모르니, 다른 사람에게 이 일을 말하지 말게. 내가 가야(Gaya)에게 돌아갈 수 있다면, 그녀가 나를 도와줄 걸세. 내가 나를 치료해보고자 했네만 이곳에선 에너지를 쓸 수가 없었네. 여기를 빨리 떠나야 하네."

그가 말하는 것을 알아차렸을 때, 두려움의 물결이 나의 몸을 엄습했습니다. 나는 그에게 내가 무엇을 해야 하는지 물었습니다. 약간의 힘을 다시금 얻을 수 있을 수 있도록 그는 나에게 자기를 부축해 이 분화구 밖으로 나갈 수 있도록 해야 한다고 말했습니다. "그렇게 할 수 있을 진 모르겠지만 시도는 해봐야 하지 않겠나." 내 인생에서 가장 믿을 수 없는 사건인 7킬로미터 걷기를 우리는 시작하게 되었습니다.

대부분의 나머지 사람들은 우리가 겪고 있는 어려움들을 눈치 채지 못하고 앞서 가버렸습니다. 다섯 명의 여자와 나만이 유일하게 남아 걷지 못하는 스승님을 부축하고 있었습니다. 미겔이 매우 아프다는 것을 나머지 여성들도 눈치 채기 시작했습니다. 그는 한 백 걸음 정도 고통스럽게 걷다가 멈추고 앉아서 쉬어야만 했습니다.

미겔이 더 이상 가지 못할 때마다 여성들이 그 주위에 모여서 그의 손과 발을 잡고 그에게 사랑과 에너지를 불어넣어 주고, 그의 회생을 위해 기도하였습니다. 나는 태양으로부터 에너지를 끌어당겨 미겔의 심장에 직접 넣어 주었습니다.

중간 정도 걸어갔을 즈음 미겔은 걸음을 멈춘 다음, 앉아서 검게 된 분화구의 텅 빈 곳을 바라보았습니다. 그는 파란 하와이의 하늘을 떠가는 구름처럼 새하얗게 되었습니다. 이와 동시에 그의 몸은 차가워지고, 땀으로 끈적끈적하게 되었습니다. 스승님의 숨은 얕아지고 불규칙적으로 변했습니다. 나의 스승님이 죽어가고 있는 것이었습니다. 내가 그의 눈을 보았을 때, 내 인생을 영원히 변하게 할 무언가를 경험하게 되었습니다. 나는 그의 환희를 느꼈습니다. 나는 그의 지복과 사랑을 느꼈습니다. 죽음에 대한 나의 두려움, 곧 그의 죽음과 나의 죽음에 대한 두려움이 사라졌습니다. 나는 미겔과 살아 있는 천사라 할 수 있는 아름다운 다섯 여자와 함께 지복을 느끼며 앉아 있었습니다. 희미하지만 숭고한 눈을 통해 나는 두려움과 황량함이 있었던 자리에 오직 사랑만이 존재함을 느꼈습니다. 그때 미겔의 얼굴에 다시 화색이 돌기 시작했습니다.

우리는 다시 걷기 시작했고, 나는 미겔을 꼭 분화구 밖으로 '내보내야' 한다고 느꼈습니다. 나는 한 손으로는 태양을 향하고 다른 손으로 미겔의 뒤쪽 허리 부분을 잡았습니다. 나는 그를 밀어 올릴 수 있도록 나의 팔에 기대라고 말했습니다. 그러자 걸음이 미겔의 몸과 심장에 덜 무리를 주었습니다. 우리가 분화구 가장자리에 가까워지자 미겔의 에너지가 더욱 강해지는 것 같았습니다. 그가 마지막 부탁을 했습니다. 그는 어떠한 상황에서라도 자신을 병원에 데려가서는 안 된다고 하였습니다. 비록 미겔이 외과 의사였다 하더라도, 적절한 에너지를 사용함으로써 병원에서 하는 것보다 자신을 더 빠르게 치료할 수 있다는 것을 알고 있었습니다. 심장마비가 일어난 지 두 주가 채 지나기 전에 미겔은 완전히 자기 자신을 치유했습니다.

스승님은 나에게 몸의 죽음에 대해 두려울 것이 없다는 것을 보여 준 것입니다. 지구 행성의 꿈에는 태어남과 죽음이 있습니다. '인생'은 삶과 죽음 사이에 경험하는 지옥인 것입니다. 두려움이라는 맥락으로 포장된 오래된 꿈속에서 태어남이란 언제나 사망과 절망의 선고(宣告)입니다. 이 꿈의 바깥에는 영원한 사랑만 존재하고, 이 사랑은 너무나 완벽해서 하느님의 다른 이름으로 존재합니다. 이것은 또한 당신이라는 다른 이름으로, 곧 당신의 진짜 이름으로 존재합니다.

미겔이 심장마비에 걸렸을 때 본 가야의 환상

우리는 모두 알(eggs)입니다. 나는 우주 전체에서 재생산의 과정은 모두가 동일하다는 것을 알고 있었습니다. 모든 것들은 늘 위로든, 아래로든 일정한 재생산 상태 속에 존재합니다. 우주는 우리가 생명이라 부르는 꿈속에 존재하는 모든 종류의 에너지로 가득 찬 알입니다.

하와이의 분화구 속에서 미겔이 심장마비에 걸렸을 때, 나는 길 위쪽에 있었습니다. 그때 자궁이 경련을 일으켜 바위 위에 엎어졌습니다. 내 건너편에 있는 바위 속에 홈이 파인 것을 보았습니다. 나는 태양을 올려다보았고, 나를 통해, 그 바위 홈을 통해 위쪽 하늘로 흐르는 에너지의 기운을 느꼈습니다. 나는 이 모든 에너지를……. 저 멀리 바깥에서 오는 에너지 통해 알을 낳았습니다. 나는 미겔을 위해 에너지로 가득 찬 알을 낳았습니다.

우리가 죽을 때면 날개가 돋는다네

우리가 죽을 때면
우리는 뱀이 되지
진토(塵土) 속을,
감정의 고통으로 가득 찬 진토 속을
미끄러지는 뱀이 된다네.

하지만 우리가 깨어 있다면
우리는 신성의 날개를 펴고
깃털 달린 뱀이 된다네
하늘을 나르는
케찰코아틀이 된다네

미겔 앙겔 루이스

10장

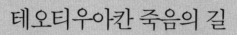

테오티우아칸 죽음의 길

예전에 내가 테오티우아칸으로 여행한 곳 가운데 하나인 케찰코아틀 사원 광장에서 나는 꿈을 꾼 적이 있었다. 나와 함께 한 도제들은 내가 그들에게 지시한 의례들을 분주하게 수행하고 있었다. 나는 광장 중앙에 있는 '지옥의 섬'이라는 곳에 홀로 앉아 있었다.

꿈속에서 나는 예전 꿈에서 자주 보았던 노인들과 함께 있었습니다. 이 노인들은 인도에서 온 비쩍 마르고, 머리카락이 흰 인도 사람들이었습니다. 나는 죽어가고 있는 한 사람을 보았습니다. 그는 나와 함께 있었죠. 그는 내 꿈속 안내자 중 한 사람이었습니다. 그의 스승이 그의 죽음을 돕고 있었습니다.

그 스승은 이 세상과 죽음 이후의 세상에 대한 이중의 환상을 본 사람이었습니다. 나는 그 스승이 시간과 죽음의 천사에 대해 설명하는 말을 들었습니다. 스승은 그 죽어가는 제자에게 그가 초월할 수 있는 유일한 길은 죽음의 천사에게 완전히 자기를 맡기는 것이라고 지시하였습니다. 그가 고통을 겪게 된다면 그 유일한 이유는 그가 죽음의 천사를 거부하기 때문일 것입니다.

이것은 우리 모두에게도 진리입니다. 우리의 존재성과 우리가 소유한 것을 잃어버릴까 봐 두려워하기에 우리는 고통을 겪습니다.

스승이 나에게 말했습니다. "죽음의 시간은 다가오고 있다. 그때는 바로 네가 인간의 몸을 입고 이곳에 있는 최후의 시간이다. 그러니 너의 인생에서 꿈꾸었으나 아직 끝내지 못한 모든 일들을 마쳐야만 한다. 죽음의 천사는 네가 새로운 운명을 만날 수 있는 정확한 순간에 너를 데리러 돌아올 것이다. 그리고 죽음의 천사는 한 사자(使者, messenger)를 데리고 올 것인데, 이 사자는 자기를 완전히 내려놓고 영원의 열매를 먹을 수 있는 낙원으로 들어가는 것이 가능한 너와 같은 존재일 것이다. 이는 마치 너의 창조주와 결혼하는 것과 같을 것이다. 네가 이 열매를 먹는 순간 네 눈은 아름다움을 보겠고 사랑의 느낌만 경험하게 될 것이다."

죽음의 천사는 또 다른 사람을 데리고 왔습니다. 그 사람은 황홀경에 사로잡혀 미소를 짓고 있는 여성이었습니다. 죽음의 천사는 아무 말 없이 그녀를 데려와 그녀를 두고 갔습니다. 스승이 말했습니다. "죽음의 천사가 너를 데려가기 위해 온 것은 아니었다. 죽음의 천사는 얼마 후 다시 올 것이다. 너는 이 사자같이 되어야 한다."

모든 것에 행복과 기쁨과 사랑을 뿜어내는 이 여성을 보고 당신은 지금 죽어도 좋다는 생각이 들겠지만, 죽음의 천사는 당신의 삶을 즐기고, 당신의 비탄을 즐기고, 당신의 죽음을 즐기라고 말합니다.

나는 손에 칼을 든 힘센 남자가 의자에 앉아 있는 것을 보았습니다. 그의 뒤쪽엔 빛이 비치는 나선형 모양의 문 하나가 있었습니다. 나는 밤과 별들을 볼 수 있었습니다. 그 나선형 모양의 중심에는 거룩하고 강력한 바위가 놓여 있었습니다. 나는 그 바위 위에 영생의 나무(Tree of

Eternity)가 있는 것을 보았습니다.

한 전사가 그곳에 앉아 문을 지키고 있었습니다. 그는 정의와 진리라는 칼을 들고 있었습니다. 그는 자기를 지나치는 사람들에게서 사랑이 아닌 것들은 모두 베어 버렸습니다. 이 칼은 최후의 정화 의식입니다.

나는 이 존재가 아리엘(Ariel) 대천사라고 믿습니다. 그 뒤쪽의 나선형의 모양은 에덴동산의 상징과 같습니다.

그 스승의 메시지는 다음과 같았습니다. "너의 인생은 짧다. 하지만 네가 자신을 내려놓을 수 있는 시간은 충분하다. 네가 사랑하는 모든 사람들로 하여금 네가 그들을 사랑하고 있음을 알게 하라. 너는 결코 되돌아갈 순 없겠지만, 그들은 염려할 필요가 없다. 네가 행복한 상태에 이를 것이기 때문이다."

"죽음의 순간에 죽음의 천사의 눈이 너의 눈을 완전히 꿰뚫어버릴 것이다. 천사는 네가 자신을 내려놓을 수 있는 순간을 한두 번은 줄 것이다. 그 이후에 네게 다가오고, 너의 몸은 죽을 것이다. 하지만 너는 이 죽음의 천사의 눈을 깨닫게 될 것이다. 너는 잠시 동요하겠지만, 곧 행복하고 황홀하게 될 것이다."

죽음의 천사는 스승이 말한 것과 똑같이 행동을 했습니다. 천사는 돌아서서 아름다운 미소로 바라보았습니다. 천사가 나에게 한 걸음 다가오자, 내 짐이 가벼워졌습니다. 천사가 내 앞에 서자마자 말했습니다. "나를 따라오라. 이제 너의 시간이다. 나는 너의 결혼식을 위해 너를 데려가겠다."

죽음의 천사는 나를 전사에게 데려갔습니다. 전사가 말했습니다. "이 때가 네가 깨어 있고, 부활하는 순간이다. 너는 생명을 다시 얻게 될 것이다. 너는 악몽 속에 살았지만, 이제 네가 진정 누구인지 알게 된다."

전사는 칼을 빼어 내 등 앞뒤로 휘두르면서 말했습니다. "가서 네 운명을 성취해라. 오늘이 네가 결혼하는 날이다."

나는 나선형 빛을 따라 영생의 나무로 갔습니다. 그곳에서 하느님의 영과 결혼했습니다. 이 나선형 빛은 내게 머리 두 개를 가진 뱀이었습니다.

이 꿈을 꾼 뒤로 나는 죽음에 대한 두려움이 없어졌습니다. 전사로서, 당신의 몸이 죽기 오래전부터 기꺼이 죽음을 받아들이겠다는 다짐을 하고, 당신은 행복의 장소에 도달하고자 길을 떠났습니다. 우리는 모든 것을 잃게 된다면 늘 죽었다고 생각합니다. 죽음은 착각입니다. 삶은 언제나 현재에 존재합니다. 이것이 영원입니다.

죽음에 대한 우리의 두려움은 착각입니다. 잃는 것은 새로운 것을 가져옵니다. 우리가 잃어버림에 저항한다면, 우리는 이미 죽은 것입니다. 그럴 때 우리는 과거에 존재하지, 현재에 존재하지 않습니다. 우리는 이별이 두렵기 때문에 고통을 당합니다. 우리의 눈은 오직 부당함에만 고정되어 있습니다. 우리가 자기를 내려놓을 줄 알면, 우리는 기쁨의 여행을 할 수 있습니다. 아무런 기대를 하지 않는 것이 행복입니다.

내 꿈으로부터 테오티우아칸 바위 속에 보관되어 있던 정보들을 배울 수 있었습니다. 나는 바위들과 상호 교신을 하면서 환상을 보았습니다. 나 혼자만 이러한 환상을 본 것이 아니라고 나는 확신합니다. 내가 본 환상은 테오티우아칸 설계자가 이러한 구조물을 선택하게 된 이유를 분명하게 해 주었습니다. 문득 이 장소에 대한 설계 계획이 어떤 의미를 지닐 거라 생각했습니다. 이 장소는 전 인류의 꿈을 상징하고 있습니다. 전 세계 사람들이 애착하고 있는 것들은 동일한 것들입니다.

내가 사막의 병원에서 의사 수련을 하고 있을 때 한 스승님을 만났습니다. 그는 나에게 이러한 종류의 꿈에 대해 알려 주었습니다. 그는 내가 단지 진동하는 주파수임에 지나지 않는다고 가르쳤습니다. 나는 바위 혹은 다른 사람의 진동 주파수에 내 자신을 맞출 수가 있습니다. 내게서 배우는 도제들도 내 진동 주파수에 맞추어 보려는 훈련을 합니다.

죽음의 천사가 당신을 지복으로 이끈다는 것을 안다면, 당신은 죽고 싶어 할 것입니다. 하지만 당신이 이 땅에서 천국에 이르는 법을 배운다면, 굳이 죽기를 서두를 필요는 없을 것입니다. 당신이 하느님과 결혼을 한다면 당신은 영원한 신혼 속에 있을 겁니다. 호흡도 의식이 된다면 그저 호흡하는 것만으로도 행복합니다. 일 분에 열여섯 번 정도 숨을 쉬는 기쁨을 경험한다면 불행할 사람이 어디 있겠습니까? 당신이 현재를 살아간다면 그저 자신 그대로 존재하는 것만으로도 영원을 사는 것입니다.

당신이 지옥에 있다면, 당신이 줄 수 있는 것은 지옥뿐입니다. 당신 자신을 먼저 사랑하지 않고서는 그 누구도 사랑할 수 없습니다. 행복하려면 당신 자신을 심판하지 마십시오. 완벽함은 이미 여기에 있습니다.

1. 케찰코아틀 사원

당신이 케찰코아틀 피라미드로 여행을 가고자 한다면 미겔은 먼저 그 장소에 대한 정보를 읽고, 머릿속에서 먼저 그곳을 방문해 보라고 조언한다. 로렌스 앤드류(Lawrence Andrew)는 미겔과 함께 케찰코아틀 성채에서 시작되는 '자유의 길'을 따라 걸으며 그의 순례 여행을 경험했다.[*] 케찰코아틀 성채는 춤과 연극을 통해 인식의 마스터 전문과정을 배우는 장소이다.

케찰코아틀 사원 광장은 사원 뒤쪽에 솟아 있는 케찰코아틀 피라미드 맞은편에 있는데 뱀의 머리를 상징한다. 케찰코아틀 사원을 오르는 계단은 뱀이 입을 벌리고 있는 것처럼 비친다. 이 사원 단지는 깃털 달린 뱀과 사랑의 여신 비너스의 별 금성을 위해 세워졌다.

중앙아메리카, 그리스, 이집트, 로마에서 비너스는 사랑의 여신이다. 금성은 계절에 따라 아침과 저녁에 보이는 샛별이다. 테오티우아칸은 지구와 달의 이동 주기와 금성의 이동 주기를 조합하여 시간을 측정하곤 했다.

미겔은 케찰코아틀 피라미드와 사원 사이에서 인간과 신을 분리시키는 선을 구별할 수 있었다. 당신이 이 사원 광장에 서 있다고 한다면 피라미드를 볼 수 없지만, 정면에 서 있는 (당신이 이곳을 오를 수 있도록 허가를 받는다면) 사원의 꼭대기에 서면 갑자기 피라미드가 솟아오르는 것을 볼 수 있다. 그리고 그것을 봄으로써 온몸으로 경외감을 느끼게 될 것이다.

---

[*] Lawrence Andrew, *Magical Blend*, 47th edition, 1995, p. 25.

피라미드는 단을 쌓아 세워졌는데, 그 정면 위에 깃털 달린 뱀의 머리와, 재규어, 눈이 튀어 나온 비의 신 틀라록(Tlaloc) 조각이 서 있다. 물결 무늬와 조개 무늬들은 이곳이 물과 뱀의 장소임을 나타낸다. 피라미드 겉은 모르타르를 발라 큰 암석들을 쌓아 놓았고, 그 주위에 작은 돌들을 선 모양으로 늘어놓아 도형 모양이 되도록 하였다. 테오티우아칸 대부분의 지역이 이러한 양식으로 되어 있다.

바로 이 암석들 자체가 이러한 구조물들이 상징하는 사랑을 반영하는 것처럼 보인다. 미겔은 이것을 바위 속에 있는 그리스도로 설명한다. 테오티우아칸이 세워진 이래 수세기가 지나갔지만, 그는 바위 속에 남아 있는 에너지의 낮은 진동 주파수와 자신이 완전히 일치되는 느낌을 받았다.

케찰코아틀 피라미드는 하느님의 영을 나타냅니다. 광장의 넓은 공간은 인간의 마음을 나타내구요. 지옥은 오직 인간의 마음에만 존재합니다. 이것은 두려움에 바탕을 둔 환각입니다. 지옥에는 오직 불의만 있습니다. 지옥은 분노나, 질투, 탐욕과 같은 감정의 독으로 경험됩니다.

당신의 몸이나 당신의 영혼에는 지옥이 없습니다. 이것들은 마음속에 무엇이 있느냐에 따라 반응을 합니다. 당신이 분노나 슬픔의 눈을 보인다면, 이것은 당신의 관점을 왜곡합니다. 사랑의 눈은 모든 것을 아름답게 만듭니다. 우리의 눈은 우리가 판단하는 대로 보게 됩니다.

사자의 거리를 따라 당신이 해야 할 첫 번째 임무는 가능한 심판하는 것을 중단하고, 당신 마음속에 있는 피해자를 몰아내는 것이다.

작은 피라미드, 곧 제단 같이 낮은 사원이 대(大) 사원 정면에 서 있다. 지도에는 이곳이 성채로 불린다. 하지만 미겔은 지옥의 바다에 떠 있는 지옥 섬이라 부른다. 바다는 우리가 알지 못하는 모든 두려움을 상징하며, 우리에게 있는 두려움은 우리가 꾸는 지옥 꿈이다. 우리의 꿈은 우리가 만드는 내면의 영화이다. 우리는 이런 두려움이 물씬 풍기는 영화의 제작자이자 감독이며, 주연 배우이다.

지옥의 섬에서 우리는 안전하다는 착각에 빠집니다. 이곳은 우리에게 속한 모든 것을 저장해 놓는 우리 마음속의 한 장소입니다. 우리는 생각합니다. '내 가족, 내 집, 내 돈, 내 차, 내 직업, 내 성취물이야.'라고. 우리가 더욱 자기 것에 집착하게 되어 이러한 섬을 점점 크게 만들어 놓게 되면 우리는 안전하다고 느낍니다. 하지만 우리가 좋아하는 것들을 잃지 않을까 하는 두려움이 섬 전체를 지배하고 있습니다.

섬을 자신의 안전지대로 생각하는 사람들이 실제로는 지옥에 빠져 있다는 것을 우리는 깨닫지 못하고, 오히려 남의 섬들을 질투합니다. 우리가 섬에 많은 것들을 쌓아두고 있다는 착각으로 우리들은 저마다 함정에 빠져 있습니다.

지옥의 섬에서 탈출하는 유일한 방법은 지옥의 바다를 건너서 케찰코아틀 사원의 계단에 있는 뱀에게 가는 것입니다. 이 사원은 지옥에서 나오는 비상구입니다. 이곳은 악마—혹은 환각—가 존재하는 유일한 장소입니다. 작은 사원들이 광장의 사방 전체에 놓여 있습니다. 피라미드 자신은 동쪽을 보호하고 있습니다. 광장 주변의 사원들은 우리의 악몽으로 힘을 얻고 살아가는 악마들을 데리고 있는 수호자들입니다.

자신을 내려놓고 두려움을 대면하는 것은 용기 있는 행동을 필요로 합니다. 이것은 세계의 모든 전승들이 보여 주는 진리입니다. 기독교 예배당 바깥에 만들어 놓은 악마들의 상은 우리가 예배당인 성소로 들어설 때 뒤에 남겨둔 두려움들을 나타냅니다. 옛날이야기에 보면 영웅은 악마나 용을 물리치고, 행복한 결말을 맺습니다. 천국에 들어가려면 우리는 죽음의 천사에게 자신을 맡기고, 우리가 생각하는 우리의 모습이 착각이라는 것을 인정해야 합니다. 우리의 착각은 우리의 지옥을 만들어 냅니다.

지옥은 유령의 장소입니다. 오직 유령만이 이곳에 삽니다. 유령들은 생명체의 감각을 가지고 있습니다. 지옥에 사는 것은 유령이 되는 것을 말합니다. 역설적이게도 지옥에서 나오기 위해 우리는 이전의 삶을 죽여야 합니다. 죽는 것은 우리를 명료하게 합니다. 이렇게 할 때 우리가 진실이라고 믿고 있는 것들이 착각임을 우리는 깨닫게 될 것입니다. 이는 인도의 미망(迷妄, Maya)이란 개념과도 비슷합니다.

저마다 개인은 사회와 종교, 가정에서 길들이는 과정을 통해 배운 지옥과 두려움을 뛰어 넘어 자신만의 거룩한 성소를 구축할 임무가 있다. 다가오는 시대에는 어떠한 제사장이나 교회의 중개 없이도 개인에 의해 이러한 일이 이루어질 것이라고 미겔은 예언한다. 그의 가르침은 인간들이 하느님에게 가는 자신만의 길을 창조해야 하는 때가 도래하고 있음을 알려 주는 준비 과정이다.

테오티우아칸을 방문한 뒤에 미겔은 학생 그룹들을 교회로 데리고 가서 케찰코아틀 사원을 방문한 것과 비교해보게 한다. 사람들은 교회의 제단 앞에 나가 하느님을 찾는다. 사람들은 자신의 죄와 상처라는 지옥에서 벗어나길 원한다. 이들은 몇몇 감정의 독들을 푸는 데 성공할지는 모르지만, 자신들의 두려움을 거의 풀어내지 못한다. 이것은 오늘날의 종교들이 오히려 두려움을 일으키는 체제가 되었기 때문이다. 어떤 점에서 오늘날 우리의 종교들은 이 세상이 지옥이라는 관념을 받아들이고 있다. 우리는 지구 행성을 떠나 판단에서 자유롭고 평화로운 상태라면 어느 곳이든 천국이라는, 현재 널리 퍼지고 있는 믿음들에서 이러한 관념을 볼 수 있다. 이 땅에서 말하는 일시적 심판이나 영원한 심판이라는 협박성 관념은 대부분의 사람들에게 불가능하고 소수만 갈 수 있는 천국일 뿐이다.

지옥의 지배자는 두려움입니다. 지옥의 대(大) 악마 중 하나는 심판관입니다. 또 다른 악마는 피해자입니다. 하지만 가장 최고의 악마는 우리의 믿음 체계입니다. 이것은 우리가 꿈꾸는 방식을 지배합니다.

우리는 지옥 섬에 있는 우리 자신을 봅니다. 왜냐하면 우리는 집착하는 것에서 떨어져 나가는 것을 두려워하기 때문입니다. 지옥 섬은 테오티우아칸 케찰코아틀 피라미드 광장에 있습니다만, 테오티우아칸은 멕시코에 있는 성소만을 말하는 것은 아닙니다. 이것은 전 세계를 상징합니다.

당신의 집에 제단을 세움으로써 케찰코아틀 광장을 대신 만들 수가 있습니다. 이것은 지옥에서 탈출하는 비상구로 쓰일 것입니다. 어떠한 제단이든 그것의 참된 의미는 하느님을 향해 가는 길에 있습니다. 모든 제단은 지옥에서 나오는 비상구요, 하느님께 가는 길입니다. 교회의 제단 또한 테오티우아칸에 있는 피라미드처럼 하느님의 눈입니다. 제단은 당신의 가장 깊은 내면의 영혼을 지켜보는 하느님을 느낄 수 있는 곳입니다.

의례

이러한 의례를 진행하기 위해서 먼저 지구 내부와 연결되어 있다고 느낄 수 있고, 하늘을 바라볼 수 있는 자연 속의 한 장소를 찾아보십시오. 의례를 진행하기에 완벽한 장소를 찾게 될 것입니다. 이러한 장소에는 산이나 바닷가도 있겠고, 단순히 당신 집의 마당이나 정원도 가능할 것입니다.

당신이 만들어 놓은 지옥의 바다 주변을 거닐면서 왼손에 작은 돌 일곱 개를 집으십시오. 이것은 당신의 지옥 섬에 모아둔 물질을 나타냅니다.

오른손에도 일곱 개의 돌을 집으십시오. 이것은 당신의 감정이 만든 집착물을 나타냅니다.

고요히 앉아 당신의 삶 속에서 지옥이 되게 한 많은 것들을 마음에 떠올리십시오.

준비가 되었다고 느끼면 일어나십시오. 당신의 특별한 천사에게 이 하느님의 천사가 당신 속에 살게 해달라고 기도를 하십시오.

당신을 지옥에 빠지게 하는 것은 오직 당신의 집착입니다. 당신이 이것들을 내려놓을 수 있는 힘을 느끼면, 당신은 이 의례를 계속 진행할 수 있는 준비가 된 것입니다.

당신을 지옥에 머무르게 했던 물질과 감정의 집착물에서 당신 자신이 초연히 벗어나는 것을 마음속에 그리면서 당신 손 안에 있는 돌들을 하나씩 떨어뜨리십시오.

한순간 새로운 자유를 느낄 것입니다. 하지만 여전히 당신이 물질세계에 있음을 알아차릴 것입니다. 그럼에도 당신 안에 새로운 의식이 생기게 됩니다. 당신은 지옥의 꿈에서 나왔다는 인식을 갖게 됩니다. 이제 당신은 죽었음을 당신은 알게 되었습니다.

이제 당신 자신이 지옥의 바다를 안전하게 건너가고 있음을 상상하십시오.

당신 앞에 케찰코아틀 사원으로 올라가는 계단이 있습니다. 여기가 하느님과 연결되는 곳임을 느끼십시오.

당신이 지옥을 떠났기 때문에 당신은 하느님의 영, 신성 혹은 당신이 붙이고 싶은 아무 이름 속으로 들어갑니다.

사실상 이러한 의례로 당신의 이전 삶은 끝났습니다. 하지만 이 의례는 지상천국을 찾아 가는 순례길에서 여러 번 반복될 수 있습니다.

2. 죽음의 강 건너기

당신이 가진 믿음 체계에 대한 자기 검열에 입문해서, 당신의 물질적,

감정적 집착들을 놓아버리는 수련을 했다면, 당신은 지옥에서 나올 준비가 되어 있고, 뱀의 몸을 지나가는 과정에 서 있게 된다.

당신의 길은 케찰코아틀 피라미드 광장을 나와 오른쪽으로 돌아서 사자의 거리로 올라가는 것이다. 그러면 곧 죽음의 강으로 알려진 산 후안(San Juan) 강에 다다를 것이다. 테오티우아칸 설계자는 강의 진로를 변경했는데, 그 까닭은 이 강이 직각으로 사자의 거리를 관통하게 하기 위함이었다.

영적 구도자인 당신이 자신의 죽음에 대해 아직 완전히 이해하지 못했다 하더라도, 이제는 이미 선을 넘어섰다는 생각으로 이 강은 만들어진 것이다. 당신이 착각의 세계에서 자신이 벗어났음을 인식하자마자 당신은 무명(無明, ignorance)의 세계로 다시 돌아갈 수 없다.

다음의 의례는 두 번째 단계인 뱀에게 먹히는 과정이다.

의례

당신 자신이 죽은 사람처럼 지하세계로 들어간다고 상상하십시오. 자신이 죽었다고 인식하는 사람만이 이 강을 건널 수 있습니다. 당신은 죽음의 강을 건너고 있습니다. 죽음의 강은 마치 그리스 신화의 카론(Charon)이 죽은 자의 영혼을 실어 나르는 지하세계 스틱스(Styx) 강에 비견할 만합니다. 그리고 당신이 강을 건너는 것은 예수가 무덤 속에 사흘 동안 있었던 것과, 오딘(Odin, 오딘은 북유럽 신화 에 나오는 주신이다.

바람·전쟁·마법·영감·죽은 자의 영혼 등을 주관하며, 보탄, 보덴 등으로도 불린다. ─옮긴이)이 사자의 나무(Tree of Dead)에 매달려 있던 것과 비슷합니다. 🐾

3. 유혹의 장소

세 번째 단계의 여행은 산 후앙 강 북쪽에 있는 첫 번째 광장에서 시작합니다. 이 광장 가운데 있는 조그만 사원인 유혹의 장소(the Place of Temptation)에서 의례를 진행합니다. 이 광장에 도달하기 위해 당신은 사자의 거리 건너편에 있는 가파른 벽을 올라간 뒤 다시 잔디가 있는 광장으로 내려와야 한다. 이 사원 앞에는 짤막한 길이 있다. 그곳으로 가서 계단을 올라 사원 꼭대기 평평한 곳에 서라. 이곳은 진흙과 돌멩이와 잡초들로 가득 차 있다. 이곳에는 아마 나무나 야자수 잎으로 만들어진 건물이 있었을 것이다. 물질적으로 이런 재료는 오랫동안 유지될 수 없지만 사원의 기운만은 남아 있다.

미겔은 이 사원을 '유혹의 섬'이라 부른다. 이곳에서 당신은 영적 전사의 역할을 수행할 것이다. 당신에게 남아 있는 끈질긴 집착과 전쟁을 벌일 것이다.

의례를 진행하기에 앞서 당신은 마음을 차분하게 가다듬고, 당신이 이제껏 수행한 과정을 성찰할 필요가 있다. 지옥의 꿈속에 남아 있는 유혹들은 강한 것들이다. 당신은 순례의 여정 속에서 두려움에서 벗어나기 위한 노력을 이미 해 왔지만, 다시 한 번 유혹의 장소에서 꿈, 곧 죽음과 완전한 자유인 생명 사이의 관계성을 깊이 생각해 볼 것이다. 당신 뒤에 당신으로 하여금 꿈에 매달리게 만드는 무엇인가가 숨어 있지 않은가? 이 질문을 조용히 성찰해 보라.

의례

죽음을 내려놓으십시오. 그냥 내버려 두십시오. 지나간 일은 이미 죽은 것입니다. 우리는 순간을 살고 있습니다. 보통 죽음의 천사는 우리가 포기하는 것보다 훨씬 좋은 것들을 우리에게 줍니다. 죽음의 천사는 우리의 전 생애를 통해 우리가 방금 지나간 순간들을 먹어치우고, 또 우리가 끊임없이 미래를 향해 움직여 갈 수 있게 하면서, 우리 뒤에 머물러 있습니다. 하지만 우리는 과거와 미래 사이에 있는 순간들을 반드시 인식하고, 거기에 우리 자신들이 머물도록 집중해야 합니다.

이제 우리는 여행의 중대 지점에 와 있습니다. 우리가 죽음을 내려놓을 수 있게 될 때까지 이 뱀은 우리를 조금도 전진할 수 없게 할 것입니다.

어머니 지구에 기도를 올리시고 당신의 살과 뼈를 대지에 바치십시오.

마찬가지로 당신 조상들의 살과 뼈도 바치십시오. 이렇게 해서 살과 뼈가 지옥으로 돌아가지 못하게 하십시오. 이러한 방법으로 생명은 죽음에 선물을 줄 수 있게 됩니다.

어머니 대지에 숲과 바위를 깨끗이 할 수 있도록 당신의 살과 뼈를 희생 제물로 써 달라고 요청하십시오.

돌멩이를 삽으로 삼아 진흙 속에다 당신의 무덤을 파십시오. 테오티우아칸에 갈 수 없다면 이러한 의례를 근처 땅에서 하십시오. 돌로 당신의 무덤을 표시하십시오. 이전에 당신 자신이라고 알고 있던 당신이 실제로 죽었다고 인식하십시오.

이러한 의례는 조용한 곳이면 어떤 곳이든 당신이 선택해 거행할 수 있습니다. 당신 자신의 몸을 보여줄 수 있는 거울 같은 것(예를 들어 수정)을 찾아보십시오. 땅에 작은 '무덤'을 파서 당신의 거울을 묻으십시오. 잘 덮은 다음 마치 그 거울이 당신 자신인 것처럼 여기고 그 거울에 기도를 올리십시오. 당신 기도에 당신의 조상들도 포함시키십시오. 기도를 확장시켜 지구 자체도 포함시키십시오.

나중에 당신에게 어려운 일이 생길 때마다, 당신이 만들어 놓은 '무덤'에 가서 당신은 이미 유혹에서 벗어나 이제는 자유롭게 전진하고 있다는 평화의 인식을 회복하십시오. 당신의 무덤은 힘의 원천이 될 것입니다. "나는 이제 죽었다. 나를 끊임없이 유혹하는 일이나 사람들로부터 고통당할 필요가 없다."는 것을 기억하십시오.

여성 전사의 사원

이 광장을 떠나기에 앞서 발견해야 할 것이 있다. 여성들이 올라갔던 곳 왼쪽으로 땅 아래에는 사원이 있다. 사원 단지에서 깊숙이 숨겨져 있어 미겔이 여성의 장소(The Place of Women)라 부르는 제단 뒤쪽을 탐사하기 위해서는 안내자가 필요하다.

흠이 없는 여인들을 뽑아서 이 사원 울타리 속에 살게 했다는 것을 미겔은 환상 속에서 보았다. 이들 지역 건너편에서 남자들 또한 자신들의 삶을 헌신하며 순결하게 살았다. 이 두 그룹이 영적 전사들이다.

여성의 장소 안의 사원 계단은 땅 아래로 있었다. 이 계단 양 옆은 표면이 부드러웠고 생기가 넘치는 장미가 그려져 있었다. 지하 구조물의 벽에도 아직까지 알아볼 수 있는 장미 그림이 그려져 있었다.

사원에서 여성들은 자신의 월경 주기와 배란 주기에 대한 의례를 진행했습니다. 그들은 달에 경배를 드렸습니다. 달은 날마다 자기의 크기를 변화시키고, 빛의 양을 다르게 반사시키는 거울입니다. 달빛의 양은 지구 생명의 주기들과 여성의 호르몬 주기를 조절합니다. 따라서 여성들은 달빛에 민감합니다. 고대 사람들의 대부분은 보름달이 배란의 신호이고, 초승달은 월경주기가 시작되는 때라고 생각했습니다. 여러 달 함께 생활하면 여성들의 생리주기가 조화롭게 되는 경향이 있습니다. 이것은 기숙사나 폐쇄된 환경에서 생활하는 여성들에게서 여전히 볼 수 있는 사실입니다.

이곳에서 공동생활에 헌신하는 여성은 여신이 되겠다고 하는 의지가 있습니다. 그녀는 자신을 존중하고 사랑합니다. 그녀의 목적은 후손을 보는 데 있지 않습니다. 이들 여성 중 몇몇은, 아마 그들 중 대부분일 겁니다만, 전생에 어머니나 아내로서 자신들의 인생을 다 마친 뒤에 영적 중심지인 이곳에 온 사람들입니다. 이곳은 영적 성장과 초월을 위한 장소였습니다.

이곳에는 뚜렷한 두 가지 영적 에너지를 표시하는 유물이 남아 있습니다. 들어 올릴 수 있는 금속 뚜껑 아래에 어두운 수직 터널같이 보이는 깊은 우물이 있습니다. 우물에서 땅의 기운이 힘차게 올라옵니다. 고고학자들은 우물 바닥에서 거대한 수정들을 발견했습니다. 이 우물은 여성의 질을 상징합니다. 그리고 어머니 지구의 자궁으로 직접적으로 들어가는 영적인 출생 통로입니다.

이곳의 구석 주변을 둘러보면 우물 위에 물통 하나가 높이 매달려 있는 것이 보입니다. 이는 샤워를 하기 위해 위에서 물이 흐르게 만들어 놓은 것입니다. 이곳을 방문한 여성들 가운데 몇몇은 이 물통 근처에서 약간만 시간을 보내도 생리가 시작되는 것을 느낄 수 있었습니다. 이 우물에는 영적 에너지가 있는 것이 분명합니다.

이곳에서 어머니 지구를 공경하며 살았던 여성들은 오랜 기간 수련을 합니다. 이들은 자신들을 변형시키기 위해 필요한 영적 능력들을 개인적인 수준으로 발휘했지만, 전체 이곳은 우주의 생산 과정을 상징적으로 보여 주는 곳이기도 합니다.

우주는 영원한 재생산의 과정을 보여 주고 있습니다. 모든 행성들은 서로 힘을 모아 재생산을 이루는 어머니입니다. 행성들은 태양으로부터 온 정보, 곧 생명을 창조하라는 메시지를 해독합니다. 하느님의 사자, 곧 천사에 의해 지구로 정보가 전달됩니다. 빛과 천사는 동일합니다.

어머니 지구는 태양으로부터 온 빛에 들어 있는 메시지를 수신합니다. 그리고 지구는 인간의 몸을 이용해 '영혼의 알(the egg of the soul)'을 덮습니다. 알 속에는 영의 빛, 곧 태양으로부터 내려온 천사의 빛이 있습니다. 우리의 실제 모습은 천사의 재생산 또는 태양빛의 재생산이라 할 수 있습니다. 우리들은 저마다 알로 자라나는 천사, 곧 영혼입니다. 동시에 우리는 전 우주와 연결되어 영이 가득 찬 알의 겉모습을 지니고 있습니다. 우리는 또한 몸이라는 물질의 형태를 입고 있습니다.

생명의 가장 기본적인 정보인 DNA는 응축된 빛이라 말할 수 있습니다. 어머니 지구는 DNA를 해석하여 모든 생명의 형태를 이끌어냅니다. 각각의 빛의 형태는 자기만의 고유한 진동 주파수가 있습니다. 태양의 진동 주파수 가운데 하나는 인간을 위한 것입니다. DNA는 햇빛 속에 있는 정보 조각입니다. 지구는 이것을 수신해, 수정하고, 지구에 맞게 변형을 시킵니다. 여성의 장소는 이러한 기본 요소들의 진행 과정들을 보여 줍니다.

의례

이곳에서 여성들은 '받아들임의 의례(ceremony of acceptance)'를 진행합니다.

여성들은 한 그룹이 되어 이 의례를 함께 진행할 수도 있고, 개인적으로 진행할 수도 있습니다. 만약 여성의 아름다움을 상징하는 관상 도구들, 예를 들어 여신이나 마돈나 상 같은 약간의 대상물을 당신 앞에 둔다면, 당신은 여성의 장소에 좀 더 쉽게 연결될 수 있을 것입니다. 테이블에 있는 당신의 결혼식 사진이나, 남편과 자녀들의 그림, 촛불, 꽃 등이 제단으로 바뀔 것입니다. 이러한 성물(聖物)을 사용하는 이유는 이곳이 성소라는 느낌을 주기 위함입니다.

눈을 감고 당신 안에 있는 여신을 받아들입니다.
당신이 여성임을 받아들이십시오.
당신은 과거에 작은 소녀였음을 받아들이십시오.
아내인 당신 자신을 받아들이십시오.
어머니인 당신 자신을 받아들이십시오.
여신인 당신 자신을 받아들이십시오.

당신의 있는 그대로를 받아들이십시오. 당신은 생명의 재생산 과정에서 절반을 차지하는 존재입니다. 당신은 불을 나르는 존재입니다. 당신의 신랑인 하느님과 결혼할 때 영원토록 완전히 자신을 줄 수 있다는 심정을 가진 존재입니다.

4. 물의 장소

옆쪽 계단을 따라 올라가면 아무 사원도 없는 두 번째 광장에 들어서게 된다. 이곳이 '물의 장소(the Place of Water)'이다.

이곳에서는 마음이 두 갈래로 갈라진다. 사랑에서 성장한 마음은 당신의 영혼으로 흡수되고, 두려움에서 성장한 마음은 지옥으로 돌아간다.

미겔의 꿈속에서 낙원을 지키는 호위 전사는 두려움으로 생긴 찌꺼기 감정들을 죽은 자의 영에서 끊어버리고, 그 영을 나선형 빛으로 나가게 해 결국 영생의 나무로 이끈다. 사자의 거리에서 벌어지는 이 단계는 미겔의 꿈속에서 늘 메아리치고 있다. 이것은 영혼이 사탄과의 관계를 끊는 세례의식과 비슷한 데가 있다. 이것은 하느님을 전적으로 믿는 것을 상징한다. 기독교 유산을 보면, 예수는 세례 받을 때 그리스도가 되었다. 물의 장소는 이와 비슷한 결과를 가져온다.

당신의 생각은 대개 야생마처럼 통제가 되질 않습니다. 물의 장소에서 당신의 마음을 내려놓을 수 있습니다. 이제 마음은 당신에게 아무 쓸모가 없습니다. 당신에게 필요한 정보는 당신의 영혼 속에 있습니다. 다음 의례를 진행한 뒤로 당신은 더 이상 습관적으로 생각하지 않는 자신을 볼 수 있을 겁니다.

지식은 지옥 꿈에 대한 설명입니다. 지식은 우리 최후의 보루입니다. 왜냐하면 지식은 착각에 대해 알려주기 때문입니다. 모든 것을 '단순히 알려고' 하는 것은 지상 천국을 향해 가는 우리의 발걸음을 붙잡는 것과 같습니다. 지혜가 우리를 전진하게 합니다. 참된 지식을 포기한다면 당신은 무방비 상태가 됩니다. 모든 사람들의 진실은 유용한 도구입니다. 이것이 지혜입니다.

뱀의 속에서 완전히 소화되는 것은 당신에게 불필요한 모든 것들을 분해하는 것을 말합니다. 당신은 오직 당신의 성장을 위해 사랑의 에너지만 요구하는 천사가 될 것입니다. 🐘

의례

🐘 당신이 거대한 물웅덩이 옆에 있다고 마음속에 그려 보십시오. 당신 몸의 거의 70퍼센트가 물로 되어 있음을 주지하십시오. 또한 당신의 마음 대부분이 이제는 분명하게 인식하고 있듯이 지옥의 바다임을 잊지 마십시오. 예수나 부처는 살아 있는 사랑의 바다였음을 생각하십시오. 이분들은 자신의 몸을 지니셨지만, 다른 사람의 기대에서 완전히 자유로웠습니다. 두려움에서 자유롭고 사랑으로 가득 찼습니다. 이런 화신(化神)들은 우리 자신의 미래 가능성을 보여 줍니다.

당신 자신이 알 속에 있는 영혼임을 인식하십시오. 알은 당신의 모든 감정이 합쳐진 마음으로 덮여 있습니다. 당신이 점차 당신의 몸을 떠나면, 당신의 몸에 집착하는 두려움에 근거한 감정에서 떠나게 됩니다. 아직 남아 있는 부정적인 감정의 찌꺼기를 케찰코아틀 광장에 있는 지옥의 바다로 보내 버리십시오.

어머니 지구에 기도를 하고, 당신 몸에 있는 물을 바치십시오. 어머니 지구의 뜻이라면, 우리가 지옥에 살면서 사용하고 오염시킨 모든 물, 즉 비, 눈, 호수, 강, 바다 등을 정화하는 데 당신 몸의 물을 쓸 수 있도록 요청하십시오.

아주 오래전, 수많은 사람들이 테오티우아칸으로 물의 의례를 수행하러 오면, 한동안 이곳은 진정한 지상 천국이 되었습니다.

당신의 의례를 끝내고 나면, 당신 자신을 천사 또는 빛줄기로 보십시오. 🦎

5. 공기의 장소

제3광장의 암벽 선반을 따라 '공기의 장소(the Place of Air)'가 있다. 예전에 이곳에는 학교와 거주지가 있었다. 이곳 또한 '영혼의 장소(the Place of the Soul)'이기도 하다. 영혼의 출현을 나타내는 이 장소의 상징물은 새끼 독수리가 머리를 내밀고 알에서 깨어나는 모습이다. 이와 동일한 상징물이 세계 여러 곳에서 발견된다. 이제 당신은 변화되었고, 당신의 두려움을 내려놓았고, 당신의 마음과 몸과 감정은 지옥에서 나왔기에, 당신은 이제 거의 순수한 영혼이 되었다. 당신은 양극성을 넘어섰다. 이러한 소화의 과정이 이곳에서 완성된다.

의례:

🦎 깊이 숨을 쉬면서, 공기가 몸으로 들어가고 나가는 것을 느껴 보

십시오. 최초로 당신이 숨을 쉬었던 순간을 회상해 보십시오. 숨쉬기는 하느님과 소통하는 방법입니다. 어머니 지구에 기도할 때, 모든 대기오염을 깨끗이 하기 위해 당신의 마지막 숨까지도 바치십시오.

당신이 숨 쉬고 있음에 감사하십시오. 당신이 순간을 사는 법을 배웠기 때문에 당신의 숨쉬기를 인식하게 되고, 당신이 명상을 할 때 숨에 집중하는 것이 더욱 쉬워질 것입니다. 공기의 장소를 떠나기에 앞서, 멈춰서 당신의 숨을 명상하십시오. 그리고 숨에 감사를 표하십시오.

6. 불의 장소

당신은 제3광장을 떠나 제4광장에 들어섭니다. 이곳은 '불의 장소(the Place of Fire)'입니다. 이곳에서 당신의 영은 드러납니다. 당신은 내면에 존재하게 되고, 당신의 신성을 발견할 것입니다.

이 광장은 힌두교의 심장 차크라에 비견됩니다. 이것은 심장의 에너지 센터입니다.

의례:

불의 장소에 서서 마음속으로 의례를 진행하십시오.

그룹의 모든 남자들은 광장을 마주보고 있는 동쪽 작은 사원으로 올라가십시오.

모든 여자들은 서쪽 사원의 꼭대기로 올라가십시오.

이생에 살면서 당신의 육체적 형태의 정체성을 보여 주는 여성성과 남성성을 생각하는 시간을 가지십시오.

당신의 반대쪽 성이 당신의 성격, 인격, 내부의 마음, 무의식의 한 부분을 형성한다는 것을 의식하십시오.

사원에서 내려와 광장 중앙에서 서로 만나십시오. 상대방의 성(性)을 서로 껴안으십시오. 다른 사람과 하나 되는 느낌과 당신 안의 자신과 하나 되는 느낌을 경험하십시오.

이 수련을 성공적으로 마치기 위해서는, 각 참가자들은 자기와 타자에 대해 무조건적인 사랑을 느낄 수 있어야 합니다. 이러한 받아들임의 의례는 일반적으로 분리된 성을 연결시켜 주는 가교 역할을 해 주고, 사람 사이의 관계에서 양극성을 완화시켜 줍니다.

사람 속에 있는 수성(獸性)과 신성을 분리시키는 보다 깊은 양극성이 또한 연결됩니다. 당신은 양극을 연결해 주는 다리를 건넜습니다. 이제 당신에게는 짐승만이 아니라 순수 영도 존재합니다. 당신 자신은 이제 천사로서 성장했습니다.

이와 비슷한 의례를 다른 성의 파트너와 함께 해도 좋습니다. 저마다 내면에 있는 남성과 여성의 양극성을 명상할 수 있습니다. 당신 자신의 남성성과 여성성을 이을 수 있는 내적 다리를 건설하십시오. 그리고 이것을 당신의 파트너와 공개적으로 나누십시오.

7. 회상의 장소

다음에 당신은 아무런 내부 장식도 없는 사원이 서 있는 광장에 도착했다. 이곳은 '회상의 장소(the Place of Recollection)'이다. 당신이 살아온 모든 과거가 이제 하나로 모인다. 당신 내부에 있는 천사가 자라나서 당신을 똑같이 복제한 에테르 몸(etheric double)을 만든다. 에테르 몸은 아직 남아 있는 모든 두려움들을 싣고 가버릴 수레이고, 천사는 우주와 하나가 된다.

의례

눈을 감고 당신의 안내자인 신뢰를 가지고 풀이 돋아난 광장을 걸어 보십시오. 이 순간, 가능한 멀리 당신 자신을 투사하십시오. 그러면 당신은 거대한 영이 되는 느낌을 받게 되고, 더 이상 분리되지 않고 우주 속 모든 것들과 연결이 될 것입니다.

당신의 에테르 몸은 자라야만 합니다. 당신의 에테르 몸에 대한 감각을 확장시키십시오. 당신 자신의 에테르 몸을 만드십시오. 이 유령 같은 복제물에 집중하고, 이것에게 우주 끝까지 확장하라고 말하십시오.

당신의 에테르 몸은 사자의 거리를 통과할 때, 여전히 당신에게 끈덕지게 달라붙어 있는 두려움의 마지막 흔적들을 싣고 가버릴 것입니다. 이제 당신은 이러한 두려움에서 완전히 벗어났습니다. 그리고 뱀의 두 번째 머리를 향해 여행할 준비가 다 되었습니다.

8. 달의 피라미드

당신은 태양의 피라미드를 지난 다음 이제 달의 피라미드로 바로 움직일 것이다. 앤드류스(Andrews)는 달의 피라미드를 '희생의 장소(the Place of Sacrifice)'라고 부른다. 이곳의 여성 에너지를 느껴보라. 당신의 마음속에 있는 흐린 거울을 만나보라. 신시아 우튼(Cynthia Wooton)은 이 에너지에 대해 "인내와 존중과 친절이 합쳐진 부드러운 사랑의 힘으로, 우리 마음의 미궁을 통해 무한으로 흐르는 소우주의 바다로 우리를 인도한다."고 했다.

사자의 거리를 따라 걸으며 이 여행의 정점에 이르면, 당신은 희생예식을 치르게 될 것이다.

의례:

당신의 에테르 몸이 이제 우주의 크기로 확장되었다고 상상하십시오.

달의 피라미드 기단에서 당신의 에테르 몸을 어머니 지구에 바치십시오. 당신의 에테르 몸은 당신 자신의 자유를 위한 희생물입니다.

우주 속을 흐르는 에테르로 당신의 에테르 몸이 분해되는 것을 느끼십시오.

당신의 에테르 몸이 사라지면 당신은 순수하고 변형된 상태 속에 남겨질 것입니다.

이곳에 광장을 채우는 뱀의 두 번째 머리가 있습니다. 피라미드 꼭대기로 올라가십시오. 그곳에서 명상을 하십시오. 당신의 여행은 거의 막바지에 다다랐음을 인식하십시오. 당신과 당신의 천사는 하나입니다.

이제 당신은 뱀에서 나왔음을 깨달으면서 피라미드에서 내려가십시오.

변형된 당신 자신을 느껴 보십시오. 이곳에서 우리는 변형의 마스터가 될 수 있을 겁니다.

데이빗 디블의 이야기

데이빗 디블(David Dibble)은 개략적으로 달의 피라미드에서 경험한 황홀경을 다음과 같이 기록했다.

미겔과 나, 학생들은 테오티우아칸을 돌아보고 있었습니다. 우리 모두는 새로운 통찰과 경험에 감격하고 있었습니다. 테오티우아칸의 강렬한 기운이 뻗치는 피라미드들 사이로 난 사자의 거리 제일 끝 부분에 달의 피라미드, 곧 순결한 여성인 사랑의 피라미드가 놓여 있습니다. 계단을 밟으며 이 아름다운 구조물 꼭대기로 오르기에 앞서, 미겔은 피라미드를 만들기 위해 다듬어진 돌들로부터 우리가 받을 사랑에 대해 명상을 하고 감사를 표하는 것이 전통이라고 가르쳤습니다.

나는 명상하는 중에 내 눈을 뜨게 만드는 한 에너지를 느꼈습니다. 그렇지만 명상을 계속 했습니다. 나는 미겔이 천천히 계단을 올라 피라미드 꼭대기에 올라서서, 가부좌를 틀고 앉아 테오티우아칸 전체를 내려다보는 것을 보았습니다. 내가 미겔을 계속 보고 있는데, 갑자기 그의 몸이 희미하고 푸르스름한 연기 속으로 사라졌습니다. 이 연기는 미겔이 앉아 있던 자리에서 갑자기 빛나기 시작했는데, 이 빛은 내가 일찍이 본 적이 없는 가장 신성한 빛이었습니다. 이때 이전엔 없었던 나의 의식 수준이 갑자기 확장되었습니다.

달의 피라미드 전부가 돌에서 빛으로 바뀌었습니다. 푸른색으로 진동하는 빛이 너무 우아하고 아름답기에, 내가 할 수 있는 반응은 영과의 이러한 통교(communion)의 은총에 깊이 감사하여 조용히 눈물을 흘리는 것뿐이었습니다. 잠시 후 나는 빛과 하나가 되었고, 오직 하나만 존재한다는 내적인 깨달음을 얻었습니다. 이러한 행복의 순간이 물결처럼 밀려오자 내 몸은 사라져버리고, 모든 것이 빛으로 변했습니다. 내 몸이 다시 되돌아오자, 미겔의 몸도 다시 나타났습니다. 동시에 나는 두 손을 하늘에 올리며 하느님께 감사를 드렸습니다. 다른 방법으로는 표현할 길이 없었습니다. 내가 미겔을 올려다보니, 그 또한 팔을 하늘로 뻗고 있었습니다. 우리는 하나였습니다.

9. 나비 궁전과 재규어 궁전

인류학자들은 달의 피라미드 서쪽 부분의 사원 단지를 나비 궁전(the Palace of the Butterfly)과 재규어 궁전(the Palace of the Jaguar)으로 부른다. 미겔에게 이것들은 케찰코아틀의 천국이다. 나비의 궁은 한때 남녀 마스터들이 살았던 많은 작은 방들로 이루어진 크고 아름다운 2층짜리 건물이다.

테오티우아칸이 고도로 발달했던 영적 성숙기 동안에 마스터들은 성적 상대자로 함께 살지 않았습니다. 그들은 육체적 품성을 넘어서서 영적인 상태를 유지하며 살고 있었습니다.

미겔이 이곳에 들어서면, 마스터들과 연결되어 있음을 느낀다. 그는 이들이 살아 있고, 여전히 그들이 느꼈던 사랑의 동일한 진동 주파수에 이를 수 있는 사람이라면 그들의 에너지를 이곳에서 인지할 수 있다고 믿고 있다. 많은 그의 제자들은 이러한 에너지를 느꼈다. 수련을 받고 있는 꿈쟁이 나구알들은 이들을 실제로 볼 수 있고, 이들의 꿈을 꿀 수 있다. 마스터들은 이들을 환영했다. 관광객들은 이 궁에서 사랑의 진동 주파수를 인지할 수 없다. 하지만 우리가 그러한 사랑에 들어간다면, 우리는 그 사랑이 집과 같이 편안하다고 느낄 수 있다. 우리는 암석 자체와 연결되어 있다. 이곳은 지상천국의 꿈을 볼 수 있는 몇 안 되는 곳 가운데 하나이다. 이 꿈은 약 2000년 전에서 3000년 전까지 1000년 이상이나 테오티우아칸에서 완전히 실현이 됐었다.

이러한 꿈은 다른 지역에서도 마찬가지로 이루어졌었습니다. 아주 옛날, 아마 5000년 전에서 6000년 전 정도에 고대 이집트에서 천국의 꿈을 가지고 있던 마스터들이 있었습니다. 그리스에서는 피타고라스 시기인 기원전 600~500년경 제한적이나마 마스터 학교가 있었습니다. 가장 최근에는 1500년경 티베트의 몇몇 라마승들이 빛을 발했습니다. 제5태양시기 동안에 티베트과 테오티우아칸, 그리스 모든 곳에서 마스터들이 쏟아져 나왔습니다.

나비 의례:

당신이 그룹과 함께 있다면 태양이 내리쬐는 작은 광장에 모여 사람들로 원을 만드십시오. 이곳은 태양과 사랑의 통교를 하는 곳입니다.

태양이 하느님과 단단히 연결되어 있다고 당신이 느낄 때까지, 태양과 상호 소통을 해보십시오.

광장 중심에서 각 사람과 돌아가며 서로를 안아 주십시오.

에너지가 척추 아래에서 머리 쪽으로 올라오기 시작할 것입니다. 인도에서는 이것을 쿤달리니(Kundalini, 인간의 척추 아래에 감겨 누어 있다고 말하는 강력한 에너지, 뱀으로 상징된다.—옮긴이) 에너지라고 부릅니다. 당신이 나비 궁을 떠날 때쯤이면 초기 톨텍 마스터들의 에너지를 느낄 수 있을 것입니다.

재규어 궁은 나비 궁 옆에 있습니다. 재규어 궁은 지구상에 살았던 모든 화신들의 에너지와 동일한 에너지를 갖고 있습니다. 부처를 따르는 한 사람이 깨어서 이 궁으로 들어간다면, 그/그녀는 부처를 보게 될 것입니다. 기독교인이라면 그리스도를 볼 것입니다. 때론 비기독교인이라도 그리스도를 볼 수 있습니다.

전 세계에서 가장 거룩한 장소는 테오티우아칸에 있는 재규어 궁의 현관 입구입니다. 이 현관입구는 조개와 깃털 문양이 그려진 양쪽의 프레스코 벽화로 더 아름답습니다. 이 현관에서 당신은 하느님의 현존 속에 있습니다.

당신은 모세가 십계명을 받던 산 위에서 느꼈던 것을 느낄 수 있을 겁니다. 우리는 이곳에서 그리스도의 에너지를 분명히 느낍니다.

재규어 의례:

현관 앞에 조용히 서십시오. 이 장소에 뿜어져 나오는 신성한 에너지와 상호 소통하는 것을 느껴 보십시오.

이 에너지와의 소통은 언제나 말이 아닌 느낌의 수준에서 이루어집니다. 에너지 안에 들어선 존재의 경험은 현관 앞에 설 때 또는 현관 안에 들어갔을 때 최고조에 이릅니다.

더 이상 아무것도 필요한 것이 없을 것입니다.

10. 태양의 피라미드

로렌스 앤드류스(Lawrence Andrews)는 다음과 같이 썼다. "자유의 길, 곧 내부의도의 마스터 전문과정 중 마지막 수련 과정은 태양의 피라미드에서 진행이 되었다. 태양의 피라미드는 인간 경험의 한계를 초월해 보는 자기 헌신의 장소이다. 이곳에서 우리는 자신의 내부의도(혹은 나구 알)와 태양 존재의 내부의도와 하나가 되는 것이다."[*]

우리는 지구에서 태양까지 직접적으로 통신하기 위해 태양의 피라미드를 보호합니다. 태양 피라미드의 의도는 마스터들이 태양과 빛 사이에 흐르는 전체 빛의 강물 속에서 당신 자신의 빛 진동 주파수를 찾아내도록 돕는 데 있습니다. 이곳에서 당신은 자신의 빛줄기와 통교할 수 있습니다.

톨텍의 마스터들은 태양 피라미드의 꼭대기에 올라가 자신의 빛줄기와 하나가 되고, 그들이 태양을 향해 올라갈 때 자신의 몸을 실제적으로 해체시켰습니다.

공중에서 보면 태양의 피라미드는 예수가 십자가에 달린 모습과 비슷하게 인간이 거꾸로 선 모습처럼 보일 수 있습니다. 피라미드 바닥의 돌 제단은 그의 머리처럼 보입니다. 그의 팔은 바닥 단의 양쪽 두 계단을 따라 뻗어 있고, 그의 몸통 부분은 피라미드의 중심이고, 그의 발은

---

[*] Lawrence Andrew, *Magical Blend*, 47th edition, 1995.

꼭대기 계단입니다.

의례

계단을 오르기 전에 피라미드 앞에 놓여 있는 돌 제단으로 갑니다. 이곳에서 지구를 향해 작별 인사를 올립니다.

나구알은 그룹의 사람들이 감은 눈을 저마다 지그시 누릅니다. 그러면 각 사람들이 나구알의 눈으로 볼 수 있게 됩니다. 나구알은 사람들에게 저마다 자기의 호흡리듬을 찾아 호흡을 시작하라고 말합니다.

여성들은 오른쪽으로 걸음을 옮겨 피라미드 주위를 돌기 시작합니다. 남성들은 왼쪽으로 돌기 시작합니다. 흔히 오른쪽은 남성을, 왼쪽은 여성을 나타냅니다만 여기서 우리는 의도적으로 자기 성과 반대쪽으로 피라미드 주위를 돌게 됩니다.

이러한 걸음은 피라미드를 깨어나게 합니다.

당신이 걸을 때, 1미터 정도 앞을 바라봅니다.

당신은 속도를 달리 할 때 세 가지 수준의 에너지를 인지할 수 있습니다. 첫 번째 수준은 피라미드 겉에서 일어나는 에너지입니다. 두 번째는 당신이 걷는 길에서 일어나는 에너지입니다.

세 번째는 피라미드 안에서 일어나는 에너지입니다. 당신의 의지는 피라미드와 연결되어 있습니다.

당신이 꼭대기에 다다를 때까지 당신의 인식은 변화를 겪습니다.

피라미드 꼭대기 중앙에 각 사람은 주어지는 안내에 따라 한 쌍이 등을 마주 대고 무릎을 세운 채로 앉습니다. 한 쌍은 서로 안쪽으로 마주보고 있습니다. 나머지 사람들은 이 들 주변을 원형으로 둘러쌉니다.

당신의 내적 침묵을 찾으십시오.

침묵에서 우리는 소리의 진동 주파수를 만들어 낼 것입니다.

허밍 소리를 내십시오. 커다란 소리가 되게 하십시오. 특정한 방법이 있는 것은 아닙니다. 소리를 내다 보면 하나가 되고 피라미드와 합쳐질 것입니다. 이러한 마지막 의례를 진행하는 동안 어떤 일이 일어날 수도 있습니다.

테오티우아칸에서 죽음의 길을 따라 걷는 이 여정이 두려움을 내려놓는 과정으로 설계되어 있다 할지라도, 당신을 지옥과 연결시키는 미겔이 말한 기생충이 언제든지 다시 나타날 수 있다. 그는 이미 마스터가 되었지만, 그럼에도 계속 테오티우아칸을 여행하는 까닭은 지옥의 꿈으로 생긴 상처의 독을 여전히 가지고 있을 수 있는 최소한의 마음 조각조차도 깨끗이 제거하기 위해서다. 그는 스스로 새로운 수행 방법을 다시 만들었다. 이것은 전 여정을 거꾸로 해 보는 것이다. 곧 태양의 피라미드에서 시작하여 마지막으로 케찰코아틀 궁전으로 돌아가는 것이다. 이것은 점차 강도 높은 자기 검열 수련으로 자신에게 도전해 보려는 수행 방법이다.

비록 기생충이 통제 능력을 상실했지만, 톨텍의 전사는 영적 진보를 가로막으려는 기생충이 있음을 인식하고 있습니다. 그런데 기생충을 알리(Ally)로 변환하는 것이 가능합니다. 이러한 일이 일어나면 알리는 영적 성장을 돕고, 전사는 자신이 새로운 출발을 하고 있는 것처럼 느끼게 됩니다.

알리의 도움을 받아 전사는 온전한 정직함으로 모든 상처들을 깨끗이 치료할 수 있게 됩니다. 마스터 과정에 오르기까지 이런 수준의 진리를 경험하는 것은 불가능합니다. 이것은 아주 고통스러운 과정입니다.

11장

세상 속 나구알의 길

침묵의 지식 마스터 전문과정은 나구알 에너지를 열게 하는 통로가 되는데, 이 나구알 에너지는 무한히 확장되는 우주에 존재하는 생명력 있는 영이다. 나구알 에너지는 인식과 내적 의도를 확장시켜, 침묵의 지식 마스터가 세상을 통제하는 지옥의 꿈에서 해방되고, 사랑의 에너지로 가득 차게 만든다.

톨텍 지혜의 마스터 전문과정을 배우는 동안, 영적 전사는 자기 수련을 통해 홀로 내면 성장의 고독한 길을 가고 있다고 느낄지 모른다. 이러한 헌신으로 혜택을 볼 사람은 오직 마스터 하나일 뿐인 것처럼 보일 수도 있다. 하지만 그렇지 않다. 한 사람이 우선 사랑의 상태에 주의를 집중해 자유의 상태에 이르게 되면, 그 사람은 변형을 이룬 사람으로서 세상을 섬기는 자가 될 수 있을 것이다. 마스터가 단순히 사랑의 상태에 놓여 있는 사람이 되는 것만으로도, 이와 비슷한 길을 가는 사람들에게 가르침을 줄 수 있다.

변형을 이룬 사람은 자신의 임무를 완수할 책임이 있다. 나구알의 임무는 도제의 신분 과정에 있을 때 습득했던 모든 마스터 전문과정을 실천해야 하고, 그 지혜를 사람들에게 나누어 주어야 한다. 빵의 반죽을 부풀리는 누룩과 같이, 나구알 마스터는 오늘날 지구에서 일어나고 있는 대변이 과정, 곧 심각한 혼돈에서 평화와 창조의 새로운 수준으로 향하는 진화 과정에 일조를 하게 될 것이다.

의과대학을 졸업하고 미겔은 사막에서 공중의로 봉사해야만 했다. 그곳에서 그는 조부가 보낸 특별 스승으로부터 나구알리즘에 대해 배웠다. 이 늙은 현자는 미겔에게 여러 가지 무시무시한 방법으로 자신의 두려움을 대면할 수 있도록 가르쳤다. 이런 경험에 기반해서, 처음에 미겔은 그가 지금 가르치는 방식과는 사뭇 다르게 사람들을 가르쳤었다. 그는 초창기 수업에서 학생들을 위험하고 두려운 상황에 노출시켰었다. 하지만 그때 그의 어머니 사리타는 무조건적인 사랑을 실천한다는 것이 무엇을 의미하는지 미겔에게 보여 주었고, 그는 사랑의 방법이 두려움의 방법보다 훨씬 더 영적 마스터 전문과정을 발달시키는 데 낫다는 것을 알게 되었다.

자기 검열 수련은 지옥의 꿈을 지상천국의 꿈으로 변화시키는 데 미겔이 실천하는 가장 기본적인 수련 방법이다. 자기 검열 수련은 두려운 상황을 직면하지 않고, 우리의 두려움을 인식하는 해결책이다. 자기 검열 수련은 개인적으로 수행하는 것이다. 사람에 따라 이 수련은 오래 걸릴 수도 있고, 여러 번 반복되어 수행될 수도 있다. 심지어 우리의 꿈속에서도 수행이 가능하다. 꿈을 꾸는 것은 우리의 임무다. 꿈은 밤과 낮 모두에 있다. 톨텍 수련의 장점 가운데 하나는 우리가 우리의 꿈을 변하게 할 수 있다는 것이다.

미겔은 그의 도제들에게 다음과 같은 방법으로 꿈꾸기 준비를 하라고 가르친다.

1. 당신이 잠에 들려고 할 때, 깨어 있어서 당신의 꿈을 제어할 수 있도록 하십시오.

2. 당신이 현재 꾸고 있는 꿈을 변화시킬 수 있도록 강력한 꿈꾸기(power dreaming)를 수련하십시오. 그러면 당신은 꿈이요, 꿈꾸는 자임을 깨닫게 될 것입니다.

3. 꿈꾸는 당신의 몸은 평소 당신의 몸과 다르다는 것을 주의하십시오.

4. 천국의 꿈을 꾸기 시작하십시오. 악마가 그 꿈을 꾸지 못하게 방해할 것입니다만, 당신이 창조하는 꿈을 당신이 경험하고 있다는 것을 기억하십시오. 그래서 가능한 한 가장 아름다운 꿈을 창조하십시오.

5. 당신이 지복의 순간에 이르면, 당신은 순수한 사랑의 하나님이 될 것입니다. 사랑으로 당신은 하느님과 다시 합일을 이루게 될 것입니다.

미겔의 학생들은 그의 동료인 선생들로 성장합니다. 신시아 우튼은 이제 톨텍의 마스터 전문과정을 수행하는 나구알입니다. 그녀는 기존의 세 가지 마스터 전문과정 대신 네 가지 과정을 열거합니다. 그녀가 말하는 네 번째 과정은 꿈꾸기 마스터 전문과정입니다.

우튼은 말한다. "미겔의 의도는 가능한 많은 사람들에게 그들의 온전한 잠재적 능력을 일깨우는 데 도움을 주고자 하는 것입니다. 그래서 그들이 선택한 삶의 방식 속에 조화와 균형을 가진 내외적 세계를 창조할 수 있는 자신의 능력을 드러낼 수 있게 만드는 것입니다."

우튼은 미겔과 함께 한 그녀의 연구들이 그녀의 삶을 변화시켰다고 말한다. "나는 미겔과 또 몇몇 그 밖의 다른 사람들과 이러한 가르침을 널리 알리는 데 내 인생을 헌신하기로 작정했습니다. 인간이 진화한다는 것에 대해 내 마음 속에는 조금도 의심이 없습니다. 우리의 무한한 능력을 가진 본성에 이르게 되면, 우리가 가진 지상천국에 대한 비전이 성취됨을 느낄 수 있을 것입니다. 미겔과 나, 그리고 몇몇 사람들은 우리 자신과 이일에 준비된 사람의 힘으로 이러한 새로운 천국의 꿈을 이룩하는 데 뛰어들기로 결심했습니다."

그녀의 글 속에서, 우튼은 마스터 전문과정에 대한 신선한 통찰을 주고 있다. 인식의 마스터 전문과정에 대한 글에서 그녀는 말한다. "우리가 진화할수록, 우리가 창조하는 에테르 에너지는 좀 더 미묘하고, 좀 더 다양한 특성의 영적 에너지를 반영합니다. 영적 에너지란 무엇을 뜻합니까? 이것은 우리가 우리 주변의 모든 만물과 하나라는 것을 인식하는 차별 없는 에너지를 말합니다. 영의 경험으로 얻어지는 느낌은 신성한 사랑, 황홀, 무한한 자유입니다. 이러한 마스터 전문과정은 우리를 한계 지우는 모든 것들로부터 자유로워질 수 있는 선택을 우리가 직접 하게 해줍니다."

스토킹 마스터 전문과정에 대해 우튼은 이 과정이 영적 전사의 가장 기본적인 삶의 방식이라고 설명한다. "우리는 왜, 또 어떻게 우리 자신을 한계 지우는지, 고통스럽게 하는지, 불행하게 만드는 지를 알기위해 우리의 생각과 말과 행동을 지켜보기 시작했습니다."

꿈꾸기 마스터 전문과정을 통해, 우튼은 날마다 이러한 '고착화된 현실'을 꿈꾸게 하는 에너지를 완전히 통제할 수 있다고 설명한다. 우리가 자신의 의도에 따라 에테르 에너지를 사용하기 시작한다면, "이른바 에테르 혹은 아스트랄 여행이라 불리는 도구를 써서 다른 현실을 여행하는 데 아무런 한계가 없습니다. 우리가 에테르 에너지를 인식한다면, 우리는 단지 물리적 에너지의 인식을 넘어, 존재 전체의 많은 부분을 인식할 수 있을 것입니다."라고 우튼은 설명한다.

내적의도의 마스터 전문과정에 대해 우튼은 말한다. "이 과정은 마지막 수련 과정으로 존재 전체에 대한 마스터 전문과정입니다."

이 책은 새로운 꿈의 창조 가능성을 보다 멀리, 널리 퍼뜨리기 위한 도구이다. 세계 곳곳에서 미겔처럼 동일한 작업을 진행하는 스승들과 전통들이 존재한다. 충분히 많은 사람들이 죄와 심판, 걱정과 불행으로부터 벗어난 삶을 갖게 해 주는 세계관의 변화를 받아들인다면, 전 지구는 더욱 균형 속에 존재할 것이다. 이때 지구에서 방출된 바뀐 진동 주파수는 태양계 진동 주파수의 햇빛에 영향을 줄 것이며, 차례로 나머지 우주에도 영향을 끼칠 것이다.

한 사람의 내면에서 변화는 시작된다. 당신은 지구 행성의 평화를 향해 박차를 가하며, 용기를 북돋아 주는 그 한 사람이 될 수 있다.

미겔은 도제들에게 자기 자신의 학생들을 받아들여 그들에게 스토킹 기술을 가르치고 테오티우아칸으로 떠나는 여행을 인도하라고 조언한다. 이러한 방법으로 미겔은 그 자신의 가르침의 효과를 극대화한다.

몇몇 핵심적인 가르침들은 영적 감수성이 있는 학생들(shamanic students) 모두의 가슴에 깊이 박히게 된다. 지금은 영적 감수성이 다시금 부흥하는 역사의 순간이다. 그래서 미겔과 같은 스승들이 진보하고 있는 전 지구적 의식의 변화를 도울 수 있는 것이다.

나구알로서 미겔이 한 가장 중요한 기여 가운데 하나는 톨텍의 지혜와 다른 영적 전승들, 곧 특별히 불교와 기독교 사이에 다리를 놓은 것이다.

미겔의 부처 이야기

부처 이야기는 예수 이야기와 비슷한 점이 많습니다. 부처는 태어날 때 이름을 싯다르타라고 했습니다. 그는 왕자였고, 장차 인도를 다스릴 왕이었습니다. 그가 태어났을 때 점성가들은 그가 가장 위대한 왕이 되거나, 혹은 지옥을 여행하고 지옥의 비밀을 세상에 가르칠 고행의 수도자가 될 것이라 예언했습니다.

따라서 그의 아버지는 싯다르타를 보호하려 했습니다. 그를 위해 아름다운 세계를 만들어 주었습니다. 그를 일찍 결혼시켜 아이를 갖게 하려 했습니다. 그의 아버지는 그를 보통 인간처럼 살도록 힘을 썼습니다만 싯다르타가 자신의 운명을 따르게 되는 것을 막지는 못했습니다. 그는 힘이 넘쳤고, 젊었으며, 능력이 있었습니다. 그는 세상과 떨어진 그의 궁전을 떠나 마을로 들어갔습니다. 그곳에서 그는 고통을 목격하였습니다. 그는 아버지에게 물었습니다. "왜 당신은 나에게 거짓말을 하셨습니까?" 그의 아버지가 대답했습니다. "나는 네가 고통받기를 원치 않았다."

싯다르타는 동정심을 느꼈으며, 죄책감을 느꼈습니다. "나는 그들이 느끼는 것을 알아야만 합니다."라고 그는 말했습니다. 그는 그것이 인간에게 진정 어떤 의미가 있는 것인지를 알기 원했습니다. 이것은 그를 지옥으로 이끌었습니다. 그는 부친과 주변 사람들이 잘못을 저질렀으며, 자신은 벌을 받아야 한다고 느꼈습니다. 그는 고행의 삶을 시작하고, 사람들에게 구걸을 하기도 했습니다. 그는 너무나 동정심이 많았기에 많은 거지들이 그를 따랐습니다. 그는 이들에게 소망을 보여 주었습니다. 하지만 자신이 이들을 잘못된 길로 인도하고 있음을 깨달았습니다. 그는 다시 음식을 먹기 시작했고, 다시 힘을 회복했습니다. 하지만 다른 사람들은 그에게서 배신감을 느꼈습니다.

그래서 그는 홀로 숲 속으로 들어갔습니다. 그곳에서 그는 세상에서 가장 지혜로운 나무 하나를 발견했습니다. 그것은 수령(樹齡)이 천년이나 된 나무였습니다. 그는 이 나무에 대해 연구하고 그 나무의 마음을 알게 되었습니다. 그는 빛이 진정한 지식임을 알았습니다. 그는 삼매경(三昧境, ecstasy)에 빠졌습니다. 그러고는 부처가 되었습니다. 그는 명상에 들어가 나무로부터 지식을 얻었습니다.

나무의 마음은 인간의 마음과 흡사했습니다. 이 나무는 부처의 안내자가 되었습니다. 부처는 이 세상이 모두 하나의 꿈이요, 이 꿈은 살아 있다는 것을 깨달았습니다. 꿈속에서는 이 꿈을 다스리는 신들이 있었습니다. 그는 모든 인간의 총체적인 진화를 보았습니다. 그는 꿈에서 도망친다는 것이 거의 소용없다는 것을 알았습니다. 신들에게서 창조와 발전을 기대하는 것은 인간이 꿈을 변화시키는 것보다 더욱 희망이 없는 일이었습니다. 신들은 인간을 통제하고 인간으로 하여금 악몽을 꾸게 하였습니다. 모든 두려움의 신들이 악을 만들어 냈습니다.

부처는 꿈에서 나오는 길은 빛이 되는 것이고 하느님이 되는 것임을 알았습니다.

그는 말하길 "우리의 운명은 초월하는 데 있다."고 했습니다.

부처에게 선택의 순간이 있었습니다. 첫 번째는 빛이 되고, 하느님이 되고, 초월하는 것입니다. 둘째는 세상으로 다시 돌아가 자기의 비전을 나누는 것입니다. 그는 자비심이 너무 많아서 돌아가기로 결정했습니다. 그러자 꿈이 그를 공격했습니다. 예수가 성적(性的)으로 유혹당한 것처럼 말입니다. 부처는 모든 사람들이 활과 화살로 그를 쏘는 것을 보았습니다. 화살은 그에 대한 사람들의 비난과 험담을 상징했습니다. 이 화살들은 꽃들로 바뀌었습니다. 이러한 일이 예수가 탄생하기 500년 전에 일어났습니다.

멕시코 오악사카(Oaxaca) 주에는 툴레(Tule)라고 부르는 유명한 거목(巨木)이 있습니다. 이 나무는 내가 본 나무 중 가장 지혜로운 나무였습니다. 이 나무는 아버지의 기운을 가지고 있습니다. 당신은 이 나무로부터 사랑을 느낄 수 있습니다. 이 나무에는 새들이 거의 앉지 않는데, 앉는 새들도 언제나 조용히 앉아 있습니다.

툴레 옆에는 이보다 작은 나무가 있습니다. 이 나무는 암나무입니다. 이 나무는 어머니의 기운을 가지고 있습니다. 이 나무에는 새들이 많이 앉아 있습니다.

가야는 사람들이 툴레 나무 주위를 빙 둘러싸면, 사람들은 이 나무 맞은편의 한 지점으로 이끌리게 된다고 말합니다. 나무는 사람들을 위로 들어 올려 사람들 발끝이 땅에서 떨어지게 합니다.

툴레 나무는 나무들 중에서도 구루(guru)요, 지혜로운 교사입니다. 이 나무는 침묵의 지식을 지니고 있습니다.

미겔이 본 그리스도의 환상

미겔이 사리타로부터 도제 수련을 할 때, 한 번에 몇 시간씩 명상 꿈에 들어가고는 했다. 환상 속에서 그는 예수의 생애에 대한 이야기를 듣게 되었는데, 이것은 그가 마치 현장 속 증인처럼 생생하게 본 것이다. 이러한 일이 일어날 수 있도록 그는 예수의 에너지 진동 주파수에 자신을 조정해야 했다. 그러자 그 이야기를 생생하게 느낄 수 있었다.

내가 명상 중에 만난 예수는 오늘날 교회에서 보여 주는 예수의 모습과는 완전히 달랐습니다. 나는 지난 1500년간의 기독교에 대해 인정하질 않습니다.

본래의 기독교는 예수가 살아있을 때 존재했습니다. 그가 보여 준 생명의 길에 대한 가르침은 톨텍족의 가르침과 거의 같은 것이었습니다. 예수는 우리에게 엄청난 선물을 주었습니다.

그는 우리를 용서하셨습니다. 용서는 자기검열 수련처럼 우리 마음속에 있는 독을 깨끗이 씻는 방법입니다. 용서는 우리가 가진 마음속의 모든 독의 뿌리들을 치유하는 유일한 방법입니다.

용서는 자기 사랑의 행동입니다. 당신이 용서한다면, 상처 자국은 남아 있겠지만 더 이상 상처받지는 않습니다. 용서는 예수에게서 온 은혜의 선물입니다.

예수 시대의 전반적인 문화는 비판받을 만한 것입니다. 유대 종교는 여전히 야만적이었습니다. 성전에서 그들은 동물들을 피에 굶주린 신에게 희생 제물로 바쳐야만 했습니다. 성경에서 모세는 희생 제사를 어떻게 드려야 하는지, 장막에서 피를 어떻게 뿌려야 하는지, 번제를 어떻게 드려야 하는지 가르쳤습니다. 이 모든 것들은 광신적인 것들입니다. 사람들은 율법의 문자에만 집착하고 율법의 정신을 따르지 않았습니다. 사람들은 심판의 신을 믿었습니다.

예수는 질투하고 심판하는 공포의 하느님을 가르치는 이러한 종교와 갈등을 일으켰습니다.

예수는 사랑을 실천했습니다. 이것이 그의 주된 선물입니다. 그는 "눈에는 눈으로"란 말을 하질 않았습니다. 대신 "네 이웃을 네 몸과 같이 사랑하라"고 말했습니다.

그의 말을 들으려 하지 않는 사람들에게 그가 알고 있는 것을 가르치는 것은 쉬운 일이 아니었습니다. 그래서 그는 비유를 들어 가르쳤습니다. 그의 말을 경청하는 사람들을 사랑으로 이해시켰습니다. 그가 말할 때면, 사람들은 명상 꿈 상태에 빠졌고, 무조건적 사랑인 침묵의 지식을 공유했습니다.

예수는 진실로 다윗 왕가 출신의 왕이었습니다. 로마 사람들은 거짓 왕을 대신 자리에 앉혔습니다. 다윗 가문 출신에서 왕국을 회복하는 메시아가 나오리라 기대를 했습니다.

예수의 진짜 아버지는 열심 당원, 곧 로마를 반대해 싸우는 전사인 유다(Zealot)였습니다. 그는 로마를 전복하려 했지만 실패했고, 결국 죽임을 당했습니다. 그는 죽을 때 마리아가 임신했다는 사실을 몰랐습니다. 마리아는 그때 어린 처녀에 불과했습니다. 다윗 가문의 사람들은 가계를 이을 수 있는 아들을 낳아 주길 기대했습니다. 그들은 마리아의 아들의 아버지가 될 만한 사람을 남편으로 정했습니다. 요셉은 랍비이며 성전의 제사장이었습니다. 그는 80살이었습니다. 마리아는 요셉과 결혼을 했고, 요셉은 예수를 어릴 때 이집트로 데려가 그에게 필요한 영적 수련을 받게 했습니다. 이 공동체는 예수가 왕이 되는 것을 거부하리라는 생각을 꿈에도 하지 않았습니다.

예수는 에세네파(Essenes, 예수 당시 종말론적인 사상으로 광야에서 공동체를 이루고, 철저히 금욕적인 삶을 산 유대의 한 종파—옮긴이)에 들어갔습니다만 그에게는 이미 침묵의 지식이 있었고, 에세네파 사람들보다 훨씬 자유로웠습니다.

에세네파는 한순간에 닥칠 세상의 종말을 기다리고 있었습니다. 그들은 자신을 금욕으로 정화하고, 정의의 메시아(master)가 도래하기를 기다렸습니다.

예수가 말했습니다. "내가 그 정의의 메시아요, 세상의 종말은 오질 않소." 에세네파는 예수와 세례 요한을 자신들의 공동체에서 축출했습니다.

두 개의 힘이 예수 안에서 작용했습니다. 하나는 그에게 왕이 되라는 말을 했고, 다른 하나는 공동체의 믿음을 변화시키라고 말했습니다.

유대인들은 성전에서 하느님이 아닌 힘을 경배하고 있었습니다. 예수는 그가 메시아일 가능성이 있다고 널리 알려져 있었기에 바리새파에게는 위험인물이었습니다. 하지만 바리새파는 그가 메시아임을 부인했습니다.

예수는 그를 따르는 사람들의 기대와는 어긋나는 방향으로 자기 길을 갔습니다. 그는 왕이 되는 길을 선택하지 않고, 사랑과 용서와 진리를 고백하는 길을 택했습니다. 따라서 그의 이미지는 변했고, 많은 사람들이 그를 단순히 예언자로 여겼습니다.

예수는 자신을 하느님의 아들이라 생각했습니다. 하지만 유일한 아들이란 생각은 하지 않았습니다. 유일신 사상이 이스라엘에서는 이상적인 것이었지만, 당시 다른 나라들, 예를 들어 로마나, 이집트, 그리스 등지에서는 반신반인을 믿고 있었습니다. 로마황제 시저(Ceasar)는 자신을 하느님으로 선포했습니다. 따라서 예수가 자신을 하느님의 아들이라한 것은 이상한 말이 아니었습니다. 그는 우리 모두는 하느님의 자녀들이라고 말했습니다. 하느님은 두려운 신이라기보다는 사랑과 용서라고 말했습니다. 사람들은 하느님이 멀리 계신 분이라고 생각했습니다. 예수는 말합니다. "나는 사람의 아들이다. 너희는 나의 형제들이다. 하느님은 우리의 아버지시다. 나의 아버지는 희생 제사를 원치 않으신다."

사람들은 그를 사랑하고 따랐습니다. 그가 가르친 생각들은 성전 체제에 위협이 되었고, 성전 지도자들은 그가 떠나기를 바랐습니다. 비록 많은 제사장들이 그를 좋아했지만 말입니다. 이 제사장들은 예수와 함께 하는 것이 자유를 얻는 길이라는 것을 알고 있었습니다. 사실 성전에서 많은 모임들을 가졌습니다.

예수는 이 땅에 천국을 이루는 것에 대해 말을 했습니다. "내 나라는 이 세상과 같지 않다. 그곳은 모든 사람이 따뜻한 마음을 지닌 사랑이 있는 곳이다."라고 말했습니다.

그의 제자들은 예수의 예루살렘 입성에 흥분했었습니다. 그들은 승리자가 되고, 예수는 자신이 왕임을 선포할 것이라고 생각했습니다. 성전 지도자들도 그가 이런 말을 하리라고 기대했습니다. 그가 그렇게 말했다면, 바리새파가 그를 제지할 방도를 찾지 못했을 것입니다. 그들은 예수를 70명의 회원을 가진 유대 최고의 종교심판 회의인 산헤드린 (Sanhedrin) 공의회로 불렀습니다. 하지만 예수는 말했습니다. "아니오, 나는 왕이 되지 않을 것이오. 나를 유혹하지 마시오." 그는 군중들이 자기를 죽일 것이라고 예견했습니다. 이것은 그의 운명이 되었습니다.

부활은 예수로부터 온 또 하나의 선물입니다. 이것은 꿈에서 깨어나는 것입니다. 부활은 생명의 나무 실과를 먹은 아담과 이브와는 반대 개념입니다.

성만찬은 이집트에서 시작한 오랜 전승입니다. 근본적으로 성만찬 떡은 태양신 라(Ra) 혹은 예수와 동일한 신인 호루스(Horus)를 나타냅니다. 포도주는 거룩한 피 혹은 모든 인간을 창조한 특별한 빛줄기를 나타냅니다. 기독교 예배에서 사용하는 것과 같은 방식으로 빵과 포도주가 이집트 예식에서도 사용되었습니다.

예수는 인간과 하느님 사이에 새로운 언약을 맺었습니다. 그의 가르침이 많이 왜곡되었음에도, 이 언약은 여전히 유효합니다. 제6태양시기인 현 시점은 예수 예언의 시대입니다. 세계 곳곳의 모든 사건들은 개별화될 수 없습니다. 모든 인간들은 지구의 한 내부 기관이기 때문입니다. 예루살렘에 일어났던 일이 테오티우아칸에도 일어났습니다. 예수는 또한 케찰코아틀입니다.

모든 화신들이 사랑과 용서를 말합니다만, 예수는 이것을 행동으로 증명해 주었습니다.

그가 증명해 준 진실은 나에게는 가장 중요한 것입니다. 예수는 우리에게 전사로서 어떻게 죽어야 하는지 가르쳐주었습니다. 비록 그가 모욕을 당하고, 상처를 받았지만 그는 사람들을 미워하지 않았습니다. 어떠한 복수도 하지 않았습니다. 그는 여전히 모든 사람을 사랑합니다. 이것이 예수 이야기의 일부분입니다만 나는 이 세상의 그 누구보다도 가장 위대한 인간이 예수라고 느낍니다. 예수의 가장 뛰어난 가르침은 그의 다함이 없는 사랑입니다.

예수가 죽은 후에 그의 제자들은 두 갈래 방향으로 나뉘었습니다. 한 무리는 예수를 메시아, 곧 왕으로 보고 그의 계보를 지키려고 했습니다. 그래서 예수의 아내와 아들을 프랑스 남부 지역으로 피신시켰습니다. 그리고 후에 영국으로 이동했습니다. 성배(聖杯) 이야기는 다윗 가문의 연장이라 할 수 있습니다. 성배는 성혈(聖血)을 뜻합니다. 십자군 전쟁은 메시아 왕국을 다시 세우기 위해 시작되었습니다. 프리메이슨 비밀결사 조직과 장미 십자회, 성전 기사단, 카타리파(Le Catars, 11세기 프랑스 남부 지역에서 생겨난 영지주의 기독교 분파, 이원론, 순수 신앙 강조—옮긴이), 아더 왕의 원탁의 기사 등은 다윗 가문들과 모두 연결되어 있습니다.

또 다른 무리는 사도들로서, 예수를 하느님의 아들로 여기고 그의 가르침을 지켰습니다. 이들은 박해를 받았지만, 일곱 교회를 세웠습니다. 기독교의 대 승리는 로마 황제 중 하나가 자신은 교황이며, 기독교회의 수장임을 선포한 기원후 200년경에 일어났습니다. 그는 예수의 사상과 그 당시 승리의 태양(Victorius Sun)이라 부른 로마의 새로운 사상의 움직임을 혼합시켰습니다. 이 무리는 태양으로부터 와서 악을 굴복시킨 한 사람을 경배했습니다. 그 또한 하느님의 아들로 여겨졌습니다. 이 일이 일어난 뒤로 모든 사람은 기독교인이 되어야만 했고, 이 종교를 지지해야만 했습니다. 이들은 예수에 대한 정보를 찾기 위해 밀사를 파견했습니다. 시저는 단지 예수의 생애에 대한 책 중 네 권의 책만 인정하였습니다. 이것이 사 복음서(마태, 마가, 누가, 요한복음—옮긴이)입니다. 또 다른 보고서들은 위경(僞經)에 있습니다만, 이 책들은 공식적으로 인정되진 않았습니다. 과거의 모든 신들이 성인이란 이름으로 다시 불리었습니다.

이러한 사실들은 학자들에 의해 곧 정당성이 드러날 것입니다. 가톨릭 교회와 비밀결사 조직, 예를 들어 성전 기사단 같은 조직 사이에는 언제나 불화가 존재했습니다. 하지만 모든 정보들이 곧 드러나게 되면, 예수의 이미지는 변할 것입니다. 교황 제도가 종말을 고하면 그의 대 통치권도 무너질 것입니다. 사람들은 프랑스 남부 유적지들을 발견할 것이고, 그들은 미켈란젤로와 레오나르도 다빈치, 또 그 밖의 많은 예술가들의 작품 속에 감춰진 메시지를 알게 될 것입니다. 이미 계시는 시작되었습니다. 계시록에 언급된 봉인(封印)들이 떼질 것입니다. 이미 몇 개는 떼졌습니다. 그 첫 번째가 지옥입니다.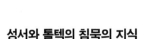

성서와 톨텍의 침묵의 지식

요한복음 제1장에서 미겔은 '기독교 신비주의학파로부터 내려온 순수한 비밀의 지식'을 본다. 구절 구절에서 증언하는 것들이 언어와 의미에 있어 톨텍의 침묵의 지식과 유사하다.

미겔이 늘 말하듯이 오직 하나의 침묵의 지식만이 있을 뿐이다. 그리고 이것은 전 세계에 계시되었다. 침묵의 지식이 계시된 것은 처음이 아니다. 새로운 것은 고대 지혜에 대한 우리 시대의 해석이 최근 학자나 과학 지식의 영향을 받고 있다는 것이다. 다음의 성서구절(요한복음 1장)은 공동 번역 성서(저자는 킹 제임스 흠정역 판[KIng James Bible]에서 따옴―옮긴이)에서 인용했다.

1절. 한 처음, 천지가 창조되기 전부터 말씀이 계셨다. 말씀은 하느님과 함께 계셨고, 하느님과 똑같은 분이셨다.

2절. 말씀은 한 처음 천지가 창조되기 전부터 하느님과 함께 계셨다.

3절. 모든 것은 말씀을 통하여 생겨났고, 이 말씀 없이 생겨난 것은 하나도 없다. 생겨난 모든 것이

4절. 그에게서 생명을 얻었으며, 그 생명은 사람들의 빛이었다.

5절. 그 빛이 어둠 속에서 비치고 있었다. 그러나 어둠이 빛을 이겨본

적이 없다.

(……)

9절. 말씀이 곧 참 빛이었다. 그 빛이 이 세상에 와서 모든 사람을 비추고 있었다.

10절. 말씀이 세상에 계셨고, 세상이 이 말씀을 통하여 생겨났는데도 세상은 그분을 알아보지 못하였다.

11절. 그분이 자기 나라에 오셨지만 백성들은 그분을 맞아주지 않았다.

12절. 그러나 그분을 맞아들이고 믿는 사람들에게는 하느님의 자녀가 되는 특권을 주셨다.

13절. 그들은 혈육으로나 육정으로나 사람의 욕망으로 난 것이 아니라 하느님에게서 난 것이다.

14절. 말씀이 사람이 되셔서 우리와 함께 계셨는데, 우리는 그분의 영광을 보았다. 그것은 외아들이 아버지께 받은 영광이었다. 그분에게는 은혜와 진리가 충만했다.

🐘 　모든 것이 말씀에서 왔습니다. 그리고 이것은 내적의도와 의지와 완전히 동일한 것입니다. 모든 것이 빛에서 왔습니다. 빛은 에너지입니다. 톨텍에서는 내적의도가 모든 에너지를 변형시키게 하는 에너지의 특성이라 말합니다. 모든 것은 한 영(spirit)의 방출입니다.

"혈육으로나, 육정으로나 사람의 욕망으로 난 것이 아니라 하느님에게서 난 것이다." 이 말씀은 하느님의 의지 혹은 내적의도를 말합니다.

"그에게서 생명을 얻었으며, 그 생명은 사람들의 빛이었다." 생명과 빛은 완전히 같습니다. 이것이 톨텍족이 우리에게 가르치는 기본적인 지식입니다. 우리는 단지 생명일 뿐입니다. 우리 안에 있는 생명이 없으면, 우리 몸은 썩을 뿐입니다.

빛이 어둠 속에서 비치고 있습니다. 어둠은 물질입니다. 빛은 물질을 통해 작용을 하지만 물질은 이에 반발합니다. 물질은 빛을 "깨닫지 못합니다." 물질은 빛에 반발하고, 이러한 반발이 물질을 자라게 합니다.

성서는 말합니다. "말씀이 세상에 계셨고, 세상이 이 말씀을 통하여 생겨났는데도 세상은 그분을 알아보지 못하였다." 우리 자신의 몸은 우리의 빛, 곧 우리의 에너지를 받아들이지 못합니다. 성서의 "그분이 자기 나라에 오셨지만 백성들은 그분을 맞아 주지 않았다."는 말씀은 신성한 빛이 우리에게 왔으나 우리가 그것을 거부하고, 우리는 환각의 세상에 머물고 있다는 톨텍의 진리와 비교될 수 있습니다. "누구든지 빛을 받아들이는 자는 하느님의 자녀가 될 것이다."라는 말씀은 우리가 하느님이 되는 장소인 테오티우아칸의 의미와 완전히 들어맞습니다. 하지만 이것은 우리가 빛에 완전히 굴복할 때에만 일어날 수 있습니다.

미겔은 성서의 다른 면들, 무엇보다 〈요한계시록〉에 나오는 아마겟돈의 경고 같은 것들을 톨텍 지혜 전승의 기본 요소들로 해석한다. 아마겟돈은 지구 행성 꿈의 죽음을 알리는 신호이다. 자연이나 인간에 의해 파괴가 이루어지는 것은 불가피한 것이 아니다. 이것은 인간이 각성할 때 바뀔 수 있다. 미겔은 이러한 각성이 매우 빠르게 진행될 것으로 믿고 있다.

"혼돈이 가장 심할 때, 각성은 더욱 빨리 진행된다."라고 미겔은 말한다. "세상에 일어나는 일은 마음이 깨어 있을 때 일어나는 일과 거의 똑같다. 평화의 인식이 있기 전에, 혼돈이 증가한다."

고통은 일상적인 것이고, 모든 사람들은 고통을 겪고 있다는 관념의 믿음 체계를 가진 어떤 한 사람이 있다고 합시다. 하지만 어느 순간 이 사람이 깨어나, 우리가 고통당할 필요가 없음을 깨닫게 될 수 있습니다. 이 사람은 자신의 믿음 체계를 바꿔야 하는 저항에 직면하게 됩니다. 우리가 무엇인가 다르게 행동하면, 우리는 자신이 속한 사회에서 받아들여지지 않습니다. 다르게 된다는 것은 반역 행위입니다. 우리가 미지의 것을 향해 나아가게 될 때, 우리의 안팎에서 반발이 생깁니다. 두려움이 일어나고, 우리의 변형을 멈추려고 합니다. 이럴 때 혼돈이 생깁니다. 이성은 약화되고 방향 감각을 상실합니다. 위기가 각 사람이나 세상에서 모두 사라질 때, 그 개인은 그 자신이 될 수 있습니다.

우선 우리의 마음속에서 전쟁이 일어납니다. 내면 속 피해자는 우리의 노력을 바꾸려고 방해합니다. 우리의 믿음은 우리에게는 율법이 되어버렸습니다.

나와 함께 수년 동안 작업을 해 온 한 도제가 있습니다. 그녀는 과거 오랜 세월 동안 과부로 지냈습니다. 그녀의 믿음은 그녀에게 많은 저항을 일으켰으나 이내 변화의 순간이 다가왔습니다. 그러자 그녀는 이전에 살던 곳으로 돌아가, 남편의 유골을 파내 화장을 시켰습니다. 그녀가 뼛가루를 뿌리자, 그녀는 자유와 행복감을 느꼈습니다. 하지만 그녀 집안 사람들은 놀라고 분노했습니다. 그들은 그녀를 비난하고 성당 신부에게 찾아갔습니다. 신부는 사악한 행동을 했다고 생각했습니다. 잠시 그녀는 그들의 입장에서 그녀 자신을 살펴보았습니다만, 그녀는 그것을 그냥 내버려두기로 했습니다. 자신의 자유와 행복을 택하기로 했습니다.

사람들이 내면의 하느님을 발견하기까지는, 그들 밖에 있는 하느님을 믿어도 좋습니다. 우리 모두가 선한 마술사임을 알기 전에는 우리는 감정의 독을 퍼뜨리는 흑마술사들입니다. 선한 마술사가 되면 우리는 두려움을 사랑으로 바꾸게 됩니다.

한 사람이 변형이 되면, 어떤 것들도 개인적으로 취하는 법이 없습니다. 예수와 부처는 세상에 왔고, 깨달음을 이루는 변화를 일으켜야만 했습니다. 그렇게 함으로써, 모든 사람에게 보다 높은 기회를 열어 주었습니다. 두 분은 모든 것을 할 수 있는 기회를 갖고 태어났지만 다른 사람들처럼 지옥에 가야만 했습니다. 두 분 다 완전한 인간이었기 때문입니다.

두 분은 그들 시대 보통 사람의 환경에서 몸과, 마음과 영혼을 가진 보통 삶을 살았습니다. 하지만 이 분들은 빛이 되었습니다.

우리는 처음에 두려움으로 행동하지만, 우리가 하는 행동을 인식하게 되면 변형의 기회가 우리에게 열립니다. 심지어 가장 비참한 상황, 예를 들어 2차 세계 대전 당시 강제수용소와 같은 상황에서도 그들의 변화에 대한 갈망을 바꾸는 것도 가능합니다.

지난 20세기 동안 기독교는 우리가 이웃들을 보호해야 한다고 가르쳐 왔다. 미겔은 이러한 고상한 관념에 대해 죄로 귀속되게 만드는 일반적 해석과는 다른 해석을 하였다. 그는 '책임을 진다는 것은 서로의 존재 방식을 존중해 주는 것이다.'라고 말했다. 우리가 사랑을 줄 때 우리는 서로를 가장 잘 돕는 것이다. 사랑이 받아들여지는 곳마다 효과적이 된다. 우리가 남에게 해줄 수 있는 진정한 것은 그와 그녀를 사랑하는 것이다. 우리는 다른 사람의 행동에 대해 책임을 질 수는 없다.

다른 사람에게 유감이나 죄책감을 느끼는 것은 효과적이지 못하다. 정부가 사람들에게 기부금을 줌으로써, 직업을 가져서 얻을 수 있는 수입보다 일을 안 해서 얻는 수입이 더 많아진다면, 그들은 오히려 더 망가져 버릴 것이다. 그들은 도움을 받은 것이 아니다. 사람들이 일을 하지 않으면, 어떠한 행동도 없다. 변형을 하려면 행동이 있어야 한다. 행동이 없으면, 사람들은 싫증을 일으키고, 싫증은 범죄로 이어진다. 우리는 무엇인가 생산적인 것을 하기 위해 이곳에 온 것이다.

사랑에 대한 톨텍의 관점

예수는 사랑이 침묵의 지식의 핵심이라고 가르쳤다. 톨텍족 또한 우리가 사랑에 근접할수록, 우리가 하느님에게 가까이 간다는 것을 알고 있었다. 사랑은 두려움의 반대말이다. 사랑은 태우지 않는 불꽃이며, 건드리는 모든 것들을 정화하는 불꽃이다. 하지만 두려움은 건드리는 모든 것들을 태우고 파괴하는 불꽃이다. 사랑의 의미를 말로 표현한다는 것은 지극히 어려운 일이다. 하지만 사랑의 성격을 말하는 것은 훨씬 쉬운 일이다. 이런 점에서 사랑의 성격과 두려움의 성격은 완전히 반대이다. 우리는 사랑과 두려움이라는 두 개의 길을 상상할 수 있다. 이들을 서로 비교하면, 우리가 어떤 길에 서 있는지 알 수 있다. 미겔은 진실한 사랑은 일곱 가지 성격으로 구성되어 있다고 가르친다.

1. 사랑은 아무런 기대감도 갖지 않습니다.
   하지만 두려움은 기대감으로 가득 채워져 있습니다.
2. 사랑에는 의무감이 없습니다.
   하지만 두려움은 완전히 의무감으로 차 있습니다. 우리가 의무감으로 행동을 할 때 우리의 저항이 우리를 고통스럽게 합니다. 우리가 의무를 다하지 못할 때, 우리는 죄책감을 느낍니다.
3. 사랑은 남뿐만 아니라 자기 자신을 존중합니다.
   두려움은 자신을 포함해서 아무도 존중하지 않습니다. 내 자신에 유감을 느낀다면, 내 자신을 존중하지 않게 됩니다. 상대방에게 유감을 느끼게 되면, 상대방을 존중하지 않습니다.
4. 사랑은 인내합니다.
   두려움은 인내하지 못합니다.
5. 사랑은 연민을 일으키지 않습니다.
   두려움은 연민, 특히 자신에 대한 연민으로 가득 차 있습니다.
6. 사랑은 초연합니다.
   두려움은 집착으로 가득 차 있고, 내려놓는 것에 대한 두려움이 있습니다.
7. 사랑에는 배려가 있습니다.

두려움은 너무 자기중심적이어서 배려를 하지 않습니다.

사랑에 기반한 관계성은 다른 사람을 통제하려는 시도에도 깨지지 않는다. 조건 없는 사랑은 상대방에게 아무런 부담도 주지 않는다. 이러한 입장에서, 미겔은 결혼 제도에 대해 다시 생각해 볼 필요가 있다고 말한다. 그가 생각할 때, 가장 우선적으로 변화해야 할 것은 우리가 익히 알고 있는 낡은 결혼 제도를 뒤바꿀 새로운 관계성이다. 옛 제도는 이미 쓸모없게 되었다. 이제 존중에 바탕을 둔 새로운 관계성이 시작되고 있다. 전 세계적으로 인간 관계성에 큰 혼란이 오고 있는데, 이는 필연적으로 새로운 관계성이 옛 자리를 대신하고 있는데 우리가 이러한 변화에 저항하고 있기 때문이다.

미겔의 특별 메시지

많은 소리들이 우리를 깨우고 있다. 이들 메시지 속에는 비슷한 경고들이 숨어 있다. 우리가 환각 속에서 살아가고 있다고 말한다. 지구는 살아 있는 존재이고, 지구가 더 나빠지기 전에 보호해야 한다고 우리는 배운다. 수많은 소리들 중에 우리 주변에서 볼 수 있는 불행의 원인자로 비난받아야 할 사람인 우리의 부모들, 백인들, 정부, 미국, 기업들이 있다고 말하는 소리도 있다. 언제나 죄를 짓는 쪽이 있기 마련이다.

극단적으로 가면, 우리를 일깨우는 소리는 우리를 저마다가 타락한 제도의 피해자라는 인상을 주게 된다. 우리가 어릴 때 희생당한 것을 가족들 혹은 우리를 돌본 어른 탓으로 돌리게 된다면, 우리는 이러한 기억을 떠올릴 때마다, 우리 의식의 표면에 고통이 떠오르게 될 것이다. 그렇다면 이것을 어쩌란 말이냐? 미겔은 다른 메시지를 전한다. 당신 개인의 책임감에서 깨어나라고, 그는 우리에게 말한다. 당신에게 일어나는 일은 당신 자신의 생각에 기인하는 것이다. 당신의 작용과 반작용은 당신의 통제 아래 있다. 당신은 피해자도 아니고 남에게 비난을 가하는 심판자도 아니다. 당신은 지구 행성의 꿈을 변형시킬 수 있는 잠재적인 능력이 부여된 영적 존재이다.

명상 꿈의 상태에서 계시된 지혜에 미겔이 합치시킨 톨텍의 체계는 완전히 개인을 풀무에 정련되어 나오듯 수련시키는 것이다. 신비한 지혜의 원리는 아무도 그 누구의 영혼과 영을 지배할 권한을 가지지 않았다는 것이다. 깨달은 사람은 자신에게 생각과 말과 행동에 대한 온전한 책임을 물 줄 아는 사람이다.

톨텍의 방법으로 깨달음을 얻는 것은 세계에 대한 한 사람의 인식을 근본적으로 뒤바꾸는 일이다. 두려움, 죄책감, 비난, 수치심 등을 극복하게 한다. 이런 이점으로 세상이 바로 서게 되는 것이다. 거룩한 질서는 모든 수준에서 적용된다.

톨텍 지혜로 변형된 마스터는 자신의 관심을 제한된 개인적인 관상 수련에만 두고, 세상물정 모르고 천국에만 빠져 있는 사람이 아니다. 완전한 깨달음을 얻었다면, 마스터 전문과정은 실제적인 변화가 뒤따른다. 재능과 추진력과 능력들이 의식 속에서, 곧 기쁨이 가득한 열정적인 행동으로 부추김을 받아 나타나기 시작한다.

우리 모두는 타고난 재능들이 있다. 하지만 먹고 살기 위해 돈만 벌다 보면, 우리가 느끼는 바람과 하고 싶은 것을 종종 억눌러 버리게 된다. 여러 경우를 통해 톨텍의 마스터들은 자신의 타고난 재능에 헌신해서 먹고 살 수 있음을 보여 준다. 이것은 인생살이의 우선순위 문제다. 우선순위 목록의 제일 꼭대기에는 기쁨을 주고, 그럼으로써 긍정적인 에너지를 사람에게 주고, 또 그 사람을 통해 세상에 에너지를 주는 것들이 쭉 나열되어 있다. 미겔은 영성의 실천적인 형태를 전달한다. 사람은 먼저 자기 스스로를 온전히 책임지고, 마음으로부터 감정적인 독들을 씻어 내고, 기쁨의 근원을 발견하고, 지상 천국에서 살아가는 수행을 해야 하는 것이다.

이 수행은 예술의 형태와 비슷하다. 미겔은 모든 톨텍족들이 예술가들이었다고 말한다. 심지어 그들이 최고의 예술가들이었다고 말한다. 이것이 의미하는 바는 당신의 삶이 예술적 행위요, 늘 의식적이며, 생명력 있는 창조이며, 언제나 진보적인 것이 될 때, 예술가로서 살아가고 있음을 말한다.

톨텍 지혜의 마스터임을 드러내는 표시는 개인적이고 에고에 이끌리는 것을 넘어서서 자기를 소유한 사람, 자신의 말과 행동과 생각 속에서 힘을 인지할 수 있는 자신을 검열할 수 있는 사람이다. 엄격함이 인식 속에만 놓여 있다면 자발성은 제한되지 않는다. 사실상, 두려움으로부터 해방되는 것은 한 사람이 자기 삶에 대해 무의식적으로 순간적인 반응을 하는 데에서 벗어나게 만든다. 톨텍 지혜의 목표는 행복이다.

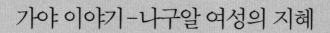

12장

가야 이야기 – 나구알 여성의 지혜

마법의 영역에 들어가기

나는 꿈, 곧 어떤 꿈에 대한 기억이 있습니다. 그 꿈속에서 나는 손가락 끝으로 무엇인가를 붙잡고 매달려 있었습니다. 내 오른쪽 뒤론 폭포수가 떨어지고 있었고, 내 옆에는 어떤 존재가 있었습니다. 그 존재가 말하길, "계속 너의 메시지를 찾아라. 하지만 참을성이 있어야 한다. 너의 메시지를 모든 사람이 받아들이진 않겠지만 너를 기다리는 사람들이 있다." 나는 이 꿈이 내가 다시 태어나는 꿈으로 기억하고 있습니다.

나는 날짜나 시간, 나이 같은 것들을 잘 기억하지 못합니다만, 인생 경험이 매우 많습니다. 나는 어릴 때부터 우리 자신들이 모두 하느님이라는 것을 사람들에게 전해 주는 일이 내 인생의 임무라고 생각했습니다. 하지만 불과 5년 전까지만 해도 나의 메시지를 사람들에게 전해주는 데 결코 자유롭지 못했습니다. 이제는 내 자신 속에 있는 무엇인가가 나의 메시지라는 것을 나는 알고 있습니다.

1987년 즈음에 나는 비행기를 타고 있었습니다. 그때 그만 폭풍우를 만났습니다. 그 순간 나는 내가 죽을 것이라는 느낌을 받았습니다. 퍼뜩 "깨달음을 얻기 전엔 죽을 순 없다"란 생각이 떠올랐습니다. 내가 완전한 깨달음을 얻지 못한다면, 나는 다시 죽고 싶지 않았습니다. 그 순간 나는 자신의 해방을 향해 나아가기로 결심을 했습니다. 심지어 내가 비행기 밖으로 나갈 수만 있다고 한다면―그때가 내가 생각하기에 가장 두려운 순간이었기에―나는 정말로 자유로운 존재가 되고 싶었기에, 깨달음을 얻을 수 있다면 그렇게라도 감행하려고 했습니다.

그 사건은 내 안에 섬광처럼 샤먼을 찾아가야겠다는 생각을 들게 했습니다. 그 때 나는 샤먼이 어떤 존재인지도 몰랐던 때였습니다. 서점에서 나는 《샤먼의 북(Shaman's Drum)》이라는 잡지를 발견했습니다. 그리고 페루와 브라질 등으로 명상여행하면서 샤먼들과 함께 수련하는 광고들을 읽게 되었습니다. 두렵기도 했지만 나는 이 여행 중 하나를 등록했습니다. 남편이 나를 공항까지 태워다 주었습니다. 여행을 마치고 남편을 만났을 때 이런 말을 했습니다. 남편은 우리가 이륙시간을 기다리며 앉아 있을 때, 그가 나를 쭉 지켜보면서, 내가 결코 다시는 집으로 되돌아오지 않을 것임을 알았다고 말입니다. 사실 나는 결코 돌아가지 않았습니다. 비록 몸은 집으로 돌아왔지만 말입니다.

이제 나는 어떤 일이 일어났는지 압니다. 모든 것들은 신의 섭리 속에 존재합니다. 어떤 일이 일어날지 아무런 실마리도 없었지만, 나는 단지 나의 자유를 찾아야 한다는 것만은 알고 있었습니다. 그래서 나는 페루로 날아갔고, 에두아르도 칼데론(Eduardo Calderon)과 2주 동안 함께 작업을 했습니다. 그는 놀랄 만한 사람이었습니다. 내가 그를 처음 만났을 때, 그가 나에게 말했습니다. "당신은 전기를 잘 다스려야 할 것이오."

내가 영적으로 처음 깨어나기 시작할 때, 나의 심장에는 문제가 있었습니다. 나의 심장이 불규칙적으로 띈 것입니다. 몇 년이 지난 다음 수술을 하게 되었을 때, 의사는 내 심장 꼭대기를 지나는 심장 전기의 흐름에 이상이 생겼음을 발견하였습니다. 그렇지 않다면 나의 심장은 완벽한 모습을 가지고 있었을 것입니다. 다시 말해 내 심장이 돌연변이를 일으킨 것입니다. 그래서 나는 페이스메이커(pacemaker, 전기의 자극으로 심장의 박동을 지속시키는 의료 장치―옮긴이)를 차게 되었습니다. 칼데론은 이 사실을 알 수 없음에도 불구하고, 또 다른 차원의 인식 수준에서 이것을 볼 수 있었던 것입니다.

칼데론은 내가 보라색 빛 속에 쌓여있음을 보았습니다. 내 오라 장(auric field)은 본래 파란색이었지만, 내 주위에 또 다른 원형의 빛이 있었습니다. 그것이 보라색, 곧 미겔의 색깔이었습니다. 페루에서 모든 예식을 진행할 때마다 칼데론은 내게 와서 여러 면으로 나를 존중해 주었습니다. 이것은 내가 나중에 안 것이지만, 내가 나구알 여성의 흔적을 지녔기 때문입니다. 그는 나의 강력한 나구알 흔적을 알아챘습니다. 그는 또한 나를 둘러싸고 있는 보라색 빛이 나구알인 것을 알았습니다. 칼데론은 나에게 남편에 대해 물어보았고, 이 나구알이 남편의 것이 아님을 보았습니다. 그는 나에게서 보라색인 미겔의 표시를 볼 수 있었습니다.

이것은 내가 마법의 세계에 발을 들여 놓는 뒤 겪은 첫 번째 경험이었습니다. 나의 삶을 되돌아볼 때, 나는 지난 수십 년 동안 나의 이성으로는 이해할 수도, 알 수도 없는 마법의 영역에 살고 있었음을 보게 됩니다. 칼데론과 함께 한 수련이 끝나고, 석 달 동안 집에서 보낸 다음, 더 많은 수련을 하고자 다시 돌아오리라고 약속을 했습니다. 왜냐하면 그와 더불어 에너지를 직접 목격하는 첫 경험을 했기 때문입니다. 그는 나에게 아상블라주 포인트를 옮겨준 나의 스승이 되었습니다.

내가 집으로 돌아오자 심장은 나를 괴롭혔습니다. 그래서 나는 치료받기 위해 미겔의 어머니 사리타를 찾아갔습니다. 그녀가 나중에 나에게 한 말이지만, 나를 보았을 때 그녀는 5년 전 자신의 환상에서 나를 보았던 것을 기억하고 있었습니다. 그리고 내가 미겔과 함께 있게 되리라는 것을 알고 있었습니다. 그녀는 환상에서 내가 빨간 머리를 하고 있는 것을 보았습니다. 그 당시 나는 머리를 붉게 염색하고 있었습니다. 그녀는 내가 결혼을 했는지 알고 싶어 했고, 나는 그렇다고 고개를 끄덕였습니다. 그녀는 내게 물었습니다. "아이들은 있어요?" 그리고 나는 "예, 있어요."라고 대답했습니다.

"그렇더라도 내 아들 미겔을 만나봐야 할 것 같아요. 당신이 그애와 함께 일하고 싶어 할 것이라는 것을 나는 안다오." 그녀가 말했습니다.

나는 밖에 나가 책상에 앉아 있는 여자에게 이 사람들이 샤먼들인지 물어보았습니다. 그녀가 대답했습니다. "예, 그들은 톨텍의 샤먼들이에요." 그것이 나에게 그다지 중요한 것은 아니었지만, 미겔이 도제를 두냐고 물어보았습니다. "예, 하지만 그는 아무나 도제로 받아들이질 않아요." 내가 그를 처음 만났을 때, 미겔은 샌디에이고(San Diego)에 있는 이 작은 사원에서 가르치고 있었습니다. 미겔은 나중에 나에게 13살 때부터 그가 명상에 들어갈 때마다 혹은 감정적으로 낙담할 때마다 내가 나타나곤 했다고 말했습니다. 그가 어른이 되면 내가 그의 아내가 될 것이라고 기대를 했었지만, 그 일은 이루어지지 않았습니다. 그가 힘들었던 때마다 나를 계속 보았고, 그는 나를 자신의 죽음의 천사라 불렀습니다. 내가 사원으로 걸어 들어오는 것을 보자마자, 그는 두려워서 도망치려 했습니다.

내가 앉아서 그와 함께 이야기를 나누기 전까지는 어떤 일이 일어나고 있는지 알 수 없었습니다. 미겔은 영어로 말할 줄도 알고 이해할 수 있었지만, 그때는 지금처럼 영어를 잘하진 못했었습니다. 그는 침묵의 지식을 이용해 주로 그의 손을 통해 일대일로 작업을 했습니다. 그가 몸 작업을 할 때면, 지식이나 자신을 통해서 나오는 진동 주파수는 쓰질 않았습니다. 그가 나의 등을 만지자마자, 나는 다른 환경에서 미겔이 나와 함께 있는 것을 기억하기 시작했습니다. 그러한 꿈의 상태에서 나는 두 개의 머리를 가진 초록색 뱀의 모습을 지닌 아름다운 여인의 환상을 보게 되었습니다. 그녀의 몸은 보석으로 뒤덮여 있었고, 갑자기 그녀의 머리 하나가 다른 머리를 잡아먹었습니다.

미겔의 치료가 끝나자, 그는 나에게 어떤 경험을 했느냐고 물었습니다. 나의 꿈을 그에게 말했더니 그는 웃으면서 그도 13살이나 14살쯤부터 그 꿈을 계속 꿔 왔다고 말했습니다. 우리는 역동적인 관계가 되었습니다. 내가 미겔과 함께 있을 때나 혹은 그에 대해서 생각할 때면, 내 몸을 긁곤 했습니다. 비록 이 행동을 당시에는 이해하진 못했지만, 이제 나는 이것이 내 영혼이 깨어나는 징조임을 깨달았습니다. 내가 미겔에게 "당신이 내 피부 속에 있는 것 같아요."라고 말했을 때, 그는 "예, 그래요."라고 대답했습니다.

이제 나는 모든 것들이 우리가 나구알과 여성 나구알이라고 부르는 춤을 추기 시작하는 때가 점점 다가오고 있음을 압니다. 우리는 활력이 넘치는 공동의 비전을 서로 공유합니다. 그의 꿈은 지상천국을 이루는 것이고, 나의 꿈은 사람들이 자신의 운명을 알도록 도와주는 것입니다. 이것은 완벽한 결혼과도 같습니다. 미겔은 우리가 열세 번이나 인생을 함께 살았었다고 회상합니다. 우리가 수천 년 전으로 돌아간다면, 우리는 마치 쌍둥이 영혼이었을 것이라고 말합니다. 나는 6월부터 그와 함께 일하기 시작했습니다. 11월이 되었을 때, 나는 25년간의 결혼 생활을 청산했습니다.

내가 페루로 가기 전이었는지, 혹은 미겔을 만나기 전이었는지 모르겠습니다만, 나는 실내용 자전거를 타고 운동을 하고 있었습니다. 그때 나는 내 마음속에 황금빛의 형태로 신이 강림했다고 느꼈습니다. 내 느낌으로 그것은 그리스도였습니다. 나는 그분께 내 자신을 드릴 수밖에 없었습니다. 나는 말했습니다. "당신의 빛의 통로가 되도록 내 자신을 드립니다. 이 세상에서 당신의 도구로 써 주십시오."

3주 후, 내가 한때 집을 지어 파는 사업을 하였던 샌디에이고 상류사회 지역인 페어뱅크 랜치(Fairbank Ranch)에 있는 괜찮은 땅을 알게 되었습니다. 나는 이 일을 다시 하는 데 흥미를 느끼고, 부동산업자와 함께 계곡을 낀 3천평 정도의 부동산을 돌아보았습니다. 그 계곡의 중간쯤을 보았을 때, 나는 거기에 호수를 만들 수 있을 것 같았습니다. 나는 말했습니다. "내가 이 땅을 산다면 부자가 될 것 같군요. 사무실로 바로 가서 계약합시다." 이러한 경험은 곧바로 자전거를 타고 있을 때 신이 임재한 것과 연결이 되는 것처럼 보였습니다. 이것은 영으로부터 온 선물이었습니다.

근본적으로 이러한 영감은 나의 자유를 찾도록 촉구하였습니다. 나는 집안을 성처럼 꾸몄습니다. 나는 세세하게 구상을 하고, 건축가를 고용했습니다만 완성된 집을 보지는 못했습니다. 땅의 기초를 판 지 두 달도 못되어 구상한 대로 이곳이 팔렸기 때문입니다. 내 인생이 영과 미겔과 나의 성장에 모든 것이 집중되어 있었기에, 나에게는 만사형통이었습니다.

내가 미겔과 일을 함께 시작하자, 내 머리 위로 언제나 그가 연결되어 있음을 느꼈습니다. 몸이 연결된 것은 아닙니다. 그와 나와의 연결은 너무나 강해서 내가 그와 함께 있어야 한다는 것을 알게 되었습니다. 물론 이것에 대해 우리가 진정으로 말은 안 했지만 말입니다. 결국 나는 우리의 모든 친척들이 참석한 가운데 미겔과 영성으로 맺어진 결혼식을 올렸습니다.

멕시코의 테오티우아칸으로 두 달 동안 우리는 신혼여행을 떠났습니다. 이것은 거대한 작업의 시작이었습니다. 이때 미겔이 아주 깊은 명상 상태에 들어가게 되었습니다. 그는 완전히 침묵을 하였습니다. 우리는 사자의 거리를 따라 걸으며, 우리 주위에서 수많은 영혼들의 현존을 느꼈습니다. 나는 우리와 함께 움직이는 이 모든 에너지들을 분명히 인식하게 되었습니다. 내가 아래를 내려다보았을 때, 내 몸의 반이 내가 아님을 보았습니다. 나는 샌들을 신고 있는 다른 몸을 입고 있었습니다. 우리는 아무 말도 하지 않고 걸어갔습니다. 우리는 달의 피라미드 꼭대기에 올라갔습니다. 미겔은 그곳에 앉아 두 개의 머리 달린 뱀을 바라보았습니다. 그는 내가 케찰코아틀이 되고 그가 뿌연 거울이 되어 에너지를 끌어당기는 것을 명상했습니다. 나는 그곳에 많은 영혼들이 보인다는 것을 그에게 말했고, 우리가 실제로 우리와 함께 있는 이 영혼들을 끌어당기고 있는 것에 대해 말했습니다. 그가 말했다. "그래요, 우리는 그 일을 하고 있어요.

고향으로 돌아가서 여러 사람들을 여기로 데려옵시다."

사흘 내내 그곳에 있었지만, 그는 거의 말을 하지 않았고, 좀비(zombie,
서부 아프리카 원주민이 숭배하는 뱀신 혹은 서인도제도나 미국 남부의 부두교도가
믿는 뱀신, 또는 그의 주술사―옮긴이)처럼 자신의 내면에 깊이 **빠져** 있었기
때문에 나는 그에게 칭얼대기 시작했습니다. "미겔, 당신이 그렇게 있으면
누가 당신과 함께 있고 싶겠어요? 나는 더 이상 당신과 함께 있고 싶지 않
아요. 당신은 악몽에 **빠져** 버렸네요. 당신은 너무 우울하고 너무 의기소침
해졌어요." 하지만 나는 우리가 결국 사람들을 이곳으로 데리고 오리라고
믿고 있었습니다.

기생충로부터의 구원

나는 신성을 잃어버린 우리 의식의 한 측면인 기생충에 대해 말하고자
합니다. 그것은 우리 의식 가운데 느낌의 역할을 하는 부분입니다. 당신
은 이 기생충을 감정에 따라 움직이는 몸(emotional body)이라 부를 수
있습니다. 이것은 우리가 겪어온 모든 경험들을 기억합니다. 모든 경험은
개인의 감정으로 남습니다. 우리는 이것을 무시하든지 집착하든지 합니
다. 우리가 어린 시절을 떠올릴 때, 우리들 대부분은 아이라는 존재의 아
름다운 부분들을 회상하지 못합니다. 오히려 우리가 충분히 경험해보지
도 못한 어린 시절의 부정적인 면들만을 우리는 주로 기억하게 되는데,
이는 우리의 방어기제가 그것들을 가로막고 있기 때문입니다. 이 장벽들

은 마치 끈끈이 같습니다. 우리는 우리의 오라 장 속에 정지된 화면처럼 굳어버린 경험에 근거해 판단합니다. 경험은 우리의 감정적 몸에 흔적을 남깁니다. 감정은 판단이란 올가미에 걸려 있습니다. 깨달음은 우리의 과거를 판단하지 않고 완전히 다시 경험할 때 일어나는 상태입니다. 모든 것들은 하느님의 사랑의 표현인 빛으로 돌아갑니다. 다음은 나의 경험담입니다.

나는 내 여동생과 산 미겔 데 알렌데(San Miguel de Allende)를 방문하기 위해 멕시코에 갔습니다. 그곳에서 우리는 스페인어를 배울 수 있었습니다. 우리가 멕시코시티에 있었을 때 내 동생이 가 보지 못한 과달루페(Guadalupe)의 성모 성당에 데려갔습니다. 우리는 긴 계단을 걸어 올라가 성당 안으로 들어갔습니다. 내가 무릎을 꿇고 성모 마리아상을 보았을 때 이런 환상을 보았습니다. 성모는 성찬용 잔 두 개를 들고 있었습니다. 잔 하나는 땅을 향해 있었고 다른 하나는 그녀의 가슴 쪽에서 위를 향해 있었습니다. 나는 땅 아래로 내려오는 성모의 탄생을 보고 있었습니다. 위로 향한 성찬 잔으로부터는 성모의 가슴을 통해 우리가 다시 태어나리라는 것을 느꼈습니다. 성모께서 우리를 천국에 다시 태어나게 함으로써 우리는 신성한 자아로 초월할 것입니다. 그 순간 내가 알았던 것은 땅에서 다시 천국으로 탄생하기 위해선 나의 삶을 성모 마리아의 삶처럼 이끌어야 한다는 것입니다. 어머니들이 자녀들에게 보여 주는 조건 없는 사랑을 나도 해야 할 것입니다. 나는 모든 남자, 여자, 모든 존재들을 똑같은 마음으로 사랑해야만 할 것입니다. 이러한 정결한 사랑은 어떠한 경쟁도, 질투도, 두려움도, 혹은 부정적인 어떤 것도 가질 수 없습니다. 나는 내 자신에게 물었습니다. 어떻게 해야 내가 이런 단계에 이를 수 있을까?

우리는 성당을 떠나 산 미겔로 가는 버스에 올라탔습니다. 나중에 나는 미겔을 그곳에서 만나, 우리와 함께 테오티우아칸으로 강렬한 여행을 떠날 모임을 구상했습니다. 테오티우아칸으로 떠나기 몇 주 전, 일찍이 우리들 사이에서 일어난 일들을 바탕으로 대화를 나누었습니다. 내 자신 속에 내가 미겔과 함께 살아가는 이러한 꿈이 사라져 버렸다는 것을 나는 알았기 때문에, 나는 미겔에게 나를 그냥 가게 내버려두어야 한다고 말했습니다. 우리는 또 다른 꿈으로 움직일 필요가 있었습니다. 그는 이것을 원하지 않지만 내가 그에게 요청했기 때문에 그렇게 하겠노라 대답했습니다. 그는 나에 대한 감정의 끈을 끊어버릴 것입니다. 이것은 우리가 이제껏 나누었던 대화 중 가장 깊이가 있는 것이었습니다.

나는 그와 함께 있었던 지난 몇 년 동안, 내 삶에 내 자신을 백 퍼센트 준 적이 없음을 느꼈습니다. 아마 나는 결코 그렇게 하지 않았을 것입니다. 내가 배운 것은 우리가 생각하기에 영광스럽고 초월적인 것이 될 영적인 경험들이란 아마 존재하지 않는다는 것입니다. 이러한 경험들은 당신이 감정적으로 거쳐야 할 최악의 것일 수 있습니다. 미겔과 나 모두는 우리가 함께한 이후로 성장의 경험들을 했습니다. 어떤 순간 미겔이 변형을 경험하고 있을 때, 내가 미겔의 빈 몸과 함께 있는 것을 느꼈습니다. 이것은 나에게 몹시도 쓸쓸한 것이었기에 나중에 나는 감정적으로 도망치려고도 했습니다. 나는 그 시간으로부터 배신감 같은 느낌의 감정적인 상처를 받았습니다. (도망치려는 나의 모습에서 미겔도 비슷한 배신감을 느꼈습니다.)

이러한 감정의 상처를 서로 솔직하게 나누면서 나는 우리가 함께 지낸 8년이 내 속의 기생충이 살아 온 삶이었지, 참나가 살아온 것이 아님을 깨달았습니다. 나는 말했습니다. "당신과 나의 관계가 백 퍼센트 일치가 되어, 나와 함께 인생길을 가쳤으면 한다는 것을 미겔 당신은 아세요? 내가 도망치고 싶거나 혹은 방어하고 싶을 때마다, 나는 그곳에 있을 겁니다. 내가 그렇게 하도록 기회를 주세요." 그는 그렇게 하겠노라 대답했습니다.

우리가 테오티우아칸으로 가는 버스에 있을 때, 미겔은 자신이 무엇을 하고 있는지 아무런 말도 하지 않았지만 무언가 힘 있는 행위를 수행했습니다. 그는 나의 모든 방어막들을 제거했습니다. 마치 나의 신경이 드러난 것 같았습니다. 나는 완전히 행복하고 기분 좋은 느낌에서 마치 태양신경총(명치에 있는 거궐 혈―옮긴이)이 최악의 감정으로 두들겨 맞은 것과 같은 느낌이 들었습니다. 나는 아무런 말도 하지 않았습니다. 혼자 "어쩐 일이지?"라고 말하며 버스 차창 밖을 바라볼 뿐이었습니다.

한 30분쯤 흐른 뒤에 미겔이 말했습니다. "가야, 나는 더 이상 참을 수가 없소. 당신의 고통스런 감정을 더 이상 지켜볼 수가 없소." 나는 대답했습니다. "미겔, 나를 도우려고 하지 말아요. 나 스스로도 할 수 있어요." 이것은 아주 용감한 말이었습니다. 그때가 오후 3시쯤이었을 것입니다.

그날 밤 나는 아들과 한 방에 머물렀습니다. 그 긴 밤 내내 내가 할 수 있는 것은 호흡하는 것뿐이었습니다. 나는 성모님에게 이 일을 잘 극복하게 해달라는 기도를 올렸습니다. 나는 태양신경총 자리에서 살고 있던 한 에너지를 느끼게 되었습니다. 이것은 몸의 상하가 뒤집혀 있었고 초록 색깔을 띠고 있었습니다. 이것은 매우 뒤틀려 있고, 수치심으로 가득 차 있고, 감정적 고통에 사로잡혀 있는 생명체였기에, 나는 이러한 에너지와 내가 둘로 갈라져 있는 것처럼 느껴졌습니다. 나는 이 존재에 사랑을 보내주면서 다음과 같은 말을 계속 반복했습니다. "나는 너를 사랑한다. 네 자신을 사랑하렴." 어느 한 순간, 나는 이 에너지가 자신을 구원하려는 것을 알아차렸습니다. 이 존재의 바깥에 있는 그 어떤 것도 이것을 충분히 사랑하진 않지만, 나는 이것도 나의 일부라는 느낌을 기억합니다.

내가 사람들과 활기차게 일을 할 때면, 언제나 사람들에게 두 가지로 나타납니다. 하나는 내면의 아이이고, 다른 하나는 천사 혹은 빛줄기입니다. 내 안에 상처 입기 쉬운 공간, 이러한 여린 감각의 공간을 '내면의 아이'라고 생각했습니다. 나는 내 안에 있는 이러한 존재의 모든 감정을 아주 적극적으로 다룹니다. 내 안의 이 부분은 내가 일찍이 경험하는 모든 것들을 처음부터 끝까지 함께했습니다. 이것은 내가 쌓아온 장벽의 높이만큼 진실을 알고 있습니다. 내가 방어기제들을 사용할 수도 있기에 내가 경험한 것을 실제로 느끼지 못할 수도 있었겠지만, 내 안의 이 부분은 모든 것을 느꼈습니다. 이것은 내 인생을 자신을 판단하는 심판관의 눈과, 자기 정죄로 자신을 희생양으로 여기는 피해자의 눈으로 직접 경험하고 있었습니다.

나는 내 안의 이 부분이 자신을 용서하고, 그저 사랑 안에 머물러 있을 만큼 어떻게 제 자신을 사랑할 수 있을지 알 수 없었습니다. 다만 나는 켜켜로 쌓인 감정의 층을 지나갔던 것을 기억합니다. 이것은 과거의 사진들을 보는 것과는 다릅니다. 나는 이곳에 놓여 있는 존재의 고통을 느끼고 있었습니다. 마지막으로 내가 지나간 것은 실존적 배신(existential betrayal)이었습니다. 우리가 이 세상에 태어나면, 우리의 신성은 자신을 분리시키고, 우리는 물질 덩어리로, 곧 인간성으로, 이러한 분리된 영역으로 존재하게 됩니다. 태어난다는 것은 우리의 신성을 배신하는 것입니다. 그런 배신의 씨를 따르는 것은 두려움과 부정성에 근거를 둔 모든 것들을 우리에게로 이끄는 전자기(電磁氣) 시스템을 형성합니다. 이런 분리, 이런 배신의 씨로부터 우리의 의식이 자라고, 우리는 두려움으로 들어가게 됩니다. 이것은 완벽한 시스템으로 존재합니다.

나는 이 땅에서 모든 이러한 고통들과 함께 존재했습니다. 아침이 될 때까지 내 몸은 흔들리고 있었고, 덜덜 떨리고 있었습니다. 나의 심장은 고동을 쳤습니다. 나는 너무나 몸이 약해져서 육체적으로 몸이 산산조각 난 것 같았습니다. 나는 미겔의 방에 가서 말했습니다. "내가 이렇게 사느니 죽는 것이 나아요."

그가 말했습니다. "정말 내가 당신을 도와주길 바라오?"

나는 말했습니다. "'도와줘요'라고 말할 수는 없어요. 만약 당신 도움을 받는다면 이러한 기회를 결코 다시는 얻지 못하기 때문이예요. 내가 당신에게 말해야만 하는 것은 그것에게 나를 백 퍼센트 모두 주는 거예요. 내가 죽는 것은 괜찮아요."

미겔이 말했습니다. "가야, 심장마비를 당할 필요가 없어요. 그냥 기억만 해봐요."

나는 방을 나왔고 우리는 그룹들과 그날의 여행 준비를 했습니다. 우리가 그곳에 갔을 때 나는 누구에게도 한 마디 하지 않았습니다. 미겔은 5년 동안 작업을 해 왔던 어떤 바위 쪽으로 똑바로 걸어갔습니다. 그는 사람들에게 바위 위에 앉아 바위의 에너지를 느껴 보라고 지시했습니다. 미겔은 나와 여자들은 바위 아래로 내려가고, 남자들은 위에 남아서 증인이 되라고 그룹에게 말했습니다. 우리는 침묵 속에 아래쪽으로 내려갔습니다. 나는 적당한 바위를 찾았습니다. 내가 바위 위에 앉았을 때 나는 내가 태양의 에너지와 연결되는 기운을 느꼈습니다. 갑자기 내 몸에서 날카로운 소리가 나오기 시작했습니다. 그것은 마치 나로부터 에너지가 회오리로 솟구쳐 오르는 것 같았고, 나는 이제껏 지상에 살았던 모든 여성들을 위해 큰 소리를 질렀습니다. 나는 이 소리가 태양에 가 닿았다고 느꼈습니다. 그런 감정 상태에서 나는 거의 쓰러질 지경이 되었습니다.

그때 나는 과달루페에서 본 성모의 환상을 보았습니다. 성모는 바로 거기에 계셨습니다. 성모가 밟고 서 있는 뱀이 꿈틀대며 성모의 몸을 기어올라 머리 위에서 춤을 추며 놀기 시작했습니다. 이것을 보았을 때, 나는 가장 중요한 경험을 이제야 마쳤다는 것을 알았습니다. 나의 이성은 이것이 무엇을 말하는지 알 수는 없었지만, 미겔이 말을 하였습니다. "당신의 모든 고통이 떠나갔기 때문에 이제 당신의 기생충은 구원받았소. 당신은 이제 앨리(Ally)를 갖게 되었소. 하지만 그런 의식체에 어떠한 부정적인 것들로 먹이를 주어서는 안 된다는 것을 알아야 하오. 그렇게 되면 기생충이 다시 자라기 때문이오. 당신 자신과 당신 존재의 이러한 측면을 사랑해야만 하오. 톨텍족은 이것을 '독수리에게 두 배의 에테르 에너지를 주는 제물'이라 부른다오. 죽음에 이르더라도 당신은 이생에 대한 당신의 인식을 잃지 않게 될 것이오."

이제 나는 이러한 말들이 의미하는 바, 곧 내가 악마(dragon)를 극복했다는 것을 압니다. 나는 내 안의 기생충을 구원한 것입니다. 내 안의 천사를 낳은 것입니다. 그 순간 나에게 많은 질문들이 떠올랐습니다. 내가 깨달은 것은 우리의 인생 전체가 자신의 신성, 곧 완전한 신의 의식을 갖고 있어 모든 것을 느끼고 있는 신성을 말 그대로 잊어 버린 당신 의식의 바로 이 부분을 구원하기 위해 움직인다는 점입니다.

그 이후 여덟 달 동안 수많은 것들을 새롭게 이해하게 되었습니다. 테오티우아칸의 경험 이후 나는 넉 달 동안 인도를 여행했습니다. 기생충이 존재하며 활동할 수 있는 유일한 장소는 저항이 있는 곳임을 알았습니다. 그곳은 우리 내부에 있는 장소로 역동적인 저항이 일어나고 있습니다. 내가 건드린 가장 깊은 수준의 상처는 배신이었습니다. 저항이 없다면 이러한 고통 또한 있을 수 없음을 알았습니다. 우리가 만약 저항하지 않는다면, 우리의 의식에 독을 뿌리는 일은 없을 것이라는 아주 단순한 깨달음을 얻게 되었습니다.

내가 처음으로 미겔과 작업을 시작했을 때, 이것에 대해 늘 말하곤 했습니다. 그는 이렇게 대답하곤 했습니다. "가야, 당신의 감정을 조절하시오." 이것은 나에게 큰 해답이 되었습니다. 이로 인해 나는 모든 것에 일일이 대응하지 않아도 되었고, 당신이 자판을 누르면 자동 반응하는 컴퓨터처럼 되지 않게 되었습니다. 미겔은 내가 관점을 바꿀 수 있게 해 주었습니다.

당신이 인생에서 어떤 상황에 마주칠 때 당신 몸이 반응하는 것을 알아차릴 수 있다면, 반응을 계속해 부정적인 감정에 사로잡히거나, 혹은 그것을 멈추게 하거나 선택할 수 있습니다. 그럴 땐 당신 자신에게 말하세요. "나는 순수한 사랑과 빛의 존재이다. 이러한 반응은 나의 참된 본성과 맞지 않는다." 이것이 아주 작은 일처럼 보여도, 내가 이것을 한 번 깨닫게 되자, 내 주위 전체에 있는 에너지를 인식하기 시작했습니다.

이런 일이 처음으로 일어났을 때, 내 주변에서 무언가 힘차게 펄떡이는 날개들을 느꼈습니다. 나는 마치 나비가 번데기에서 나오려는 것처럼, 무언가가 밖으로 나가려는 것을 느꼈습니다. 미겔은 말하곤 했습니다. "가야, 그게 당신이요. 그것이 진짜 당신이요."

나는 자동차의 본질이 운전수인 것처럼 나의 본질은 진정 천사라는 것을 깨닫기 시작했습니다. 나는 생활 속에서나 사람들 사이의 관계에서 자동반응을 하지 않는 수련을 했습니다. 내 자신을 사랑과 참된 나의 본성으로 키우기 시작하자, 내 안의 본질은 의식적인 깨달음 속에 더욱더 강해지기 시작했습니다. 나의 천사가 깨어난 것입니다."

가야의 교훈

당신이 살아 있는 한 당신은 꿈을 꿉니다. 두 개의 머리를 가진 뱀 꿈에서 무의식의 머리는 의식의 머리를 잡아먹습니다. 당신이 신성하다는 것을 당신은 잊고 있습니다. 당신의 신성한 의식을 잃어버리고, 당신이 꿈꾸고 있다는 사실을 잊어버립니다. 당신은 자신이 신이 아니라는 꿈을 꾸고 있는 신이라는 사실을 잊고 있습니다. 자신의 참된 본성의 관점으로 당신 자신을 정의하기 시작할 때, 당신은 사랑임을 알게 됩니다. 당신에게는 두려움이 없으며, 당신은 신성하며, 당신은 두려움에 근거한 어떤 것도 아님을 깨닫게 될 때, 자신이 신성한 존재임을 인식하고 있는 당신의 이 부분은 자라기 시작합니다.

나는 나를 둘러싼 이러한 에너지가 나의 감정을 잡아먹는다는 것을 알게 되었습니다. 나는 영혼과 상호작용하는 뇌를 가진 인간이기 때문에, 내 실존의 목적은 꿈을 꾸는 것입니다. 나의 꿈은 나의 뇌와 나의 영혼 사이의 상호작용이고 이것이 나의 마음을 만들어냅니다. 마음은 인간의 형태를 띠고 있지 않은 에너지들에 의해 잡아먹히는 감정입니다.

물질적 형태를 띠고 있지 않는 이러한 에너지가 나의 감정들을 먹고 산다는 것을 알아차렸을 때, 진정한 나란 천사의 본질임을 이해할 수 있었습니다. 이러한 본질은 나의 뒤쪽에 숨어서 나를 감싸고, 실제로 나의 육체적인 몸보다 훨씬 나와 친밀합니다.

이 세상의 모든 것들은 언제나 자기 밖의 것들을 먹으며 산다는 것을 당신은 알게 될 것입니다. 세상의 모든 영역들은 먹이사슬로 되어 있습니다. 하나의 것이 다른 것들을 먹여 살립니다. 하느님이 하느님을 먹는 것입니다. 이것이 하느님의 진화 방식입니다. 하느님은 우리가 삶이라 부르는 이러한 실재 속으로 들어오십니다. 이곳에서의 삶은 지구와 상호작용하는 태양의 지배를 받습니다. 신성한 본질은 언제나 자신을 잡아먹는 이러한 실재로 존재합니다. 이 에너지는 모든 경험 속에서 하느님을 잡아먹는 하느님과 함께 나선형으로 뻗어 나가며, 순환을 반복합니다.

당신은 하느님을 잡아먹는 하느님입니다. 당신은 무엇을 먹고 있습니까? 당신은 당신이 먹는 것에 대해 무엇인가를 말해야 합니다. 당신에게 독을 또는 사랑을 먹일 수 있습니다. 당신 자신에게 무엇을 먹이냐가 사랑과 독 사이에서 어떤 것이 더 강한지 결정해 줍니다. 또한 이것은 당신의 의식이 사랑에 있는지 혹은 독이 들어 있는 두려움 속에 있는지 결정해 줍니다.

내 상처를 깨끗이 함으로써 내 마음을 정화시키자, 나는 내 안에서 더 이상 자기를 괴롭히는 존재가 되지 않았습니다. 나는 내 존재의 본질인 천사에게 힘을 더하기 시작했습니다. 당신이 사랑 쪽으로 움직이면 당신의 진동 주파수는 변합니다. 당신이 더욱더 사랑에 근접하고 고통에서 나오게 되면, 당신의 색깔도 당신의 오라 장에서 변화하여 더 선명한 빛의 진동 주파수로 바뀌게 됩니다.

당신이 이런 변화를 맞이하게 되면, 당신 속 쿤달리니를 깨우게 됩니다. 뱀의 또 다른 머리는 잠에서 깨어나기 시작해, 신성한 에너지가 등뼈를 타고 흘러 올라가게 합니다. 이 때 당신은 각각의 차크라들이 가진 저마다 다른 차원의 의식들을 인식하기 시작합니다. 차크라들은 저마다 인식 수준이 다른 특정한 주파수 대역을 가지고 있습니다. 당신이 보다 높은 진동 주파수로 관점을 옮기면 육체보다 밀도가 낮은 에너지체(energy bodies)들을 인식하기 시작할 것입니다.

각 차크라에는 적어도 일곱 개의 문들이 있습니다. 이 문들이 다른 차원의 인식으로 들어갈 수 있도록 열리기 시작하면, 당신은 자유를 경험할 수 있습니다. 당신은 이때 당신이 꿈을 꾸고 있다는 것을 알아차리기 시작합니다. 어떤 지점에 이르면, 당신은 꿈의 바깥에 존재하게 됩니다. 당신은 사랑으로 들어갑니다. 모든 것을 사랑하는 당신의 순수한 사랑이 있는 곳, 곧 성모가 계신 곳에 다다르게 됩니다.

내가 인도에 갔을 때, 나를 사랑하기도 하고 심판하기도 하는 내 자신 밖의 어떤 존재에 대한 착각을 내려놓을 수 있게 되었습니다. 오직 가야, 곧 나만 남아 있었습니다. 나는 나의 구루들도, 스승들도, 안내자들도 놓아 버렸습니다. 내 안에만 하느님이 계신다는 착각도 내려놓았습니다. 하느님의 존재는 바로 나입니다. 이는 내가 신성하기 때문입니다. 오직 내 자신만 남아 있게 되자 처음에는 무척 두려웠습니다. 나는 하늘을 향해 원망을 했습니다. 하지만 한계를 가진 의식으로는, 곧 인간 몸 안의 지성만으로는 방법이 없다는 것을 깨달았습니다. 진작 깨달았다면 신성한 질서 속에 있는 인생이 왜 고통과 불의로 가득 차 보이는지 충분히 이해할 수 있었을 것입니다.

내게 남은 것은 오직 인생과 인생의 여러 면, 모든 인간 존재, 모든 상황, 그것이 존재하는 방식, 그것이 존재하지 않는 방식을 선택할 수 있다는 것과 또 그것을 온전히 껴안아야 하는 선택권뿐이었습니다. 내가 그렇게 하지 않았다면, 나는 영원토록 피해자로 남아 있었을 것입니다. 나의 삶에 대한 인식은 내 선택권을 넘어 사랑을 택하는 쪽으로 변화되었습니다. 나는 삶 자체의 완벽함을 봅니다. 나는 심판 없이 사랑만 하는 성모의 사랑을 발견했습니다. 모든 것들이 실로 신성합니다. 모든 것들은 필요하면 진화를 합니다. 나는 자유를 찾았습니다. 또한 나는 내 자신을 완전히 신뢰할 수 있는 장소를 발견했습니다. 내 바깥에는 나를 심판하고 나를 사랑하는 존재가 없기 때문에, 나는 내 자신을 절대적으로 사랑합니다. 가야는 가야를 위한 하느님입니다. 이것은 거대한 변형이라 할 수 있습니다.

이러한 경험을 한 뒤 돌아와서, 나는 모든 사람들이 자신이 하느님임을 알게 될 것이라는 내면의 의도에 헌신하게 되었습니다. 이것이 내 인생의 목표입니다. 그리고 이것은 어릴 때부터 지니고 있던 목표였습니다. 이제 나를 실현하게 된 것입니다.

진리는 우리가 언제든지 최선을 다하는 데 있습니다. 당신이 깨달음을 얻고자 할 때 깨달아지는 것입니다. 자유 의지는 우리가 자신의 인생의 여행길을 어떻게 경험하느냐에 달려 있습니다. 나는 행복을 선택할 수도, 고통을 선택할 수도 있습니다. 나는 심판을 선택할 수 있고, 순복(順服)을 선택할 수도 있습니다.

분명해지는 것은 당신 자신입니다. 감정을 상하지 않기 위해 방어기제를 사용하지 않는다면, 나는 열려 있는 것입니다. 내가 당신 앞에 섰는데, 내 마음속에 슬픔 혹은 분노 또는 정의의 감정 같은 것이 있음을 인식한다면, 이것이 당신 마음속에도 똑같이 일어남을 압니다. 왜냐하면 우리는 서로를 비추는 거울이기 때문입니다.

우리는 언제나 우리를 치유하기 위해 사람들이나 상황들을 끌어 모읍니다. 그래서 우리는 온전성으로 회귀할 수 있는 것입니다. 당신의 어떤 부분이 온전함과 빛에 이끌려야 하는지 ─ 이것은 당신 안에 있는 심판의 영역에서 올 필요가 있습니다.─ 알기를 원한다면, 상대방을 바라보십시오. 이것은 놀라운 일입니다만, 당신 자신의 바깥을 쳐다본다면 당신이 처한 상황이란 치유되지 않는 당신 자신 속에 심판의 장소들을 계속 반영하는 것임을 알게 될 것입니다.

내 자신을 방어하지 않을 때, 온전함으로 이끌릴 필요가 있는 내 안의 존재들이 드러나는 경험을 할 것입니다. 만약 내가 슬픔을 느낀다면, 내 자신이 슬퍼서인지 혹은 남의 슬픔을 느껴서인지 알게 됩니다. 내 관점을 옹호하기보다는 더욱 관계성의 문을 열어 놓게 됩니다.

기생충의 해부구조

기생충은 내면의 아이라 부를 수 있습니다. 동물들이 순수한 감정으로 존재한다는 관점에서 볼 때 이 아이는 순수 감정이라 할 수 있습니다. 기생충은 지성이 없어도 모든 것을 느끼고 지각합니다. 이것은 우리가 경험한 최초의 감정을 보존하고 있는 자(sensory template)입니다. 기생충은 모든 감정의 흔적들을 가지고 있습니다. 따라서 인간존재가 무엇을 느낀다는 것은 기생충 때문이라고 말할 수 있습니다.

또한 기생충을 루시퍼 혹은 대적자 또는 물질 덩어리로 화해서 자신의 신성을 잃어버린 최고의 천사로 설명할 수 있습니다.

기생충은 "날 혼자 내버려둬!"라고 소리를 지르는 우리 안에 내면 아이입니다. 동시에 이것은 "누가 와서 나를 찾아 데려가 줘요."라고 소리치며 웁니다. 이것이 자신에게 전하는 메시지는 다음과 같다. "나는 사랑받을 만한 가치가 없지만 제발 나를 사랑해 줘요. 나는 모든 것을 심판해요. 하지만 나는 그 심판의 피해자에요."

이러한 면을 가진 인간 존재 속에는 언제나 심판자와 희생자라는 이중성이 존재합니다. 기생충은 감정의 몸이요, 감각에 사로잡힌 타락한 천사요, 심판의 영역으로 들어가 분리와 배신을 일삼고 있습니다. 기생충은 두려움의 장을 형성하는 전자기력입니다. 기생충은 우리들 저마다의 내면을 정보화해 우리의 삶을 비슷한 환경, 비슷한 사람으로 자화(磁化)시킵니다. 이것은 우리가 언제나 온전해질 필요가 있다는 것을 반영합니다. 우리는 인생에서 여러 번 이러한 동일한 게임을 하고 있지만, 이것을 의식하지 못하는 것 같습니다.

생명체의 모양을 한번 상상해 보십시오. 그 안에 영이 영혼 안에 작은 빛의 파동으로 존재하고, 이것들을 몸이 감싸고 있습니다. 영혼과 몸 사이의 공간에서 몸과 영혼의 상호작용을 통해 마음이 만들어 집니다.

영혼이 몸을 떠나가면, 그 결과로 영혼은 마음을 잡아먹습니다. 영혼이 방금 살았던 생명으로부터 에테르 에너지를 삼킬 때, 에테르 에너지에 남아 있던 기억의 흔적이 영혼에 남게 됩니다. 영은 영혼을 삼키지만, 영은 에테르 진동 주파수의 흔적을 보유합니다. 우리는 이것을 남아 있는 업보(karma)라 부릅니다. 업보는 새 생명을 얻을 때까지 영과 함께 남아 있습니다. 영이 환생을 준비할 때, 이러한 진동 주파수의 흔적은 신생아의 부모가 되려는 남자나 여자 중 비슷한 진동 주파수의 패턴에 반응하게 됩니다. 그들의 진동 주파수는 앞으로 되려는 영의 자물쇠에 딱 맞는 열쇠로 작동하게 될 것입니다.

당신 존재의 본질은 당신 본래의 온전성으로 돌아가게 하는 데 책임이 있습니다. 이것은 언제나 당신을 치유할 수 있는 환경으로 이끌어 갑니다.

우리가 심판하는 행동을 통해 장벽이 된 감정들을 다시금 불러내 충분히 경험하게 될 때에만 치유될 수 있는 업보는 영혼 혹은 최초 감정의 보존판(template)에 구멍들을 뚫어 놓습니다. 만약 영혼에 풀리지 않는 분노의 흔적이 남아 있다면, 그것은 영혼이 치료할 필요가 있는 행동들을 드러내는 부모에게 들어가게 될 것입니다. 부모 중 한쪽은 분노를 드러낼 것이고, 다른 쪽은 그 분노를 억누르려는 행동을 할 것입니다. 분노를 예로 들었지만, 이와 다른 감정적 패턴에도 사용할 수 있습니다.

아이가 자기 감정에 장벽을 쌓아 가는 과정은 다음과 같은 단계를 밟게 됩니다.

1. 분노의 기억이 그 아이 안에서 깨어납니다. 왜냐하면 그의 흔적 속에 분노를 갖고 있기 때문입니다.

2. 분노에 대한 그의 심판 또한 깨어납니다.

3. 그는 두려운 반응을 합니다. 왜냐하면 고통과 심판의 기억을 갖고 있기 때문입니다.

4. 그는 자신을 방어함으로써 그 경험에 대해 문을 닫습니다.

5. 그는 분노에 대한 다음과 같은 결정을 내립니다. 분노는 아프다. 나는 분노를 막을 능력이 없다. 화를 내는 부모나 사람들은 위험한 존재들이다. 내가 화를 낸다면 나 또한 위험해진다. 인생은 공정하지 않다. 분노를 느끼는 것은 내게 상처가 된다.

6. 결국 아이는 타협을 합니다. 나는 분노를 피할 거야. 나는 화내는 사람을 피할 거야. 나는 사람들을 화나게 하지 않을 거야. 나는 분노의 감정을 피할 거야. 감정은 위험한 거야.

우리가 적극적으로 타협을 모색하거나 그것을 무효로 하기까지는, 우리는 타협에 대해 의식하지 못합니다. (침묵의 지식을 이용해서 하는) 이러한 작업은 매우 가치가 있어서, 당신은 타협 이상의 효과를 볼 수도 있고, 깨달음으로 이것들을 치유할 수 있습니다. 우리가 분노의 감정 혹은 다른 감정을 느끼고 있는 한 두려움이 존재합니다. 만약 당신이 "어디에서 이런 두려움이 생길까?" 라고 묻는다면, 당신은 판단이란 집착을 해제할 수 있는 기회를 얻게 되고, 그것을 빛으로 데려갈 수 있습니다. 당신이 장벽을 쌓음으로써 잃었던 당신 자신의 한 부분을 되찾을 수 있게 될 것입니다. 당신이 느끼는 두려움은 친숙한 것입니다. 당신이 아이와 비슷한 상황에서 두려움을 경험했고, 두려움에 대한 타협을 했으며, 지금도 그 당시와 비슷한 방식으로 두려움에 대응을 하고 있습니다. 우리가 어릴 때 했던 타협에 따라 우리 자신을 보호하고 있습니다. 하지만 당신이 두렵다는 인식을 할 때마다 (귀)신이 그곳에 있는 것입니다.

깨달음으로 우리는 자신의 힘을 다시 찾게 되었습니다. 우리는 사랑의 눈으로, 사랑하는 아버지 어머니의 눈으로 경험을 거슬러 올라갈 수 있습니다. 그러고는 치유를 합니다. 우리 안에 있는 방어기제가 작동하게 만든 것은 단지 두려움이라는 것을 알게 됩니다. 그때 우리는 우리의 모든 감정과 우리의 방어기제가 그저 우리 자신임을 깨달을 수 있습니다. 나의 방어벽 안팎에 있는 모든 것들이 나일 뿐입니다.

우리의 경험이란 단지 느낌일 뿐입니다. 감정이 원하는 것은 단지 느끼고자 하는 것입니다. 해답은 당신의 감정을 느끼는 데 있습니다. 당신이 이렇게 할 수 있다고 한다면, 기생충의 모든 활동은 해체될 것입니다.

누군가가 이러한 지식을 만날 때가 되었다고 한다면, 이것은 마치 기상나팔 소리와 같을 것입니다.

1960년대에 많은 사람들이 각성의 느낌을 받았다는 것을 알고 있습니다. 어마어마한 무엇인가가 그 당시 태양빛에서 발생했습니다. 그 당시에 일어났다고 생각하는 이유는 사람들이 언제나 태양빛에 밀려 거리로 뛰쳐나갔기 때문입니다. 1960년대의 사회혁명운동으로 시작된 자아에 대한 관심은 그 어떤 것보다도 놀라운 사건이었습니다. 왜냐하면 자아를 연구하는 것은 에고의 나가 아닌 참나와, 하느님과 신성함을 연구하는 것이기 때문입니다.

1960년대 영적 물음들을 촉발시킨 동일한 영적 의식이 여전히 자신의 길을 찾고 있습니다. 당신의 상황과 당신의 부모, 그리고 당신의 삶을 선택했던 영은 여전히 지금 여기에서도 당신의 삶에 이루어지는 무엇인가를 선택하고 있습니다. 우리는 자신이 그것을 선택한다고 생각하지만, 실제로는 언제나 온전성으로 돌아가고 있습니다. 심판하지 않고, 존재와 비존재의 모습 그대로 우리의 삶을 경험함으로 온전성에 다다르게 됩니다. 우리의 마음이나 기생충을 통해서는 이렇게 할 수 없습니다. 우리는 단지 아무런 심판도 하지 않는 곳에 들어갈 뿐이고, 이것은 순복(順服)의 삶을 사는 것입니다. 우리는 모든 것이 진실로 완벽하다는 것을 받아들이고 그 경험에 전적으로 따릅니다. 우리는 이것을 '용을 넘어서기(passing the dragon)'라 부릅니다.

나는 용을 넘어섰습니다. 이제 나는 더 이상 그 일을 할 필요가 없습니다. 꿈에서 나와, 용을 넘어 순수한 검은빛에 이르기 위해, 용과 싸움을 해야만 했습니다. 우리의 오라 장은 검은빛으로부터 우리를 보호합니다. 순수한 검은빛이 우리 생명에 도움이 되는 것은 아닙니다. 따라서 용을 지나가는 데는 육체적인 위험이 따릅니다. 어떤 면에서 보면 여성이 용을 지나가는 것이 더욱 쉽습니다. 이는 여성들이 순복하는 법을 잘 알기 때문입니다. 순복은 여성의 내면에 정보화되어 있습니다. 왜냐하면 여성들은 자기 아이를 육체적인 출산을 통해 내놓아야 하기 때문이지요. 그리고 나중에는 감정적으로도 아이들을 떼어 놓아야 하기 때문입니다.

가야의 꿈

꿈을 꾸면서 영 속에는 눈으로 볼 수 있는 것이 아무것도 없다는 것을 배웠습니다. 영에는 형체가 없기 때문입니다. 갑자기 그물처럼 보이는 무엇인가 작은 조각을 보게 되었습니다. 그것은 형체를 가지고 있었고 물결처럼 움직이는 한 조각의 얇은 막(film) 같았습니다. 이것이 내 꿈의 한 곳, 곧 영 속으로 들어왔을 때 어떤 작은 빛이 그 안을 지나갔습니다. 그 모습이 빛이 나는 얇은 막처럼 보였습니다만, 그것은 그저 반사체에 지나지 않았습니다.

내가 내 마음을 바라보고 있다는 것을 알았습니다. 마음은 영의 한 요소이자 모성, 곧 자기를 재생산할 수 있는 창조적 측면을 드러냅니다. 영과 영 속의 빛나는 얇은 막의 결합으로 증식이 시작되고, 곧 새로운 세계 전체가 건설되었습니다. 저마다 인간 존재 속에서 발견되는 조그만 빛줄기가 여전히 영 안에 묻혀 있었습니다. 이것이 척추 속에 갇혀서 잠자고 있는 신성한 에너지인 천사입니다.

진리는 우리가 바로 **그런 존재**라는 것입니다. 우리는 물질도 아닌, 형체 없는 영입니다. 이것은 우리가 결코 알 수 없는 존재입니다. 다만 우리는 반사체 속에 있는 생명이 **마음**, 마치 태양을 반사하는 달과 같음을 알 뿐입니다. 이것은 빛 자체가 아닙니다. 반사의 본성은 분리와 이중성입니다.

마음, 곧 반사체는 언제나 자신을 찾습니다. 우리가 오직 마음의 관점만 잡아 인생을 살아가게 되면, 우리는 결코 우리의 참나를 찾지 못할 것입니다. 왜냐하면 그것은 단지 빛의 반사체이기 때문입니다. 마음은 분리라는 이중성에서만 존재합니다. 우리가 현실 속에서 보고 있는 것은 모두 마음입니다. 따라서 마음이라는 본성의 진실은 환각입니다.

천사들

내가 나의 감정을 삼켜버리는 에너지를 인식하게 되자 나는 이 에너지에 오직 사랑만 먹이겠노라고 다짐을 했습니다. 나는 이러한 에너지를 가진 천사에게 오직 사랑만 먹일 수 있도록 최선을 다할 뿐입니다.

우리가 천사라는 관점을 가질 수 있도록 '의식을 한 단계 높일' 필요가 있습니다. 천사란 관점은 우리가 살고 있는 이생의 인간성을 증거 하는 데 우리에게 더 많은 여유 공간을 확보해줍니다. 나는 내 모습 가야가 언제나 최선을 다해 왔다고 봅니다. 가야가 실수를 저지르지만 나는 가야에게 자비심을 갖는데, 이는 내가 더 이상 억지로 가야에게 들어갈 수 없기 때문입니다. 나는 가야를 통해 인생을 경험할 수 있게 된다는 점에서 감사합니다. 가야는 내가 인생을 경험할 수 있게 해 주는 나의 탈 것, 나의 수레입니다. 나는 가야를 완전히 사랑할 수 있습니다.

꿈에서 내가 빛의 반사를 보게 되면, 나는 그것을 영화처럼 봅니다. 나는 인생을 홀로그래픽 영화로 봅니다. 나는 제작자이자 감독이고, 끊임없이 내 영화를 만들기 위해 이미지를 만들어 냅니다. 나는 당신을 내 영화의 한 역할을 맡도록 뽑았습니다. 나는 언제나 나의 이미지를 투사하는데, 그것은 마치 폐쇄회로의 텔레비전 화면처럼 내 자신을 나에게 다시 반사합니다.

영적인 관점에서 보면, 당신은 천사의 눈이나 상영 중인 영화를 보는 꿈꾸는 자의 눈으로 모든 상황을 볼 수 있습니다. 이것은 이성의 관점에서는 불가능합니다. 마음은 이중성이란 함정에 빠져 있기에 절대로 자기 자신을 이해할 수 없습니다. ('그것'은 대상의 세계입니다. '자아'는 신성한 세계이구요.)

모든 것이 신성하고 완벽하다고 믿음으로써, 당신은 심판관과 기생충이 아닌 당신의 천사로서 궁극적인 책임의 자리에 있는 당신의 인생을 나타내겠다고 선택할 수 있습니다. 인생은 언제나 완벽합니다. 당신 자신을 가리키는 인류를 진화시키면서, 당신은 이와 같은 차원의 세계에서 활동하는 천사입니다. 꿈에서 깨어나십시오. 당신이 꿈꾸고 있다는 것을 아십시오. 당신은 신성합니다. 천사는 천국에 속해 있습니다. 집으로 돌아오십시오.

존재하라_ 느껴야 할 것을 느껴라.

행동하라_ 스토킹과 변형의 기술을 수련하라. 네 자신을 사랑하겠다는 다짐을 기억하라.

소유하라_ 자기실현을 경험하는 인생을 살라. 기생충이 자기 자신에게 독을 먹이는 행위를 언제든지 막을 수 있다면 당신 자신을 되찾게 될 것이다.

나구알의 규칙

(힌두 전통의) 차크라는 우리의 육적인 몸의 영역과 서로 관련된 우리의 영적 몸의 인식이 회전하는 지점들이다. 전통적으로 7개의 차크라 센터는 척추의 시작점, 회음부, 태양신경총(거궐혈—옮긴이), 심장, 목(천돌혈), 이마 중앙, 머리 꼭대기(백회혈)에 있다.

가야는 각 차크라가 하나의 천사를 나타낸다고 믿고 있다. 척추 맨 아래와 회음부의 아래쪽 차크라를 지키고 있는 반역자인 루시퍼는 기생충이며 순수 사랑이다. 기생충은 신성을 분리시켜 마음으로 바꾼다. 가야는 태어날 때 물질로 내려가서 신성에서 분리된 것을 배신의 형태로 표현한다. 우리의 신화 속에 루시퍼는 아리엘 천사의 쌍둥이 또는 적으로 묘사된다. 루시퍼는 어둠을 대표하고 아리엘은 빛을 대표한다. 하지만 이 둘은 하느님의 천사들이고 따라서 둘 다 모두 순수한 사랑이다.

제3의 차크라는 태양신경총에 있으며 죽음의 나무이다.

이곳은 아리엘이 보호하고 있으며, 아리엘의 의미는 보호자이다.

라파엘 천사는 심장에 있는 제4의 차크라를 지킨다. 심장 차크라에서 인식의 도약이 일어난다. 마스터들은 심장 수준에 살고 있고, 여기에 공명을 하고 있다. 하지만 그들이 기적을 행하게 되면, 더 높은 차크라로 이동한다. 심장 밑에 생존에 관계된 진동 주파수가 있다. 심장의 위쪽에는 자신을 찾고 있는 마음이 존재한다.

제5의 차크라는 목에 있는데 이것은 상호 소통을 위한 장소이다. 소식을 전해주는 사자인 가브리엘 천사가 목, 곧 말씀을 지키고 있다.

제6의 차크라는 보다 상위의 마음인데 미가엘 천사가 이를 지키고 있다. 미가엘은 기생충인 용과 싸움을 한다.

제7의 차크라는 머리 꼭대기(백회혈)에 있는 생명의 나무이다. 이것은 각성의 차크라이다. 이곳은 아리엘이 다시 지키고 있다.

차크라 시스템은 그 전부가 뱀으로 나타난다.

가야가 말한다. "생명의 나무로 돌아가는 것은 신성으로 돌아가는 거예요." 인도의 전통에서 쿤달리니는 뱀이 척추를 타고 올라 깨달음을 얻게 되는 에너지이다.

가야는 태양의 검은빛으로서 순수한 본질에 대해 말한다.

"이것이 우리가 알고 있는 가장 순수한 빛입니다. 여기에서 창조가 일어납니다. 우리 인생이 이곳에 있는 온전한 목적은 이러한 순수 본질의 검은빛으로 돌아가는 것입니다."

영혼이 몸을 입고 마음을 발달시킬 때마다, 과거 함정에 빠진 작고 검은빛은 우리 내면 속으로 들어온다. 영혼에 둘러싸여 있는 이 빛은 자신의 가장 순수한 형태에 돌아갈 때까지 윤회를 반복한다.

당신이 태어나던 순간, 당신이 어머니로부터 나오던 바로 그 순간에, 지구 위쪽에 존재하는 대천사의 요동치는 에너지 영역에서 한 줄기 빛이 나와, 당신의 뇌 속 송과선으로 들어간다. 당신의 송과선에 들어간 이 빛 한 줄기는 이생에서 당신을 수호하는 대천사가 누구인지를 결정해 준다. 당신의 본질은 또한 대천사의 본질이다. 그렇다고 당신과 대천사 모두 같은 에너지로 존재할 필요가 있는 것은 아니다. 그러므로 당신은 두 천사의 에너지를 가지고 있는데, 하나는 당신 본질의 에너지이고 다른 하나는 당신 수호천사의 에너지이다. 두 천사를 나누기 위해 가야는 수호천사를 '작은 천사'라고 말한다.

당신이 어릴 적 당신의 마음을 형성해 갈 때, 당신은 또한 당신의 작은 수호천사 주변에도 처음으로 거름망이라는 덮개를 씌운다. 이러한 덮개를 천사에게 씌운 것과 마찬가지로 영혼은 영을 덮어버린다. 이러한 거름망 아래서 당신의 수호천사는 자신이 천사인 줄 잊고 잠을 자게 된다.

"천사에게 덮인 이런 덮개, 혹은 거름망을 이른바 기생충이라 합니다. 이것은 마음속에 살면서, 이성의 지배를 받습니다."라고 가야는 가르친다.

여기에서 깨어남으로써, 당신은 대천사 덮개에 구멍을 뚫게 되고, 그 구멍을 통하여 당신은 당신의 참나인 검은빛에 더욱 드러나게 됩니다. 당신이 사랑이라는 높은 진동 주파수에 도달하게 되는 어느 순간 정화의 과정을 거치게 되면, 수호천사는 그 덮개를 걷어내고 위로 뛰어 올라 당신의 본질 혹은 최초의 대천사와 만나게 된다.

이것이 당신의 수호천사와 당신의 영원한 천사의 본질이 만나는 일이고, 이를 통해 당신은 하느님에게 다시금 돌아가게 됩니다. 이것이 이른바 천사들의 재생산이요, 나구알의 통치라고 하는 것입니다. 당신은 진화 속에 있는 천사입니다. 당신의 천사는 진화하는 인간입니다. 이러한 만남에서 천사의 탄생이 일어나고, 당신은 신성한 자아로 돌아가는 것입니다. 당신은 결코 땅의 생활로 돌아갈 수 없습니다. 왜냐하면 당신의 진동 주파수가 하느님의 것, 곧 순수한 신성과 같아졌기 때문입니다.

내 경험에서 보면 나는 여전히 육체적인 인간 존재이지만, 가야라는 불리는 인간성은 사라지고 없습니다. 가야가 자신을 표현하는 방식은 완전히 다른 것이 되었습니다. 나는 항상 장막 뒤에 남아 있길 원했습니다. 하지만 이제부터 나는 나의 말에 책임을 느낍니다. 이제 그때가 되었습니다. 이것이 내가 이제 말을 하는 이유입니다.

당신이 이 상자 밖, 곧 꿈의 바깥으로 나오게 된다면, 언제나 합리적인 설명이 필요한 이 상자 속으로 다시 들어갈 순 없게 됩니다. 당신은 크기를 잴 수 없을 정도로 커져버립니다. 나는 더 이상 무엇에 갇혀 있지 않습니다. 모든 것이 사랑으로 존재합니다.

더 이상 나는 삶의 모든 것들에 일일이 반응을 하는 데 에너지를 소모하지 않기 때문에 많은 에너지를 가지고 있습니다. 내가 개인적으로 중요하다고 생각하는 일로 나의 모든 에너지를 없애버리지 않습니다. 나는 에너지를 내적의도에 따라 당신의 아상블라주 포인트를 옮기는 데 사용할 수 있습니다. 내가 그걸 하는 방법은 내 자신의 아상블라주 포인트를 옮기는 것으로부터 시작합니다. 나는 모든 것과 하나가 되어 살고 있습니다. 이것은 지식적인 것과는 상관없습니다. 이것은 마음으로도 이해될 수 없습니다. 이것은 나의 수레, 나의 인격을 움직이는 나의 천사입니다.

마법의 세계에 들어가는 방법

당신이 기생충의 해부 구조를 이해하기 시작했다면, 당신이 마법의 영역 또는 초월의 길에 들어갈 수 있는 방법이 있다. 당신이 스토킹 수련을 할 때와 같이 시간을 구분하기보다는 매순간을 의식하며 살고, 다음과 같은 두 개의 개념을 기억하라.

1. 당신이 저항을 느낄 때 이를 의식하고 곧바로 그것을 놓아버리면, 당신의 방어기제를 해체할 수 있다. 당신이 불편함을 느낀다면, 그것을 그대로 품도록 하라. 이것이 근원으로 돌아가는 길이다. 당신에게 오는 느낌을 생각하지 말고 그대로 느껴라. 당신 자신을 존중하도록 하라. 당신 행동의 결과들을 살피고, 최고의 인식으로부터 선택을 하라.

2. 당신 자신을 사랑하라. 다른 사람으로부터 인정받기 위해 살고 있는 당신의 감정을 놓아버려라. 당신 자신의 사랑을 우선적으로 여기고, 이것을 항상 존중하도록 하라. 당신 존재 속에 이처럼 여리고 상처받기

쉬운 장소들에는 소리가 있다. 이것을 드러낼 필요가 있다. 이것을 존중할 필요가 있다.

저항은 기생충을 키운다. 당신이 대화를 할 때, 다른 사람의 말에 저항을 느낀다고 한다면, 당신 자신에게 말해라. "나는 이럴 필요가 없다." 이 것은 자신을 잘 알고 있는 상황이다. 나는 당신 자신이 순간에 깨어 사는 것을 말하고 있는 것이다. 당신이 인식하고 있다면 다음과 같이 말함으로 저항하지 않기로 선택할 수 있다. "이제 나는 반발하지 않기로 했어. 나 는 순수한 빛의 사랑스런 존재지, 단지 환각을 반사하는 존재는 아니야." 단지 이렇게 하는 것만으로도 생존을 담당하는 제4차크라의 진동주파수 를 바꿀 수 있다. 이것이 마법이다.

대개 저항을 일으키는 두 개의 근본적인 동력이 있다. 하나는 "내게 이 래라 저래라 하지 마시오"이고, 다른 하나는 사기를 당할지도 모른다는 두려움이다. 길들이는 과정에서 우리의 부모들은 우리에게 말한다. 너무 순진해서도 안 된다고, 그러면 세상이 너를 잡아먹을 거라고, 온통 늑대 들이 우글거린다고. 우리는 사기를 당할 두려움에 늘 준비하고 있다. 당 신이 두려움을 느끼면, 당신은 자신에게 물어볼 수 있다. 무엇을 하라고 할까 봐 두려운지 아니면 사기를 당할까 봐 두려운지 말이다. 이것들이 신뢰를 무너뜨리는 두 가지의 주요한 반응이다. 언제나 옳아야 한다는 것 이 마음이 살아남으려는 전략이다. 하지만 당신이 옳다면 나는 잘못한 것 이 되며, 그렇게 된다면 나는 존재할 수 없게 된다.

당신 자신 안에는, 어떤 순간이든 당신의 경험을 변형시킬 수 있는 힘이 있다. 이곳이 마법이 존재하는 지점이다. 마법의 문을 열 수 있는 열쇠는 자기 깨달음이다.

당신은 마법사이다. 먼저 깨달음에 이르라. 그러면 당신의 관점이 바뀔 것이다.

우리는 자신을 통제하느라고 너무 많은 에너지를 쓰고 있다. 그것을 곰곰이 생각해 보라. 우리는 그 중심이 녹아 있는 용암으로 회전하고 있는 지구 위에 살고 있는 의식의 물방울들이다. 그럼에도 여전히 우리는 통제할 수 있다는 착각 속에 살고 있다. 우리가 통제할 수 있는 유일한 것은 우리의 삶에 대한 반응이요, 우리 인생 여정의 경험을 어떻게 선택하느냐이다. 우리가 모든 것을 통제하길―이것은 착각이지만―중단한다면, 우리는 완벽한 조화를 이루며 바위 주변으로 떠다니는 강물 위의 물방울이 될 것이다. 삶은 그렇게 아름답게 된다.

개인적인 메시지

미겔에 대해 내 마음이 가지고 있는 사랑과 존중과 감사의 깊이를 말로 다 표현할 수 없습니다. 그의 가르침과 그의 변함없고 흠 없는 증거들을 통해 나는 가치 있는 삶을 사는 법을 배웠습니다. 내가 두려움 없이 걸어가며, 삶이 주는 경험들에 나를 열어 놓는, 누구의 보호도 필요가 없는 그런 삶을 말입니다.

미겔은 내게 보여 주었습니다. 만약 당신이 사랑의 힘을 자신에게 흐르게 한다면, 당신을 위협할 것들이 아무것도 없다는 것을. 그의 눈을 통하여 나는 모든 사람과 모든 것들 속에 있는 빛을 보기 시작했고, 이것은 나에게 자유, 곧 내 자신에게 진실해지고, 다른 사람이 어떻게 생각하더라도 내 진실을 솔직하게 드러낼 수 있는 자유의 길을 열어 주었습니다.

나는 "아니오"라고 말할 능력을 가지지 못한다면, 결코 "예"라고 말할 수 없다는 사실을 배우게 되었습니다. 이 점에서 나는 필요에 의해서가 아닌, 사랑의 자리에서, 곧 분리가 아닌, 기대가 아닌, 집착이 아닌, 그리고 표현에 구속되지 않는 사랑의 자리로부터 진실로 주는 법을 발견했습니다.

나구알에게 나는 말합니다. 우리 모두의 내부에서 영원한 신성의 불꽃으로 춤추며 타오르고 있는 태양과 달과 별들의 은총을 주신 데 감사한다고. 그리고 사랑한다고.

가야의 이야기에 대한 미겔의 해석

🐎 내가 가야를 만났을 때, 나는 그녀가 진정 어떤 존재인지 눈치챘습니다. 나는 그녀의 몸과 마음에 들어 있는 모든 지혜들을 볼 수 있었고, 그러면서도 또한 그녀가 자신을 어떻게 제약하고 있는지도 보았습니다. 나는 그녀가 자신이 알고 있는 것들에 대해 책임을 감수해야 한다는 자신의 두려움을 표현하기 위해 그녀의 모든 지혜와 지성을 어떻게 사용하는지도 보았습니다.

몇 년 동안 나는 그녀 스스로 자신을 제약했던 협정들을 깨기 위해 함께 노력했습니다. 점차 그녀는 변해 갔습니다.

그녀는 아주 좋은 생각이 떠오르면, 누군가에게 이 생각을 나눠주어 실천하게 합니다. 왜냐하면 그녀는 자신이 그것을 하고 싶지 않았기 때문입니다. 그녀는 자신의 신성을 다른 사람의 신성으로 정당화시키고자 했습니다. 그녀는 하느님을 그녀의 스승인 사이 바바(Sai Baba)나 프레마난다(Premananda) 속의 하느님으로 인식했지 자신 속에 있는 것으로 인식하지는 않았습니다.

1994년 나는 가야의 모든 믿음 체계에 도전을 줄 수 있는 기회를 갖게 되었습니다. 나는 그녀가 하느님과 대면할 수 있는 텅 빈 장소에 그녀를 두었습니다. 나는 그녀가 편안함을 느끼며, 누군가로 하여금 그녀를 안전하게 느끼도록 해 주는 그녀의 위로 수준들을 모두 없애 버렸습니다. 하지만 이것을 그녀가 받아들이고 소화하는 데는 오랜 시간이 걸렸습니다.

우리는 버스를 타고 멕시코로 갔습니다. 그리고 우리는 산 미겔 알렌데 성당에서 시작해 테오티우아칸까지 여행을 했습니다. 가야가 나에게 물었습니다. "내 자신이 되도록 도와줘요. 완전히 내가 되도록." 나는 그녀에게 정말 그렇게 되고 싶냐고 물었습니다. 나는 세 번씩이나 그녀에게 물었습니다. 그때마다 그녀는 대답했습니다. "예, 제발."

그래서 나는 내 의지의 힘을 사용해서 그녀의 방어기제를 제거했습니다. 그녀는 자신을 정확하게 보고 있었습니다. 나는 그녀의 에너지 장에서 부정적인 시스템을 뽑아냈습니다. 이것은 그녀의 상처들을 있는 그대로 드러냈습니다. 나는 이것에 대해 한 마디도 하지 않았습니다. 곧 나는 그녀의 감정에서 솟아나는 고통을 느낄 수 있었습니다. 그녀의 고통이 너무나 컸기에, 그녀가 도움을 구할 것인지 아니면 멈출 것인지 물었습니다. 그녀는 대답했습니다. "아니요, 도움은 필요 없어요."

우리는 테오티우아칸에 도착했고, 우리는 각자 자신의 방으로 들어갔습니다. 그녀는 인생에서 최악의 밤을 맞았을 것입니다. 나는 그것을 느낄 수 있었습니다. 그것은 너무 심해 보였습니다. 나는 그녀가 나를 그녀의 부인 기제(denial system)에 대신 밀어 넣어 주기를 바랄지도 모른다고 느꼈습니다. 한순간 그녀는 현재처럼 삶을 지속하기보다는 차라리 죽는 것이 더 낫다고 느꼈습니다.

다음 날 아침 나는 그녀를 바람의 장소(Place of the Air)로 데려갔습니다. 나는 도제들을 위해 그곳에 바위 하나를 준비해 두었습니다. 가야는 바위 위에 앉았고, 구원을 받았습니다. 5분에서 10분 동안 집중적으로 그녀는 모든 상처들을 치료했고 자신을 용서했습니다. 기생충은 자신을 구원하고 앨리가 되었습니다. 기생충은 심판관과 피해자가 결합된 것임을 기억하십시오. 기생충은 언제나 가야가 행하는 모든 것들에 방해를 해왔습니다. 이제 기생충은 두려움을 먹지 않습니다. 이제 기생충은 그녀의 마음을 추동해 사랑을 만들도록 합니다.

가야의 변형이 그곳에서 시작되었고, 그해 프레마난다를 만나러 인도에 갔을 때, 이 과정이 끝났습니다. 인도에서 가야는 그녀의 소리를 들었습니다. 이제 그녀는 겸손히 자신의 신성을 받아들이고 남들을 가르치게 되었습니다.

13장

예언들

인간들은 언제나 자신이 영원히 살 수 없다는 것을 인식하고 있기에 미래를 알고 싶어 한다. 모든 시대마다 당대의 예언자들이 있었고, 또 당대의 예언들이 있었다. 어느 시대나 전 세계적으로 예언들은 하나의 근본적인 입장에서 일치한다. 즉, 예언들은 인간 종의 진화에 관련되어 있다는 사실이다.

이 장에서 미켈은 톨텍의 침묵의 지식을 개괄적으로 요약할 것이다. 그럼으로 예언을 통해 독자들을 최종 결론으로 인도할 것이다. 그가 말하는 중심 주제는 모든 인간들이 모여 하나의 생명체를 형성하고 있으며, 이것은 지구 행성의 한 내부 기관이 된다는 것이다. 지구와 각 인간의 관계는 인간의 몸과 몸의 단일 세포들에 비견될 수 있다. 세포는 우리 몸에서 끊임없이 생성되고 죽는다. 마찬가지로 인간도 태어났다가 성숙하고, 죽기를 반복한다. 새로운 세포의 생성이 인간을 살아 있게 하는 것처럼, 끊임없는 인간의 보충이 지구의 인간이란 기관을 살아 있게 만든다. 우리는 시간의 차이를 두고, 전 우주에 걸쳐 육체적 생명이 육체적 죽음으로 이어지는 동일한 과정을 보고 있다.

 인간은 물질과 마음과 영혼과 영들 저마다 차원이 있어 다차원적인 존재입니다. 우리는 몸이 세포라 불리는 수억 개의 자그마한 생명체로 만들어져 있음을 봅니다. 모든 세포는 우리 몸에서 떼어낼 수 있고, 실험실에 두어도 여전히 살아 있는 개별화된 존재입니다만, 세포가 우리 몸의 일부로서 존재할 때만 그 의의가 있습니다.

하나의 간 세포는 자신이 '존재한다.'라고 인식할 수 있는 온전한 존재처럼 존재의 한 부분이라는 인식은 없습니다. 또한 간이나 뇌, 심장, 뼈에 있는 다른 세포들이나 몸 전체에 있는 모든 세포들이 더불어서 하나의 단일한 생명체를 형성하는 데 도움을 준다는 것을 알지 못합니다.

한 인간의 존재는 인류라는 기관의 한 부분입니다. 모든 인간의 전체가 지구 행성의 한 기관을 형성합니다. 지구 행성은 살아 있고 자신만의 신진대사를 이룹니다. 이러한 아름다운 생명체에는 많은 기관들이 존재합니다. 대기도 하나의 기관입니다. 바다도 하나의 기관입니다. 숲도 하나의 기관입니다. 모든 동물들도 하나의 기관입니다. 우리는 그들 모두입니다. 우리는 공기이고, 바다입니다. 우리는 지구 행성에 존재하는 동물들입니다. 그리고 우리는 간이 심장과 뇌와 소통하는 방식과 같이 다른 기관들과 소통을 합니다.

더 나아가 우리는 지구 행성이 생명체요, 또한 그 중심에 태양이 있고, 태양 주변을 공전하는 모든 행성과, 달과 다른 위성들이 있는 태양계의 한 기관임을 봅니다. 태양계는 또한 태양에 의해 지배를 받는 하나의 생명체입니다.

하나의 생명체인 태양계는 동시에 우주라는 거대한 존재의 한 부분일 뿐입니다.

핵과 그 주위를 돌고 있는 전자로 구성된 단일한 원자는 또 다른 태양계입니다. 원자와 태양계는 서로 닮았습니다. 우리 몸은 각각의 태양계의 축소판인 수십 억 개의 원자로 이루어져 있습니다. 우주에는 각각이 생명체이면서, 또 서로 합쳐져 하나의 생명체를 형성하는 수십 억 개의 별들이 존재합니다. 톨텍족들은 이러한 우주 속에 서로 다른 실재들속에 반영되어 있는 유비성들과 근사성에 대해 알고 있었습니다.

우리가 누구이며, 우리는 어디서 왔으며, 우리는 어디로 가고 있는지와 같은 큰 물음들은 톨텍의 눈으로 보면 해답이 드러납니다. 바로 우리가 존재하는 모든 것이라는 뜻입니다. 하나의 작은 인간의 몸은 거대한 생물학적 기계인 우주 속 하나의 사슬 조각입니다. 이러한 사슬은 우주전체에 존재하는 모든 것들과 의사소통을 하고 있습니다.

이러한 설명이 우리의 눈과 귀라는 물질적인 관점을 만족시킨다 하더라도, 무언가 덧붙여야만 합니다. 우리는 단순한 물질적 존재가 아니기 때문입니다. 우리가 느낀다는 것에 대해 어떻게 생각합니까? 분노와 시기, 슬픔, 행복과 사랑에 대해서 어떻게 생각합니까? 인간 삶에서 나타나는 이러한 면들은 우리가 물질이기보다는 에너지라는 증거입니다. 우리는 이것들을 에테르 에너지라 부릅니다.

에너지는 살아 있습니다. 존재하는 모든 것들은 살아 있습니다. 에테르 에너지 또한 생명체입니다. 에테르 에너지는 우리의 감정을 포함합니다. 우리의 감정은 살아 있습니다. 우리의 생각도 살아 있습니다. 우리의 모든 느낌들도 살아 있고 이 모든 것들이 우리입니다. 우리의 마음은 수많은 감정들을 만들어냅니다. 우리의 세포들이 우리의 몸을 만드는 동일한 방식으로 우리의 감정은 우리의 마음을 만듭니다. 따라서 우리의 마음은 에테르 에너지로 만들어집니다. 우리 마음의 기능이 꿈을 꾸는 것이라는 것을 기억하십시오. 우리는 하루 24시간 내내 꿈을 꿉니다. 우리가 깨어 있을 때도 꿈을 꾸고, 우리가 잠을 잘 때도 꿈을 꿉니다. 우리의 마음으로 꿈을 꾸는 것이지, 우리의 뇌로 꿈을 꾸는 것이 아닙니다. 하지만 뇌는 마음이 꿈을 꾸고 있다는 것을 알고 있습니다.

모든 인간의 마음들이 합쳐져서 지구 행성의 한 기관을 형성합니다만, 이 기관은 우리 몸이 만드는 기관과는 다른 차원에 존재합니다. 우리의 몸은 우리가 만질 수 있는 물질적 차원의 한 부분입니다. 이와 달리 우리의 마음은 생각과 감정의 에테르 차원에 존재합니다. 모든 우리의 감정들이 모여 한 개인의 마음을 창조하는 것과 동일한 방식으로, 모든 사람들의 마음들이 모여 지구 행성의 마음을 창조합니다. 그리고 그 마음 또한 꿈을 꾸고 있습니다. 이러한 집단적인 꿈은 우리들이 저마다 꾸고 있는 개인적인 꿈들로 구성되어 있습니다. 집단적 꿈은 가족의 꿈들, 공동체의 꿈들, 도시의, 지방 정부의, 국가의, 전 대륙의 꿈들을 포함하여 결국 지구 행성 전체의 꿈으로 이어집니다.

각 꿈의 수준마다, 분명한 꿈의 차이가 있습니다. 예를 들어 우리가 다른 나라를 방문한다면, 우리는 그 나라의 꿈이 우리나라의 꿈들과 다르다는 것을 보게 됩니다. 그 꿈은 살아 있는 것입니다. 중국의 꿈이 페르시아의 꿈과 다르지만, 그 꿈속에는 무엇인가 공통점도 있습니다. 세상 도처에서 사람들이 고통을 당하고, 싸움을 합니다. 사람들이 상호작용을 하는 어느 곳에서나 사람들은 독을 퍼트리고 있습니다. 이 독은 물질적인 독이 아니라 에테르 독입니다만, 이 독은 육체적인 몸에 영향을 끼칩니다. 우리가 분노, 미움, 슬픔, 질투, 수치라 부르는 이 모든 독은 두려움에서 기인합니다. 이 두려움은 지구 행성의 꿈도 통제합니다. 두려움은 지구 행성의 큰 마귀요, 큰 악마입니다. 우리들의 행동, 곧 인간 대 인간, 사회와 사회, 민족과 민족 간의 상호 행동들은 두려움에 바탕을 두고 있습니다. 우리가 꿈꾸는 방식은 자기 파괴적입니다. 우리는 개인적으로도, 사회적으로도 우리 자신을 파괴하고 있습니다.

우리가 어디를 가든, 사람들 마음속에 심판자와 피해자가 있음을 보게 됩니다. 사람들 모두가 자신과 남들 속에 있는 죄들을 찾아냅니다. 우리가 죄책감을 느끼게 되면, 우리는 처벌받아야 합니다. 남들이 죄를 지면 또한 우리는 그들을 처벌해야 합니다.

피해자는 다음과 같이 말하는 마음이 한 부분입니다. "나란 존재는 한심하군. 나는 그다지 좋은 사람이 아냐. 나는 의지가 약해. 나는 머리가 나빠. 그러니 내가 어떻게 살아갈 수 있겠어? 내가 왜 그 일을 해야 하지? 나는 단지 보통 사람일 뿐이야." 따라서 모든 일에 두려움을 느낍니다. 이것이 인간이 꿈을 꾸는 방식입니다. 톨텍이 말하는 침묵의 지식을 성찰함으로써 우리는 꿈이 변해야 한다는 것을 볼 수 있습니다. 예언들은 꿈을 변하게 하는 것입니다. 전 세계의 모든 예언들이 지금 바로 동시적으로 실현되고 있습니다. 바로 지금 말입니다.

우리는 이러한 지구 행성의 생명체가 태양에 의해 통제되고 있음을 기억하고 있습니다. 지구는 태양의 한 기관입니다. 지구 행성의 신진대사를 위한 모든 결정 과정이 태양에서 옵니다. 태양은 자신의 사자를 통해 지구를 통제합니다. 유대기독교 전승을 보면 이들을 천사라 부릅니다. 그렇다면 이 사자는 바로 태양빛이라 할 수 있습니다. 전 우주 속에 존재하는 모든 것들은 에너지이고 이 에너지는 빛입니다.

우리의 몸은 빛이지만 응축된 빛입니다. 우리의 마음도 빛입니다. 우리의 영혼도 다른 형태로 나타난 빛입니다. 빛은 어떠한 방향에서도 빛을 인식합니다. 이것이 눈으로 인식할 수 있는 이유입니다. 하지만 우리는 또한 마음과 영혼과 영으로도 인식할 수 있습니다.

영이란 무엇입니까? 나는 영을 내적의도라 부릅니다. 내적의도, 영, 하느님……. 이것들은 동일한 에너지에 대한 이름들입니다. 이러한 에너지의 속성은 어떠한 변화도, 어떠한 변형도 가능하다는 것입니다. 하느님은 내적의도입니다. 하느님은 영입니다. 하느님은 참된 신입니다. 하느님은 빛입니다. 하느님은 참된 당신입니다. 하느님은 참된 나입니다.

에너지나 빛은 내적의도 혹은 하느님, 영의 첫 번째 발현입니다. 하느님, 곧 당신 때문에 모든 것들은 살아 있습니다. 당신은 당신의 몸이 아닙니다. 당신은 당신의 세포가 아닙니다. 당신은 당신의 마음이 아닙니다. 당신은 당신의 영혼이 아닙니다. 당신은 빛입니다. 당신은 생명입니다.

당신이 없으면 당신의 몸은 바로 붕괴됩니다. 당신이 없으면 당신의 영혼 또한 붕괴됩니다. 당신의 본질은 빛입니다. 빛은 어디에나 존재합니다.

빛은 살아 있고 생명체입니다. 빛은 지구 행성의 모든 종류의 생명에 대한 정보를 실어 나릅니다. 서로 다른 수많은 빛의 진동 주파수가 존재합니다. 어머니인 지구는 아버지인 태양으로부터 빛에 실려 온 여러 정보들을 변환하여 생명을 창조합니다. 우리 세포 하나하나에 있는 DNA는 어머니 지구가 태양으로부터 포획한 빛줄기를 물질로 응축한 것입니다.

존재하는 모든 지식들은 빛 속에 있습니다. 빛으로 별들은 서로 통신을 합니다. 마찬가지로 원자들도 빛을 사용해 서로 통신을 합니다.

변화는 우리의 인식에 따라 이루어집니다. 우리는 빛이 태양에서 강물처럼 흐르는 것을 봅니다. 강물처럼 빛은 언제나 동일한 형태로 존재하지만 그것이 가진 에너지는 언제나 다릅니다. 우리의 관점을 약간만 바꾼다면 이 빛의 강물은 고체처럼 보일 것입니다. 이것은 신경 체계처럼 별들 사이의 전 공간을 채우고 있습니다.

우주 어느 곳에 일어난 일이든지 우주 전체에 알려질 것입니다. 왜냐하면 바로 통신이 되기 때문입니다. 우리의 물질적인 관점에서 보면 빛의 속도는 초속 36만 킬로미터이고, 이것이 우리가 생각할 때 이 세상에서 가능한 가장 빠른 것으로 여겨지지만, 실제로 빛 속에는 우리가 측정한 것보다 수천 배나 빠른 특성이 존재합니다. 이것이 우주 전체에 즉각적인 소통이 이루어질 수 있는 이유입니다.

물질세계 속에서 우리가 인지하는 모든 것들은 대상 물체에서 반사되어 우리의 눈 속으로 들어온 빛입니다. 우리는 실제로 대상을 보는 것이 아닙니다. 우리가 보는 것들은 꿈을 꾸는 것들입니다. 우리의 마음속에서 모든 현실을 창조하는 것입니다.

우리의 꿈속에서 우리가 물질이라 생각하는 것들을 나는 꿈의 틀이라고 부릅니다. 이 틀은 모든 사람이 다 똑같습니다. 우리는 동일한 틀로 꿈을 꿉니다. 이 틀은 우리에게 시공간이란 방향 감각을 부여합니다.

이를 통해 우리는 안전하다고 느낍니다.

우리가 보고 있는 것을 해석하자마자, 우리는 저마다 다른 해석을 하고 있음을 알게 됩니다. 왜냐하면 우리는 다른 꿈을 꾸고 있기 때문입니다. 우리들 각각은 자기가 믿고 있는 모든 것들에 근거해 자신의 꿈을 꾸고 있습니다.

이러한 생각을 그림으로 그린다면, 아무 정보도 들어 있지 않아 아무것도 기록되어 있지 않은 수천대의 새 컴퓨터가 존재하는 것과 흡사합니다. 이 컴퓨터에 정보가 기록되기 시작되자마자, 각각의 컴퓨터는 다르게 작동할 것입니다.

이것이 인간에게 일어나는 일입니다. 우리의 마음은 컴퓨터와 같은 생물학적 기계입니다. 모든 인간 존재에는 각각의 경험에 따라 다른 정보들이 기록되어 있습니다. 저마다 개인은 부모나 사회, 학교와 종교에 따라 다르게 배워 왔습니다. 우리가 자신의 컴퓨터에 집어넣는 정보가 우리가 어떤 꿈을 꾸어야 하는지 가르칩니다. 이것은 또한 우리가 인식하는 것을 어떻게 해석해야 하는지도 말해 줍니다.

각각의 인간 컴퓨터는 이름을 가지고 있지만 그 이름은 우리가 합의해서 정한 것일 뿐입니다. 미겔 앙겔 루이스라 부르는 나는 진정한 인간 존재가 아닙니다. 이름으로 불리는 당신 또한 진정한 인간은 아닙니다. 우리가 서로 우리를 인간이라 합의했을 뿐입니다. 우리가 컴퓨터에 집어넣은 모든 것들은 하나의 합의일 뿐입니다. 이것이 선하다, 악하다 혹은 옳다, 그르다 할 필요는 없습니다. 이것은 단지 정보일 뿐입니다. 이러한 정보에 따르면, 우리는 세계를 인지하고, 이를 현실이라 부릅니다.

이러한 정보는 우리가 가진 한계의 원천입니다. 우리는 자신과 그 밖의 모든 것들에 대한 이미지들을 창조합니다. 우리는 그러면서 이러한 이미지들을 믿고 싶어 합니다. 정보를 컴퓨터에 집어넣는 과정을 길들이기라고 합니다.

우리는 모두 다른 동물들, 곧 다른 인간들에 의해 길들여진 동물들입니다. 우리가 처벌과 보상이란 방법으로 개를 길들이는 것과 똑같은 방법으로 우리는 길들여졌습니다. 우리는 우리가 길들여진 방식으로 우리의 아이들을 길들입니다. 우리는 처벌받는 것을 두려워하고, 또 보상을 받지 못할까 봐 두려워합니다. 우리는 남들을 기쁘게 하도록 디자인된 우리 자신의 이미지를 만들어 냅니다. 우리는 아빠와 엄마, 선생님과 사회, 교회 그리고 하느님을 아주 기쁘게 하는 존재가 되길 원합니다. 우리의 행동은 이러한 모든 한계를 통해 만들어 낸 우리 자신의 이미지에 따라 움직입니다. 남들이 우리를 어떻게 평가하느냐가 우리에게는 매우 중요합니다. 우리는 다른 사람의 의견에 따라 우리의 삶을 이끌어갑니다. 우리는 자신을 기쁘게 하기보다는 남들을 기쁘게 하는 데 노력을 다하고 있습니다.

우리 모두에 의해 유지되고 있는 지구 행성의 꿈은 동일합니다. 우리가 지구 행성의 꿈과 우리 자신의 꿈에서 깨어난다면, 우리가 진실이라고 믿고 있었던 것들이 단지 우리 컴퓨터 속에 있는 정보에 지나지 않으며, 이 정보는 쉽게 바꿀 수 있다는 것을 알게 됩니다. 우리는 두려움 때문에 변화에 저항합니다. 두려움이 우리 삶을 통제합니다. 두려움이 우리의 꿈을 통제합니다. 인류의 진화는 지구 행성에 있는 두려움의 진화입니다.

지구 행성의 바깥에서 바라본다면, 우리는 인류 전체의 진화가 태어나고, 자라고, 재생산되고, 또 변형이 되는 단일한 생명체의 삶과 비슷하다는 것을 볼 수 있습니다. 모든 것들은 실제로 파괴되지 않습니다. 모든 것들은 사멸하지 않습니다. 단지 변형이 될 뿐입니다.

진화의 과정에는 일정한 논리가 있습니다. 모든 인간이 결합되어 이루어진 생명체는 한 인간이 변화하는 것과 동일한 방식으로 변화를 수행합니다. 11살 정도가 된 어린 소녀를 생각해 보십시오. 이 아이는 곧 초경을 하고 여인이 될 것입니다. 이 어린 아이 내부의 몇몇 기관들이 변화하게 되면, 그 정보가 뇌에 알려지고, 뇌는 다른 장기에게 특정한 호르몬을 분비하게 해 생리주기를 완성하게 합니다. 이 과정들은 뇌에 의해 통제가 됩니다.

여성이 성숙해지는 과정은 인류가 온전하게 성숙하는 과정에 비견됩니다. 어떤 사람의 몸과 마음과 영혼에 어떤 변형이 일어나면, 빛의 메신저에 의해 태양은 이 사실을 알게 되고, 태양은 자신이 보내는 빛의 특성을 바꾸어, 지구의 인간 기관에 다른 메시지를 보냅니다. 그 결과로 이러한 변화는 인류 전체의 변화를 불러일으킬 수 있습니다.

이 시대는 인간이 마침내 어린 시대를 지나 성숙하는 시기로 접어드는 때입니다. 모든 것들이 점차 명료해지고 있습니다. 인간의 이성은 인간의 직관에 자기를 내어놓고 있습니다. 인간의 꿈꾸는 방식이 변화하고 있습니다. 두려움은 이성과 마음이 성장을 하는 데 필요했습니다만, 이제 이성은 마음으로 하여금 직관을 준비시키고 있습니다.

인간 존재는 다차원적인 존재입니다. 몸과 마음에 덧붙여 우리 모두는 태양으로부터 오는 빛으로 형성되었습니다. 인간 존재의 진정한 알짬(real core)은 태양과 연결된 각 개인의 빛줄기입니다. 따라서 한 개인에게 일어난 모든 일들은 이러한 빛을 통해 태양에 알려집니다. 한 개인에게 일어난 어떠한 변화도 태양에 영향을 끼치고, 태양의 반응은 나머지 인류에 영향을 끼칩니다. 이것이 인간 진화의 과정입니다.

우리가 자신의 빛줄기를 찾게 된다면, 우리는 우리의 관점을 태양으로 바꿀 수 있고, 그러면 한순간에 (태양처럼) 온 인류를 볼 수 있게 됩니다. 나는 도제들에게 자신을 태양과 연결시켜 주는 빛줄기를 찾으라고 가르칩니다. 그들이 찾게 되면 침묵의 지식이 그들의 마음에 들어오고, 그러면 생각이나 두려움 없이 즉각적으로 앎에 이르게 됩니다. 이렇게 할 수 있는 사람들이 다른 사람들에게 길을 가르쳐 주는 예언자들입니다.

오늘날 우리는 돌연변이체가 되고 있습니다. 왜냐하면 우리의 마음이 변하고 있기 때문입니다. 우리는 꿈을 꾸고 있다는 것과 우리의 꿈을 통제하고 있음을 인식하고 있습니다. 자동적으로 우리는 빛의 한 가지 특성이 아닌 여러 가지 다른 특성을 받아들이고 있습니다. 우리가 이렇게 할 때, 태양에 연결되어 있는 자신을 조정할 수 있습니다. 우리는 이런 일이 일어나도록 노력할 필요가 없습니다. 이미 이런 일이 일어나고 있습니다. 태양은 바이러스에서 공룡, 인류에게 이르기까지 지구의 생명을 통제하고 있습니다. 모든 조정은 태양에서 비롯됩니다.

태양은 우리보다 훨씬 지성적입니다. 태양은 초지성(supreme intelligence)을 지니고 있습니다. 전 세계의 많은 인간들이 이것을 알고 있었습니다. 고대 이집트인들은 태양신인 라(Ra)를 경배했습니다. 테오티우아칸의 사람들 또한 태양이 지구를 통제하고 있음을 알고 있었습니다. 이들은 특정한 주기를 따라 지구 행성 위의 생명이 태양이 변함에 따라 변한다는 것을 인식하고 있었습니다. 톨텍족의 달력에 따르면—이것은 마야족이나 아스텍족 달력도 마찬가지입니다.—현재의 태양 시기 이전에 다섯 번의 태양의 변화 시기가 있었습니다. 이들의 예언은 "과거 멕시코에서 가장 큰 도시였던 테노치티틀란(Tenochititlan)에 거대한 지진이 있을 것이다"라고 말하고 있습니다. 1986년 이러한 지진이 오늘의 테노치티틀란이라 할 수 있는 멕시코시티를 강타하였습니다. 예언에 보면, 지진이 일어난 후 5년의 휴지기를 지나 새로운 태양이 시작될 것이라 말하고 있습니다. 1992년 1월 새로운 태양이 시작되었습니다.

제6태양시기 태양은 다른 특성의 빛을 가지고 있고, 이것은 지구 행성의 꿈을 변형시킬 것입니다. 이것은 인간의 마음을 변형시켜, 태양에 연결되어 있는 빛으로서의 자신을 더욱 분명히 깨닫게 할 것입니다. 개인적으로 당신은 당신 자신, 곧 진정한 당신에게 열려 있기만 한다면, 당신 자신의 진화의 속도는 빨라질 것입니다.

이 땅에 사는 모든 스승들이 당신에게 이와 같은 것들을 말하고자 합니다. 이것은 당신이 열어 볼 수 있는 놀라운 무언가가 당신 안에 있음을 말하는 것입니다. 마음은 생명체입니다. 마음은 생각을 관통하는 감정들을 먹고 소화시킵니다. 스승들이 침묵의 지식에 대해 많은 말을 하면 할수록, 인간들은 이러한 생각들을 받아들일 것입니다. 이 생각들은 인간 컴퓨터 속의 정보를 변환시켜 보다 나은 삶을 살 수 있게 해 줄 것입니다.

이것이 다음 세대의 인류들을 위한 예언입니다. 인간 존재들은 자신이 누구인지를 알게 될 것입니다. 사람들은 서로 의사소통을 할 것이며, 서로를 사랑할 것입니다. 판단을 중지하고 꿈을 통제할 수 있을 것입니다. 사람들은 행복하게 될 것입니다.

2000년 전 예수가 이 모든 것을 사람들에게 설명하려 했을 때, 그가 말하고자 하는 것은 새로운 방식으로 하느님을 보라는 것이었습니다. 하지만 사람들은 그를 죽였습니다. 지금은 우리가 이러한 진리를 들을 준비가 되어 있습니다.

우리가 지구상에서 가장 지성이 높은 생물종이라고 생각합니다만, 우리가 가진 지성은 단지 아주 작은 것에 지나지 않습니다. 우리가 자신의 것이라고 생각하는 관념들은 이미 실재로 존재하고 있던 것들입니다. 우리가 이 관념들을 인식하게 될 때, 이것들을 '생각하고 있다'라는 것을 생각하십시오. 우리가 변형을 이룬다면, 우리는 자연 속에 보관되어 관념들을 바로 직접적으로 인지할 수 있게 될 것입니다. 나는 테오티우아칸의 바위 속에 저장된 지식과 이미지들을 이해하면서 이것을 경험했습니다.

우리가 태양에 직접 연결이 되어 있음을 인식한다면, 우리는 지구의 다른 기관에 어떤 행동을 요청할 수 있습니다. 이것이 바로 샤먼들이 비내리는 양을 조절하는 방법입니다. 이들 자신의 이성으로 이렇게 하는 것이 아니라 자신들의 직관으로 이 일을 합니다. 이성은 연결시킬 수 없습니다. 왜냐하면 이성은 자신을 믿지 못하기 때문입니다. 직관은 당신 개인의 빛줄기에 당신을 연결시킵니다. 우리가 응답을 받기를 기대할 때, 기도하는 것이 강력한 힘을 발휘하는 이유가 바로 여기에 있습니다. 대개 우리 기도의 응답은 이성이 기대하는 것과는 다릅니다.

우리가 샤먼의 방식으로 연결하고 증거한다면, 변화를 촉발시키는 것은 우리 자신의 인격이 아닙니다. 태양이 그렇게 합니다. 물을 포도주로 변화시킨 것은 예수의 작은 인격이 아니고, 또 홍해 바다를 가르게 한 것은 모세의 인격이 아닙니다. 이것은 이러한 일을 하려는 태양의 의지입니다. 태양에는 모든 일이 가능합니다.

이것은 우리 모두에게도 마찬가지입니다. 우리는 어떤 일이 일어날지 기대할 필요가 없습니다. 우리는 어떤 일을 일으키려 할 필요도 없습니다. 우리는 요청하고 증거할 뿐입니다. 뛰어난 지성을 가진 태양은 응답합니다. 우리 개인의 운명을 어떻게 우리가 의심할 수 있습니까? 더이상 의심할 여지가 없습니다.

예언자들은 제6태양시기가 되면, 하느님이 꿈에서 깨어난다고 말합니다. 이는 우리가 하느님이 아니라는 꿈에서 깨어나는 하느님임을 뜻합니다. 완전히 깨어나는 과정이 최소한 200년 정도 걸릴지라도, 1992년 이후로 이 과정은 가속도가 붙기 시작했습니다. 이 세대는 각성이 시작되는 세대이고, 당신은 그 세대의 한 부분입니다.

우리가 해야 할 일은 우리의 운명에 순복하는 것입니다. 어떠한 일이라도 운명이라면 반드시 일어날 것입니다. 우리에게 주어진 임무는 우리의 인생을 더욱 즐기고, 우리 내면의 것들을 드러내 새로운 인류가 나타나도록 하는 것입니다. 우리의 내면에 증오가 있다면 증오를 나눠주게 되고, 우리 내면에 슬픔이 있다면 슬픔을 나눠주게 될 것입니다. 우리가 행복할 때에만 우리는 행복을 나눠줄 수 있습니다. 당신이 자신을 먼저 사랑하지 않고서는 사랑을 나눌 수 없습니다.

저항을 경험하지 않고 우리 자신의 꿈을 변화시킬 수 없었던 것처럼, 지구 행성의 꿈 또한 저항 없이 변화가 이루어지지 않습니다. 새로운 꿈이 이미 여기에 있고 자라기 시작했습니다만, 옛날의 꿈은 죄와 분노, 심판관과 피해자에 여전히 매달려 있기를 원합니다. 인간이 영적으로 성장하는 모습은 우리가 우리 자신을 직면하면서 벌이는 내적인 전쟁과도 같습니다. 우리 자신은 우리를 가장 신랄하게 비난하는 심판자입니다.

우리들 저마다 자기를 버리는 가장 어려운 고비를 넘게 될 것입니다. 그렇게 되면 우리의 사랑의 능력은 커져갈 것입니다. 감정의 독으로 끊임없이 우리의 진보를 망가뜨리려는 우리의 마음에 살고 있는 기생충은 서서히 항복하게 되고, 우리의 알리가 될 것입니다. 개인에게 이러한 일이 일어나듯이 모든 인류에게도 이러한 일이 일어날 것입니다.

모든 우리의 예언서들은 변화의 시기 동안 지구 행성의 꿈이 일으키는 저항에 대해 설명하고 있습니다. 여러 공포들에 대한 예언은 변화에 저항함으로써 야기되는 두려움들과 관계가 있습니다. 지난 50여 년 동안 인류는 두려움으로 자신들을 파괴하려 했습니다만, 결국 실패했습니다. 특히 지난 15년 동안 인류는 혼돈 속에 있었습니다. 하지만 옛날 꿈들은 이미 무너졌고, 저항도 약화되었습니다.

성서의 〈요한계시록〉에서 요한은 일곱 봉인(封印)에 대해 말합니다. 이 글을 기록한 당시에 그는 편지들을 밀랍으로 봉인했습니다. 편지 안에 있는 내용을 읽기 위해선 봉인을 뜯어야만 했습니다. 이것은 상징입니다. 〈요한계시록〉에서 모든 봉인들이 뜯겨질 때마다 빛을 통해 태양에서 지구로 오는 변화에 대한 우리의 인식은 증가합니다.

두려워할 이유가 없습니다. 우리의 몸이 어떤 예견된 재앙으로 죽는다 할지라도 우리는 두려워할 이유가 없습니다. 몸은 어떻게든지 죽게 마련입니다. 두려움을 주는 예언자들의 말을 듣지 마십시오. 이들의 지시에 따르지 마십시오. 지구 행성의 옛날 꿈은 두려움을 만들어 내는 많은 경로들을 사용하고 있습니다. 심지어 신들도 두려움과 공황을 일으키려고 할 것입니다. 왜냐하면 신들은 인간의 감정들을 자신의 먹이로 삼기 때문입니다. 신들은 이것들을 열망합니다. 예수와 부처, 오늘날 인도의 성자인 사이 바바는 두려움이 없는 삶을 살았습니다. 이들은 열광주의를 일으킨 적이 없습니다. 그들의 말보다 그들이 살았던 삶들이 그들의 메시지를 더욱 뚜렷하게 합니다.

다음 200년은 변형이 더욱 빠르게 일어나는 성장의 시기가 될 것입니다. 새로운 주기가 시작될 때까지 최소한 300년 혹은 400년간의 평화의 시기가 있게 될 것입니다. 꿈은 생물학적인 존재입니다. 그러기에 꿈은 태어나고, 변형되고, 사멸합니다.

진화의 이야기는 나선 형태로 자신을 반복하면서 보다 높은 쪽으로 성장합니다. 그러다가 다시 아래로 내려갑니다. 인생 또한 이러한 주기를 따라 갑니다. 당신이 이러한 주기를 알게 되면, 당신은 어떤 일이 일어날지 예견할 수 있습니다. 미래를 알기 위해 당신은 단지 우리가 어떤 진화의 단계에 와 있는지 알기만 하면 됩니다. 우리는 가장 중요한 변화의 시기에 와 있습니다.

352

인류의 꿈의 주기에는 세 부분의 패턴이 있습니다. 첫 번째 부분은 가장 어두운 시기입니다. 이성이 꿈을 통제하던 시기입니다. 두 번째 단계는 이성과 본능 혹은 직관이 혼재된 시기입니다. 이것은 성장과 변형이 빠르게 진행되는 시기입니다. 마지막 단계는 이 꿈을 다시 세우기 위해 파괴가 일어나는 시기입니다. 오늘날 우리는 이성과 직관이 혼재되어 있는 시기의 거의 막바지에 이르렀습니다. 직관은 다음 시기에 주도적이 될 것입니다. 직관은 신뢰에 바탕을 둡니다. 직관은 생각하지 않고, 의심하지 않고 아는 것을 말합니다. 우리의 현 시기에 직관이 존재합니다. 거짓 꿈을 통제하는 이성은 이제 이미 변화를 시작한 사람들을 위한 직관으로 바뀌고 있습니다.

지금의 변화 주기를 넘어서 저 멀리 우리 앞에, 또 다른 이성의 시기가 있을 것입니다. 우리가 지금 인간이라 부르는 사람들은 우주의 다른 곳에서 살게 될 것입니다. 이 지구에 남아 있는 사람들은 새로운 종류의 에너지를 갖게 될 것입니다. 그 시대의 인간이 현재의 우리와 같을 것이라고 생각하지는 않습니다. 내가 생각하기에 그들은 바다에 살고 있을 겁니다. 오늘날 바다에는 인간처럼 꿈을 꾸기 시작한 두 종(種)이 살고 있습니다. 다가오는 변형의 시대에서 구별을 짓는 것은 신체적인 형태가 아니라 마음에서 만들어지는 것일 겁니다. 이러한 예언 가운데 중요한 것은 우리가 이미 변형을 시작하고 있다는 점입니다. 우리는 돌연변이체입니다.

사랑은 인간 세상에서 가장 큰 변형이 되고 있습니다. 수천 년 동안 인간은 사랑을 억압해 왔습니다. 인간들은 사랑의 의미가 무엇인지 잊고 살았습니다.

"나는 당신이 필요해"라고 말할 때 이것은 사랑이 아닙니다. 이것은 소유입니다. 우리가 질투를 느낀다면, 그래서 상대를 통제하고 싶다면, 이것은 진실한 사랑이 아닙니다. 일주일 동안 음식을 먹지 않고 지낸다고 상상해 보십시오. 당신은 거의 배고파 죽을 지경일 겁니다. 그럴 때 누군가가 맛있는 빵을 준다면 당신은 "나는 이 빵이 필요해. 나는 이 빵을 사랑해"라고 느낄 것입니다. 사랑에 빠진다는 것은 이와 같은 것입니다.

우리가 4살 이하의 아이일 때, 우리의 감정적인 몸은 사랑을 인지하도록 만들어졌습니다. 그때부터 길들여지기 시작하고, 두려움 또한 시작됩니다. 두려움이 사랑의 자리를 대신 차지합니다. 우리의 사랑을 표시하려고 할 때마다, 우리 안에서 무엇인가가 이것을 억누릅니다. 이때 우리는 상처를 느끼고 사랑하는 것이 두려워지게 됩니다. 우리의 사랑을 단지 몇 사람에게로 한정하게 됩니다. 다른 사람에게는 "만약 당신이 ○○라면, 나는 당신을 사랑합니다"라고 말할 겁니다. 이 말은 "내가 당신을 통제할 수 있으면 당신을 사랑할거예요"라는 의미입니다. 이런 종류의 사랑은 마약처럼 심한 의존을 하게 만듭니다.

인간관계에서 종종 한쪽이 다른 쪽보다 훨씬 더 많은 사랑을 요구하게 되는데, 그러면 대개 그 쪽은 다른 쪽에게 힘을 행사합니다. 이것은 마약중독자와 마약 공급자의 관계와 비슷합니다. 마약을 주는 쪽은 완전히 주도권을 행사하고, 두려움을 이용해 마약중독자를 조종합니다. 양심이 무너진 사람 또한 마약을 끊지 못하는 중독자와 비슷합니다. 이것은 동일한 감정을 일으킵니다. 사랑할 때 상처받는 일은 흔합니다. 왜냐하면 약간의 기쁨이 커다란 대가를 요구하기 때문입니다.

지난 50년 동안 결혼의 본질에 너무 많은 변화가 있었습니다. 결혼의 본질이 사실상 거의 무너져버렸습니다. 결혼을 통해 모든 감정과 두려움이 풀어지는 정화의 한 과정으로 결혼이 이루어져야 했는데 그렇지 못했습니다. 이제 결혼은 상대방을 통제할 필요가 없는 관계로 재창조하게 될 것입니다. 상호 존중의 바탕이 될 것입니다. 여성은 백 퍼센트 여성이 되는 권리를 갖게 될 것입니다. 남성도 백 퍼센트 남성이 되는 권리를 갖게 될 것입니다.

우리가 서로의 꿈을 존중한다면, 갈등은 일어나지 않습니다. 우리가 사랑하는 것을 두려워하지 않을 때, 우리의 사랑을 위해 어떤 조건들을 달지 않을 때, 모든 것들이 변화될 것입니다. 오늘날 사람들은 거의 서로를 존중하지 않습니다. 내가 당신에게 어떤 행동을 요구하는 즉시 이것은 내가 당신을 존중하지 않는다는 의미가 되어 버립니다. 누군가에게 애석함을 느끼는 것도 존중감이 결여된 것입니다. 애석함을 느끼는 것은 동정하는 것이 아닙니다. 누군가에게 애석함을 느끼는 것은 자기 연민을 일깨웁니다. 내가 당신을 애석하게 여긴다면, 이것은 당신이 어떤 것을 하기에 부족하고 똑똑하지 못하다고 생각하는 것을 뜻합니다. 당신이 나에게 애석함을 느낀다면 당신은 나를 존중하지 않는 것이거나 또는 내가 그 일을 하기에 똑똑하거나 능력이 있다고 생각하지 않는 것입니다. 우리가 누군가를 위해서 어떤 일을 하려고 한다면, 이것 또한 존중감이 결여된 것입니다. 자비란 누군가가 쓰러져 있음을 아는 것이고, 그 사람이 설 수 있도록 도와주는 것이라면, 이것을 그 사람 스스로도 할 수 있음을 '믿는' 것이 자비입니다.

어떤 사람이 최악의 조건에 있다 하더라도, 그들에 대해 애석함을 가질 필요는 없습니다. 다만 그들을 사랑할 필요가 있는 것입니다. 우리는 함께하는 마음으로 그를 도와줄 수 있습니다. 언제나 사람에게는 선택권이 있습니다. 우리에게 일어난 일들은 우리 자신이 한 선택 때문에 일어났습니다.

인간은 자신의 책임감을 회복하게 될 것입니다. 수세기 동안 우리는 책임을 회피해 왔습니다만, 우리가 행한 모든 일들은 언제나 반작용을 일으킵니다. 우리는 원인과 결과의 흐름을 피할 수 없습니다. 우리는 다른 사람의 잘못에 대해 책임질 필요가 없습니다. 우리는 도움과 사랑을 줄 수는 있지만, 다른 사람을 책임질 필요는 없습니다. 왜냐하면 이것은 책임을 회피하려는 그들의 착각을 조장시키기 때문입니다. 이것은 우리 아이들, 배우자, 부모, 친구들에게도 적용됩니다. 우리가 그들의 책임감을 대신 지게 되면, 그들은 약하게 됩니다.

우리의 행동이 이러한 현실에서 차이를 일으키게 합니다. 행동에는 힘이 들어 있지만 꿈속에는 힘이 없습니다. 당신의 행동을 통해 당신은 모든 것을 변화시킬 수 있는 힘을 갖게 됩니다. 당신은 변형의 행위에서 나오는 자유의 행동을 요구할 수 있습니다.

내가 샤먼이 되고자 한 여정을 통해, 나는 지식은 한계이며 곧 자유를 막는 장벽이 된다는 것을 알았습니다. 지식은 단지 꿈에 대한 설명서일 뿐입니다. 우리가 알고 있는 전부는 우리가 꾸고 있는 꿈에 대한 설명일 뿐입니다. 그리고 우리가 꾸는 꿈은 참된 것이 아닙니다. 그러므로 지식은 참된 것이 아닙니다. 하지만 지식은 우리의 생각과 우리의 감정을 서로 교환하고, 전할 수 있기 때문에 아주 가치 있는 것처럼 보입니다. 문제는 우리 자신의 컴퓨터에 축적한 모든 지식들을 기반으로 해서 우리가 행동하게 된다면, 지식이 우리를 초월하지 못하게 막는다는 것입니다. 지식은 우리의 이성에 초월이 불가능하다고 세뇌시킵니다.

나는 도제들에게 지식은 전사의 마지막 장애물이라고 말합니다. 우리는 자신의 컴퓨터 속에 있는 정보를 단지 바꾸기 위해서 지식을 쌓습니다. 우리가 변화되어, 우리의 진면목으로 된다면 우리는 더 이상 지식이 필요치 않을 겁니다. 당신은 초월을 하고, 더 이상 이곳으로 돌아오지 않도록 지식의 강을 건너가야 합니다.

우리의 지식은 우리의 직관을 방해합니다. 직관은 우리를 진리로 이끕니다. 진리는 살아있습니다. 모든 것이 진화의 과정에 있습니다. 모든 것은 생물체입니다. 모든 것은 살아있습니다.

이생에서 당신에게 주어진 유일한 책임은 당신 자신을 행복하게 하는 것입니다. 행복을 위해 지식이 필요하지는 않습니다. 왜냐하면 우리에게 필요한 모든 것들이 이미 여기에 있기 때문입니다. 다른 사람들의 사랑이 당신의 사랑을 깨울 수는 있지만, 당신을 행복하게 하는 것은 당신 자신의 사랑입니다. 이 사랑이 당신 자신의 진리입니다. 이것은 당신의 자유입니다.

지금 진행 중인 변화의 장점을 취하는 가장 좋은 방법은 변화에 저항하지 않는 것입니다. 우리는 남을 기쁘게 하기 위해 이곳에 있는 것이 아닙니다. 우리 자신을 기쁘게 하기 위해 이곳에 있는 것입니다. 당신이 원하는 것은 무엇이든지 할 수 있습니다. 당신의 내적의도에 초점을 맞춘다면, 의심할 바 없이 당신이 원하는 것을 얻을 수 있습니다. 이것은 모든 사람에게 적용되는 진리입니다.

톨텍족은 아메리카에서 가장 뛰어난 예술가들이었습니다. 그들은 자신들의 미적 감각들을 여러 면으로 표현했습니다. 모든 인간들은 예술가들이고, 자신들이 창조한 예술품들은 자신들의 꿈입니다. 당신이 침묵의 지식에 깨어 있을 때 자신에게 물을 수 있을 것입니다. "내 인생은 얼마나 아름다운가? 나는 얼마나 많은 사랑을 할까? 나는 얼마나 상호 소통을 잘하는가? 얼마나 나는 행복한가?"

당신의 개인적인 꿈을 그려낼 뛰어난 예술가가 될 수 있도록 나는 당신을 도울 것입니다. 가능하면 아름답게 그려 보십시오. 당신의 아름다움을 드러내십시오.

에필로그
최고 전사의 동굴

한때 군인이었던 키가 크고 매우 힘이 센 사람이 있었습니다. 그는 자신을 최고의 전사라 불렀습니다. 그는 많은 전쟁에 참가했고, 또 많은 사람을 죽였습니다. 그의 조그만 나라에서 그는 영웅이었습니다. 모든 사람들이 그를 두려워했고 존경했습니다. 그는 하고 싶은 것은 다 해봤습니다. 왜냐하면 아무도 그를 제지할 수 없었기 때문입니다. 그는 가는 곳마다 "나는 최고의 전사다"라고 말하곤 했습니다.

어느 날 이 군인이 자신이 최고의 전사라고 주장하고 있을 때, 한 꼬마 아이가 말했습니다. "나는 아저씨가 최고의 전사라고 생각하지 않아요."

군인은 그 말에 화가 났습니다. 그는 아이를 들어 올리면서 말했습니다. "네가 어린애란 걸 다행으로 여겨라. 다른 사람 같았으면 벌써 죽었을 것이다. 그런데 내가 최고가 아니라면 누가 최고의 전사란 말이냐?"

아이는 대답했습니다. "저 숲 속 가운데 동굴이 있어요. 거기에 한 사람이 살고 있는데, 그 사람이 진짜 최고의 전사예요."

군인은 그의 경쟁자를 만나기 위해 곧바로 숲 속으로 갔습니다. 그는 그를 죽이고자 했습니다. 마침내 그가 동굴을 발견하자, 경쟁자에게 소리를 쳤습니다.

"이봐, 나와서 한판 붙자. 누가 최고인지 가려 보자." 한 늙은 노인이 천천히 동굴을 나왔을 때 그가 얼마나 경악했는지 상상해 보십시오. 그 노인은 너무 약해서, 걸음조차 거의 옮기지 못할 지경이었습니다.

군인은 그만 웃고 말았습니다. "누가 나에게 속임수를 썼구만. 어떤 자가 나에게 당신이 최고의 전사라고 말해 줍디다."

친절한 얼굴로 노인이 말했습니다. "누가 당신에게 말했든, 그 말은 진실을 말한 거요. 내가 최고의 전사요."

"처음에는 어린 꼬마가 그러더니, 이제는 이 늙은이가 나를 놀리는구만. 하지만 나는 당신을 죽이고 싶지 않소."

"당신이 나를 죽인다면, 그것은 당신이 전사가 아니라 살인자라는 것을 증명할 뿐이오. 당신은 나처럼 숲 속에서 홀로 살 수 있는 용기는 없을 것 같소." 노인이 말했습니다.

"뭐라고?" 군인이 대답했습니다.

"나는 당신이 이 숲 속에서 홀로 1년 동안 살 수 있는지 도전장을 던지겠소. 1년을 지내고 나서 다시 내게 온 다음, 누가 최고의 전사인지 알아봅시다."

군인은 이 도전을 받아들이고 숲 속에서 1년을 살았습니다. 그는 뛰어난 사냥꾼이 되었습니다. 그는 숲 속에서 사는 법을 독수리로부터 배웠고 재규어로부터 배웠습니다. 그리고 거미로부터도 배웠습니다.

1년이 지나자 그는 다시 노인을 보러 갔습니다. 노인은 그에게 다시 1년을 머물면서 그가 사냥하면서 배운 모든 기술들을 동원해, 지식을 사냥하는 법에 도전할 것을 제안하였습니다. "지식을 사냥한 후 1년이 지난 다음 다시 나를 찾아와 누가 최고의 전사인지 알아보도록 합시다."

사냥꾼의 기술, 독수리와 재규어와 거미의 기술을 동원해 군인은 자연과 별과 동물과 수학에 대한 모든 것들을 배웠습니다. 그는 많은 지식을 습득하였습니다. 그가 많이 배우면 배울수록 그의 에고 또한 더욱 크게 자라났습니다. 그는 자신에게 말했습니다. "의심할 바 없이 나는 최고야."

그가 다시 노인을 보았을 때, 그 노인은 그에게 다시 1년 동안 자신을 사냥하는 데 도전해 볼 것을 제안했습니다. 군인은 이 제안도 받아들였습니다.

그는 자신이 가진 모든 감정들과 모든 행동과 반응들을 사냥하기 시작했습니다. 그는 자신을 성찰하고, 자신을 직접 대면하기 시작했습니다. 그는 자신의 믿음 체계와 씨름했습니다. 그는 모든 것을 받아들이고, 자신을 사랑하기 시작했습니다. 변형은 너무나 놀라왔고, 아주 짧은 시간, 곧 자신을 사냥한 지 석 달 만에 그는 그 노인이 진정한 스승이요, 선생이요, 최고의 전사임을 느꼈습니다. 그는 노인에 대한 흠모의 마음이 생겼습니다. 그리고 자신이 상처를 주었던 모든 사람들에 대한 동정심 또한 느꼈습니다. 그는 그 노인을 다시 뵙기 위해 기다릴 수 없었습니다. 그래서 동굴로 달려가 노인을 불렀습니다.

하지만 노인은 그 동굴에서 나오질 않았습니다. 조심스럽게 군인은 동굴로 들어갔습니다. 그가 발견한 것은 텅 빈 몸 뿐이었습니다. 그 노인은 오래 전에 죽었던 것입니다.

그때 군인은 그 동굴에 머물러, 최고의 전사가 되기로 결심을 했습니다.

그는 지금도 그 동굴에 있습니다. 당신의 도전을 기다리면서.

▲ ▲ ▲

나의 글을 읽어 주고, 당신 자신의 빛줄기로 태양에 연결되어 있는 빛의 존재이며, 또한 하느님이신 당신을 있는 모습 그대로 사랑할 수 있게 해 주어서 감사드립니다. 당신을 사랑합니다.

미겔 앙겔 루이스

미겔 루이스와 함께 하는 테오티우아칸으로의 여행에 더 많은 정보를 원하시면 다음 주소로 편지를 주십시오.

Sixth Sun Journeys of Spirit
4015 Park Blvd. #203
San Diego, CA 92103

옮긴이의 말

　도시에서 탈출해 두메산골로 들어온 지도 어언 15년이 가까이 되갑니다. 생명이 깃든 산속에서 메마른 영성을 회복해보리라 생각했지만 여전히 주어진 일에 바쁘다는 핑계로, 이것저것 잡기에 빠져서, 게으른 나태함으로 깊어지지 못하고 얄팍한 영성 흉내만 내며 세월만 삭이고 있지 않았던가 생각합니다.

　마을 만들기로 바쁘던 몇 해 전 관옥 이현주 선생님으로부터 돈 미겔 루이스의 《Beyond Fear》의 번역을 해보라는 요청을 받고서 어쭙잖은 실력으로 번역을 하게 되었습니다. 기한에 맞추어 허겁지겁 원고를 보내고 나니 마음 한쪽이 늘 편치 않았습니다. 돈 미겔 루이스라는 사람도 알지 못한 채, 책 내용도 충분히 이해하지 못한 채 원고를 보냈기 때문입니다.

　잊고 있었던 원고가 이제 책으로 출간된다고 합니다. 처음으로 교정한 원고를 받고, 다시금 정독을 해서 보니 많은 오역과 어색한 어투, 출판사의 이름을 걸고 책으로 내기엔 부끄러운 부분이 너무나 많았습니다. 그나마 다행인 것은 오역을 바로 잡고 다시금 살필 수 있는 기회가 주어졌다는 점입니다. 그럼에도 어색한 문장과 어딘가에 있을 오역에 대해 독자 여러분의 용서를 구하고자 합니다.

21세기를 살아가고 있는 우리들에게, 세상과 인간성의 어두운 그늘을 늘 경험하면서도 세상을 향해 희망을 품을 수 있도록, 인간에 대한 무한한 신뢰와 사랑을 품을 수 있도록 톨텍의 새로운 지혜를 전해주는 돈 미겔 루이스의 영성은 이 시대를 살아가는 우리들에게는 큰 축복이라 하지 않을 수 없습니다. 어떻게 보면 황당하고 무리하게 보일 수도 있는 그의 주장에 대해 옳고 그른지 생각하기보다는, 생명에 대한 존중과 통전적인 사고, 몸과 마음과 영혼의 조화로운 균형, 신과 우리의 본래 모습인 사랑을 발견하는 것으로 우리에게 깨우침을 주는 쪽에 여러분의 마음이 더욱 더 가 있기를 바랄 뿐입니다.

두려움 없이 모두가 행복하게 살아가기 위해 오늘 우리 모두가 깨어있기를 두 손 모아 빕니다.

강원도 태백산맥 자락에서
김상국